ZUM STEHEN VERDAMMT ...

Das Buch

Michael Ficzel beschreibt sein Schicksal als zwangs-rekrutierter Auslandsdeutscher. Viele solcher Zwangs-Re-krutierten waren nicht geeignet das Unmenschliche, das sie Häftlingen antun sollten zu verkraften und scheiter-ten. Sie wurden von der SS selbst geopfert, als Feiglinge, Verräter an Führer und Vaterland, obwohl sie nicht verei-digt worden waren, bis diese sich selbst das Leben nahmen.

Es war das reinste Glück, daß der Autor nie gezwungen wurde an solchen Aktionen teilnehmen zu müssen, wenn-gleich er auch zusehen mußte, was mit den Häftlingen ge-schah und es ihm nicht gestattet war, einzugreifen. Oft versuchte er ihnen auf irgendeine Art und Weise beizu-stehen und zu helfen, die ihn dann in eine verhängnisvolle Lage gebracht hat. Doch welch ein Glück oder welche Vor-sehung, daß stets etwas dazwischen gekommen ist, damit er nicht auch noch Opfer der Lager SS wurde...

Der Autor

Michael Ficzel wurde, 1924 in der Slowakei geboren und 18 Jahre alt, in das KZ Stutthof zwangsrekrutiert. Dort wurde er zum Zeugen grausamer Zustände. Kurz vor Kriegsende musste er den Todesmarsch der Häftlinge aus dem KZ Sachsenhausen begleiten. Durch verschiedene selt-same Fügungen überlebte er den Krieg und entging der Kriegsgefangenschaft. Michael Ficzel studierte nach dem Krieg Romanistik und Slawistik, und promovierte später in Innsbruck. In seinen Erinnerungen beschreibt er anschau-lich und persönlich ein dunkles Kapitel des 2. Weltkrieges aus einer bislang wenig betrachteten Perspektive.

Michael Ficzel

ZUM STEHEN VERDAMMT...

Zwangsrekrutiert zur SS –
Wachmann in KZ

Biograph
www.biograph-verlag.com

Erste Auflage 2003
©2002 by Michael Ficzel
©2003 by Biograph-Verlag (Schweiz)
Verlagsadresse: CH-7083 Lantsch/Lenz
E-Mail: biograph-verlag@freesurf.ch

Gedruckt und gebunden bei Elsnerdruck, Berlin.
Einbandgestaltung HildenDesign, München.

ISBN 3-905248-19-0 TB
www.biograph-verlag.com

*Für all jene, denen ich
nicht beistehen konnte
und die ihr Leben verloren.*

Kapitelübersicht

Vorbemerkung

Über deutsche Konzentrationslager ist viel geschrieben worden, meist von ehemaligen Häftlingen. Damit sind aber diese Werke unvollständig, denn zu jedem KZ gehörte eine Peripherie: Unterkünfte und Leben der Wachmannschaften, in die diese Autoren keinen Einblick hatten. Um der Vollständigkeit der Geschichte willen, muß auch dieses Terrain kritisch, aber auch entschuldigend, wenn es die Beweise zulassen, ausgeleuchtet werden.

SS-Standartenführer Berger, rechte Hand von Himmler, hatte mit den Regierungen der Oststaaten Verträge abgeschlossen, nach denen wehrfähige Deutsche der Waffen-SS zuzuführen waren. In der Slowakei geboren, wurde ich im Frühjahr 1943, mit achtzehn Jahren, zwangsrekrutiert.

Durch ein gütiges Geschick geriet ich in keinen Befehlsnotstand, so daß mein Bericht von ehemaligen Häftlingen nicht als Provokation empfunden werden kann. Auch wurde ich durch besondere Verwicklungen nicht vereidigt, sondern war nur ein SS-Uniformträger.

Prolog

An einem Sommernachmittag – kurz nach dem Krieg – des Jahres 1948 traf ich vor dem Slawischen Seminar der Universität *Halle* mit einer jungen Frau zusammen, die einen Privatlehrer für Russisch suchte. Ich war im vierten Semester, verfügte über gute Russischkenntnisse und bot mich ihr als Lehrer an. Sie akzeptierte, schenkte mir ein bezauberndes Lächeln und nannte mir ihre Adresse.

Die Not der Nachkriegszeit schien die Frau nicht heimgesucht zu haben. Sie war gut gekleidet und hatte nicht das verhärmte Gesicht ihrer Altersgenossinnen, die verwitwet waren oder um den Ehemann in einem der Kriegsgefangenenlager bangten.

Ich hatte Mühe, meine Verblüffung zu verbergen. Sie half mir dabei, indem sie ihr Anliegen mit ungespielter Liebenswürdigkeit vortrug, denn Arroganz war ihr fremd.

Sie war in einem sowjetischen Magazin beschäftigt und hätte, wie sie sagte, mit russischen Sprachkenntnissen mehr Vorteile. Der ›Vorteil‹ war, Naturalien, die in jenen Nachkriegsjahren der Inbegriff für ein kleines Glück in einer schweren Zeit waren, zu bekommen. Als Honorar versprach sie mir ein gutes Abendbrot, was meinen Wünschen entsprach.

Noch am selben Tag klingelte ich gegen 18 Uhr an der Wohnung, die sie mir angegeben hatte. Ich wurde freundlich empfangen. Jetzt verstand ich das gute und sorglose Aussehen meiner Schülerin. Ihr Mann, ein Diplom-Ingenieur, der in Buna arbeitete und während des Krieges u. k. (unabkömmlich) gestellt war, streckte mir die Hand entgegen. Zwei hübsche Kleinkinder, Junge und Mädchen, kamen und begrüßten mich. Eine intakte Familie in einer schönen Wohnung, das war eine erfreuliche Begegnung.

Das Abendbrot übertraf meine Erwartung. Es erklärte sich aus der Tatsache, daß der Familienvater als Spezialist in Buna über eine Sonderlebensmittelkarte verfügte, die Frau vom russischen Magazin Zuwendungen bekam und beides zusammengenommen ein gutes Abendbrot hergab.

Nach dem Abendessen fand der Unterricht statt. Und von da an jeden Tag, so daß ich schon nach kurzer Zeit in die Familie integriert war, zu ihr gehörte und ein Teil von ihr wurde.

Meine Schülerin, die ich bei der ersten Begegnung nur flüchtig als attraktive Dame ausgemacht hatte, da ich sie aus Gründen des Anstandes nicht in vollem Ausmaß betrachten konnte, saß mir jetzt gegenüber und faszinierte mich mehr und mehr. Hier hatte die Schöpfung ihr Füllhorn ausgeschüttet. Schwarze Augen mit langen Wimpern, Augen, die Leidenschaft verrieten, die sprühten, wenn sie etwas begeisterte. Sie fand die Grammatik der russischen Sprache schwierig, aber interessant. Ich erklärte Zusammenhänge, die sie sogleich begriff und in freudiger Erregung flammten ihre Augen auf.

Ihr Mann war ganz anderer Natur. Ein Mann wie Butter, wie man zu sagen pflegte. Im Gegensatz zu ihrem Temperament – Stoiker. Immer lächelnd, zufrieden und ausgeglichen, war er bemüht, seiner Ehefrau jeden Wunsch von den Augen abzulesen. »Gegensätze ziehen sich an, das ist ein alter Hut«, sagte ich mir.

Bei diesem herzlichen Verhältnis war es selbstverständlich, daß ich, als die Außentemperatur Badefreuden versprach, zum Baden eingeladen wurde.

Es war an einem Sonntagnachmittag, als wir zum Freibad im Norden von *Halle* aufbrachen. Ich konnte nicht schwimmen, was mir Beklemmungen verursachte, aber ich schämte mich, mein Unvermögen einzugestehen. In den Bergen der Mittelslowakei, wo ich auf die Welt kam, gab es nur einen kleinen Bach, in dem wir Kinder planschten. Im Gymnasium wurde zwar geturnt, Schwimmunterricht war jedoch nicht vorgesehen. Von Natur aus wasserscheu, war ich dem nassen Element nie sehr zugetan. Und nun, was nun?

Neben dem Planschbecken wurde ein Lagerplatz gesucht. Die Decken wurden ausgebreitet, und ich erbot mich, die Aufsicht der Kinder zu übernehmen – aus gutem Grund. Die Eltern gingen ins tiefe Wasser. Neben einem Adonis schritt eine Frauengestalt, die, wie ich bemerkte, kein Mann übersehen konnte.

Für mich war es an der Zeit, Überlegungen anzustellen, wie ich mein Manko vertuschen konnte. Bei Schwimmversuchen, die ich hin und wieder angestellt hatte, fand ich heraus, daß ich mich ungefähr fünf Meter fortbewegen konnte, dann aber mit der Atemtechnik in Schwierigkeiten geriet und mein Unterfangen aufgeben mußte.

»Fünf Meter«, dachte ich bei mir, »wenn ich im Tiefen übers Eck schwimme« – wobei ich mir eingestehen mußte, daß ›schwimmen‹ eine Übertreibung war –»wenn ich von einem der vier rechten Winkel des Bassins eine Hypotenuse von fünf Meter abschätze, ins Wasser springe und mich ›fortbewege‹, komme ich unbeschadet an Land. Der Lagerplatz ist an die vierzig Meter entfernt, dort komme ich naß und ohne den geringsten Verdacht zu erregen an.«

Um nicht den Eindruck zu erwecken, nur ein Bad genommen zu haben, sah ich dem lustigen Treiben der Badenden eine Weile zu, dann entschloß ich mich, meinen Plan auszuführen. Ich stellte mich in die Richtung einer gedachten Hypotenuse, hechtete ins Wasser und begann mit den Armen zu rudern.

Dann stellte ich fest, daß ich die Richtung verloren hatte und mich zur Mitte des Bassins hinbewegte. Ich versuchte, mich zu korrigieren – vergebens, ich kam nicht mehr über Wasser. Ich kämpfte verzweifelt, kämpfte mit dem Tode, der mir bevorstand. Ich schluckte Wasser und wußte, daß ich nur noch Sekunden zu leben hatte.

In diesen Augenblicken höchster Verzweiflung fühlte ich, wie sich ein Körper unter mich schob und mich über das Wasser hob. Ich war noch bei Bewußtsein und verhielt mich so, wie es Ertrinkenden geraten wird – ich hatte darüber gelesen.

Mein Retter trug mich an den Rand des Beckens, dorthin, wo ich auf einer Leiter nach oben klettern konnte. Er folgte mir. »Wer ist es?« wollte ich wissen. Ich drehte mich um, und sah in das Gesicht des Ehegatten meiner Schülerin, der zufrieden lächelte. Er stützte mich, da ich völlig erschöpft war und brachte mich zum Lagerplatz.

Meine Schülerin sah unserer Ankunft entsetzt entgegen, sie ahnte, daß mir Schlimmes widerfahren war und ihre Augen füllten sich mit Tränen.

Schweigen. Als ich zu Kräften gekommen war, wollte ich wissen, was meinen Retter bewogen hatte … – Für mich lag meine Rettung durch ihn jenseits menschlichen Begreifens. Der erste Tag, an dem die Badesaison begonnen hatte, bewirkte im Freibad eine Dynamik, ein Geschrei, ein Getümmel, das die Aufmerksamkeit auf eine Distanz von rund vierzig Metern unmöglich machte.

»Wie war es möglich?« Ich sah meinen Lebensretter fragend an.

Er erwiderte: »Eine innere Stimme sagte mir, ja gebot mir, nachzusehen.«

Wieder Schweigen. Meiner Schülerin rollten zwei Tränen über die Wangen.

An jenem Abend ging ich früh zu Bett, fand aber keine Ruhe. Ein Phänomen, das ich nicht begreifen konnte, hatte mich zutiefst aufgewühlt. Ich ließ mein Leben Revue passieren – Höhen und Tiefen und jene Fegefeuer, aus denen ich angesengt hervorging. Mehrfach hatte ich in meinem jungen Leben dem Tod ins

Gesicht sehen müssen, aber eine Fügung hatte mich verschont und begleitet. Diesmal hatte mich der Tod angerührt, mich nasskalt umklammert. Es bedurfte nur noch kurzer Zeit und er hätte mich vollends im Griff gehabt.

Was sollte das alles bedeuten? Wie hatte das Leben mich doch gebeutelt! Meine Gedanken wanderten zurück – zurück bis in meine Kindheit und den frühen Schicksalsschlägen, die für mein Leben so bestimmend waren ...

Mein Vater arbeitete bei der Handlower Kohlen AG als Bergzimmermann und mußte dort schwerer Arbeit nachgehen. Er hatte mir, dem guten Volksschüler, der nur Einsen nach Hause brachte und von schwächlicher Konstitution war, ein besseres Leben versprochen. Als ich die Aufnahmeprüfung in das Gymnasium bestanden hatte, verpflichtete er sich, auch an Sonntagen zu arbeiten – Sonntagsschichten wurden doppelt bezahlt und dieser Zuwachs in der Lohntüte half, Schulgeld und Internatskosten zu bezahlen.

Laune des Schicksals: Aus dem schwächlichen Volksschüler war ein muskulöser Vierzehnjähriger geworden, der nach dem Vater, einem Muskelprotz, kam. Im Zusammenwirken von Erbanlage und dem Geräteturnen zeichneten sich an meinem Körper Muskelpakete ab, die meine Klassenkameraden in Staunen versetzten und mir in der 4a des Preßburger Gymnasiums den Namen ›Muskelmann‹ einbrachten. Ich war mit diesem Umstand sehr zufrieden, denn es gab keinen in der Klasse, der sich mit mir auf einen Kampf eingelassen hätte. Sogar das Großmaul R., Sohn eines hohen Funktionärs der Karpatendeutschen Partei, die sich als verlängerter Arm der NSDAP verstand, der den zwei Juden, die noch geduldet wurden, mit Püffen hart zusetzte, ließ von ihnen ab, als ich zu ihm sagte: »Laß' sie doch in Ruhe, immerhin sind sie unsere Mitschüler.« Das wollte er nicht einsehen, aber als ich zwei Schritte auf ihn zuging, ging er zwei Schritte zurück und trat den Rückzug an.

Ich wurde fünfzehn, als meine vier Jahre ältere Schwester das Gehör verlor. Dem hübschen Mädchen mit den großen braunen Augen war die obligatorische Aussteuer ausgerichtet und ein Bräutigam in die engere Wahl gezogen worden. Die Verzweiflung meiner Eltern war groß. Der Bergewerksarzt wußte keinen Rat.

Vater hörte von einem Professor in Wien, dessen Heilkunst auch in der Slowakei bekannt war. Er fuhr mit meiner Schwester nach Wien und ließ sie dort im Sanatorium des Professors zurück. Nach vier Wochen holte er sie ab, die Rechnung kostete meine Eltern sämtliche Ersparnisse, da Österreich seit geraumer Zeit die Reichsmark als Währung hatte und man für jede Reichsmark zwölf slowakische Kronen einwechseln mußte. Ob die Behandlung erfolgreich gewesen war, würde sich erst im Laufe der Zeit herausstellen und mußte in der Folgezeit mit teuren Medikamenten fortgeführt werden.

Ich sah die Sorgenfalten meiner Eltern, als sie über das bevorstehende Schuljahr sprachen, wo angesichts der Medizin, die meine Schwester brauchte, Vaters Sonntagsschichten nicht mehr ausreichten, die teuren Internatskosten zu decken.

»Ich suche mir ein billiges Zimmer und bitte den Direktor der Schule um einen Freitisch, den wohlhabende Preßburger mittellosen Schülern gewähren. Andere machen es auch so«, sagte ich mit Zuversicht.

»Andere sind älter, du wirst erst fünfzehn«, wandte Mutter ein. Sie seufzte verzweifelt und Vater zitterte die Hand, als er einen Brief an die Internatsleitung schrieb und mein Ausscheiden mitteilte.

Einen Tag vor Schulbeginn fuhr ich nach Preßburg und ging auf Zimmersuche. Das kostete nicht viel Mühe, denn da und dort hing ein Zettel im Fenster eines Erdgeschosses, auf dem ›Zimmer zu vermieten‹ stand. Auf dem Freiheitsplatz war ein Zettel an dem großen Tor eines alten Weinbauernhauses angebracht. Zwanzig Kronen im Monat waren günstig.

Der Wirtin, einer alten Frau, stand die Armut im Gesicht geschrieben, denn sie vermietete ihr Wohnzimmer, sie und ihre Tochter begnügten sich mit der kleinen Küche und dem Schlafzimmer. Beide Frauen waren sehr freundlich. Die Tochter war Platzanweiserin im Kino und schenkte mir jede Woche eine Freikarte. Die Mutter umsorgte mich, räumte bei mir auf, und als es kälter wurde, heizte sie das Zimmer.

* * *

An einem sehr kalten Januartag, den ich nicht vergessen sollte, drückte mir am frühen Morgen Mathilde, so hieß die Tochter, eine Freikarte in die Hand und sagte, sie fahre zu ihrem Bruder, der im Osten der Slowakei lebte, zu Besuch und verabschiedete sich.

Es war gegen halb elf, als ich, von der Spätvorstellung kommend, mein Zimmer betrat. Es war nicht geheizt, was mich verwunderte. Ich knipste das Licht an und erschrak: Meine Wirtin lag regungslos auf dem Rücken am Boden, mit weit aufgerissenen Augen und herabgefallener Kinnlade, die ihren zahnlosen Mund offenhielt. Die Augen waren starr, und ich erinnerte mich, irgendwo von den ›gebrochenen Augen der Toten‹ gelesen zu haben. Ich hatte das sichere Gefühl, daß das Leben aus ihr gewichen war, dennoch berührte ich, ohne die Handschuhe auszuziehen, ihren Körper – er war leblos.

Der Anblick war für mich furchterregend. Im Fall hatte der alte Armsessel ihren linken Arm abgefangen, die Hand ragte mit gespreizten Fingern in die Luft, und mit ihren aufgerissenen Augen erweckte sie den Eindruck, als sei in ihrer letzten Sekunde etwas Schreckliches auf sie zugekommen, das sie abwehren wollte.

Die hereingebrochene Nacht und die Einsamkeit – wir wohnten in einem Nebengebäude im Hinterhof, im Hauptgebäude lebte nur der Hausbesitzer, der sich nach dem Tod seiner Frau dem Trunk ergeben hatte – waren für mich, der diese Seite des Lebens noch nie erfahren hatte, ein einschneidendes und, wie es sich bald zeigen sollte, tiefgreifendes Erlebnis.

Ich war völlig ratlos und ging zum Fenster des Hausbesitzers, durch das ich bei meiner Heimkehr ein Schnarchen vernommen hatte und klopfte heftig daran. Das Schnarchen nahm aber unbeirrt seinen Fortgang. Kalter Schweiß stand auf meiner Stirn. Ich schlug mit beiden Fäusten auf das Fenster ein.

Endlich hörte ich unbeholfene Schritte, das Licht ging an und das Fenster wurde geöffnet. Der Hausbesitzer blies mir eine Wolke übelsten Fuselgeruchs ins Gesicht, während er einige undefinierbare Fragen artikulierte. Ich erklärte ihm das Vorgefallene. Er sah mich nur blöde an und sagte kein Wort. Die Wiederholung meines Anliegens, jetzt lauter und eindringlicher, schien ihm eine leichte Dämmerung zu verschaffen, denn er begann, den Kopf hin und her zu wiegen. Dann sagte er: »Na so was, hat sich die alte Henne auf die Strümpfe gemacht! Gott habe sie ...« Das Wort ›selig‹ ging in einem Lallen unter, dann schloß er das Fenster. Ich erinnerte mich, was mir Mathilde erzählt hatte, nämlich daß er, Witwer geworden, ihrer Mutter den Hof machte, sich indes zuviel Mut angetrunken hatte und nicht erhört wurde.

Die Straße war menschenleer. Ein eiskalter Wind peitschte den neugefallenen Schnee und legte das darunterliegende Eis frei. Der Freiheitsplatz lag leblos da, wie meine Wirtin in meinem Zimmer.

Den Gedanken, bei Mathildes Schwester, die ich mit ihr oft besucht hatte, um Mitternacht zu läuten, wies ich von mir. Sie war mit einem Juden verheiratet und wohnte mit ihm in einer Villa, auf die es die Bonzen der deutschen Partei abgesehen hatten, und deshalb die Familie beständig in Angst und Schrecken versetzten. Die Kristallnacht hatte im Wellenschlaf auf Preßburg übergegriffen.

Ich ging zurück ins Haus und ließ das Licht brennen. Wegen der Kälte im Zimmer zog ich nur

Mantel und Schuhe aus, legte mich ins Bett und zog die Decke über mein Gesicht. Ich wollte nichts sehen. Dennoch stellte ich fest, daß sich die linke, hocherhobene Hand der Toten ein wenig bewegte. Angstschweiß drang mir aus allen Poren, ich wagte kaum zu atmen.

Die Müdigkeit hatte mich schließlich doch überwältigt, und im Traum sah ich, wie ein menschliches Skelett durch mein Fenster hereinkam, das sich von selbst geöffnet hatte. »Deine Zeit ist um!« sagte der Geist zu meiner Wirtin, die so heftig erschrak, daß sie zu Boden fiel. Sie schrie gellend auf und wollte das Unvermeidliche mit der Linken abwehren.

Ich erwachte mit rasendem Herzen und schweißgebadet, griff nach dem Handtuch in der Nähe und trocknete mir den Schweiß von der Stirn. »Wie lange noch? Wann kommt der Morgen, kommt die Erlösung?« Ich schaute auf meine Armbanduhr. »Zwei Uhr erst! Mein Gott!«, bat ich und rechnete aus, daß ich noch an die sechs Stunden zu leiden hatte.

Ich war nahe daran, den Verstand zu verlieren, als sich endlich draußen eine trübe Helligkeit zeigte und ein Vogel verschlafen zwitscherte.

Ich zog Mantel und Schuhe an, griff nach der Schultasche, verließ fluchtartig den Ort des Grauens und ging zu Mathildes Schwester. Die kalte Morgenluft trocknete mir den verbliebenen Angstschweiß, und die Menschen, die zu früher Stunde irgendeinem Bestimmungsort zueilten, befreiten mich allmählich aus der Umklammerung, die diese lange Nacht in

Gesellschaft der Toten mit sich gebracht hatte. Ich atmete wieder durch und sog die frische Morgenluft gierig ein.

»Meine Güte, wie siehst du denn aus?« fragte Mathildes Schwester bestürzt. Als sie alles erfahren hatte, kam es mir vor, als ob ich ihr mehr leid tat als ihre verstorbene alte Mutter.

* * *

Am Nachmittag drängten sich in der kleinen Küche meiner Wirtin mehrere Personen, von denen ich nur Mathilde und ihre Schwester kannte. Sie hatten die Tote im Schlafzimmer aufgebahrt. Die Tür stand offen. Ich vermied es, einen Blick hineinzuwerfen und ging in mein Zimmer, wo nur ein einziger heißer Wunsch mein Denken in Anspruch nahm: »Hoffentlich nehmen sie mich mit«, flehte ich in mich hinein, »und wenn ich im Korridor schlafe, egal, nur nicht hier!«

Aber mein Wunsch wurde nicht erfüllt. Als die Trauernden gingen, bat ich Mathilde um den Schlüssel zu meinem Zimmer. Es hatte bislang keine Notwendigkeit bestanden, mein Zimmer zu verschließen, und so kramte Mathilde in diesem und jenem Kästchen. Ihr langes Suchen erfüllte mich mit Bangigkeit und, so mir viel Kummer widerfahren war, glaubte ich sicher, daß sie ihn nicht finden würde.

»Das scheint er zu sein«, sagte sie und steckte einen langen, angerosteten Schlüssel in das Schloß, das sich zunächst widerspenstig zeigte, aber schließlich dem Druck nachgab. Mathilde drehte den Schlüssel demonstrativ einige Male hin und her. Ich beobachtete mit Sorgfalt, wie sie die Türe zur Toten verschloß, reichte den Scheidenden apathisch die Hand – und war allein.

Ich wollte nicht weggehen, genauer gesagt, ich wollte nicht bei Dunkelheit zurückkehren. So schloß ich mich in mein Zimmer ein. Die Tatsache, daß die Tote durch zwei verschlossene Türen von mir getrennt war, verschaffte mir etwas Beruhigung.

Der Verbleib der Toten in der Wohnung war nicht ungewöhnlich, denn es war zu jener Zeit in jenem Land Brauch, die Verstorbenen zwei Tage lang in einem der Zimmer, in denen sie gelebt hatten, aufzubahren, das dann tagelang gelüftet werden mußte, um den penetranten Leichengeruch zu entfernen. Auch die Hauptstadt der Slowakei hielt noch an dieser Tradition der Totenverehrung fest, was bedeutete, daß ich noch zwei Nächte in der unmittelbaren Nachbarschaft meiner toten Wirtin zu verbringen hatte. »Noch zwei Nächte!« seufzte ich und schaltete das Licht aus. Und dann kam, was zwangsläufig kommen mußte: qualvolle Träume, Nachtschweiß, Verzweiflung.

Am dritten Tag holte ein Leichenwagen den Sarg mit der Toten ab. Es war am Nachmittag, und ich konnte meine ehemalige Wirtin zu ihrer Ruhestätte begleiten. Auffällig war für mich (und sicherlich auch für Mathilde), daß der Hauswirt, der dem kleinen

Gefolge angehörte, sich nüchtern gehalten, rasiert und den guten Anzug angezogen hatte.

Der Leichengeruch, der sich in der kleinen Wohnung stark verbreitet hatte, war im Zimmer geblieben. Aber Mathilde, die fortan bei ihrer Schwester schlief, kam gegen Mittag, lüftete und heizte mir das Zimmer. Es war ein kleiner Trost in meiner Einsamkeit, in die ich zurückgeblieben war.

* * *

Ein Unglück kommt selten allein. Wenige Tage nach dem für mich so eindrucksvollen Erlebnis schrieb mir Vater, daß meine Schwester laut Diagnose von berufener Seite ein unheilbarer Fall sei und ihr Leben als Schwerhörige verbringen müsse, wenn nicht gar in Taubheit.

Ich brach in Tränen aus, in ein konvulsives Schluchzen, das den ganzen Körper erbeben ließ. Ich war überfordert. Das Erlebte lag weit über der Grenze meiner psychischen Belastbarkeit. Seit Tagen war ich in einer Spannung, die ich nicht abbauen konnte und dieser Nachricht war ich psychisch nicht mehr gewachsen.

Als die Tränen versiegt waren, blieb eine Traurigkeit zurück, die nicht mehr von mir wich, in der ich das Leben nur schwach zur Kenntnis nahm, ohne echte, innere Beziehung zu ihm.

Nach zwei Wochen mußte ich feststellen, daß sich bei mir eine starke Veränderung vollzogen hatte –

ich war nicht mehr ich selbst. Äußerlich war ich durch eine fahle Gesichtsfarbe und einen reduzierten Allgemeinzustand auffällig. Mein ursprünglich dichtes Haar war schütter geworden, der Haaransatz an beiden Seiten zurückgegangen, Geheimratsecken begannen sich abzuzeichnen.

Weit gravierender war die Veränderung psychischer Natur. Ehemals kontaktbereit und umweltzugewandt, zeigte sich jetzt ein Mangel an Kontaktfreude. Der anfänglichen Traurigkeit folgten Depressionen, die sich häuften und schließlich einen Grad erreichten, an dem ich unverhofft in Tränen ausbrach. Ich liebte die Einsamkeit, ich suchte sie.

Mein Zustand legte jede Initiative lahm, blockierte mich völlig, so daß ich nicht mehr in der Lage war, mich den Hausaufgaben zuzuwenden. Die Folge war ein rapides Absinken der schulischen Leistung – aus dem ehemals guten Schüler war der schlechteste der Klasse geworden.

Selbstverständlich verblüffte mein Leistungsabfall die Lehrer, zumal er sich in einer so kurzen Zeitspanne vollzogen hatte und einige fragten mich nach dem Grund. Aber ich zeigte zur Auseinandersetzung mit meinem Problem nur wenig Bereitschaft, wie ich überhaupt zu einem Ausweichverhalten gegenüber exponierten und für mich bedeutsamen Personen neigte. Ließ sich indessen ein Gespräch nicht vermeiden, geriet ich in eine Spannungssituation, die mich enorm belastete. Hierbei war ich stets bemüht, die innere Spannung zu verheimlichen, straffte den ganzen

Körper, um ihn in einem ruhigen und nach außen hin unverdächtigem Zustand zu halten und kompensierte die Belastung mit einem Zusammenkrampfen der Zehen in den Schuhen.

Trotz alledem waren meine intellektuellen Fähigkeiten im Normbereich geblieben. Ich konnte dem Unterricht mühelos folgen und konnte sogar Interesse empfinden, wenn der Gegenstand in einer Ebene lag, die mich beeindruckte. Aber die psychische Störanfälligkeit wurde in der Folgezeit zu einem Zustand, in dem ich wissenschaftlich gesicherte Ergebnisse, die der Lehrer vorgetragen hatte, anzweifelte.

Es begann damit, daß der Physiklehrer den Start eines Flugzeuges erklärte: Die Luftschraube zieht das Flugzeug nach vorne, die Luft verdichtet sich unter den schräggestellten Tragflächen und dem Höhensteuer und drückt die Maschine nach oben. Das war mir auf Anhieb plausibel. Als ich jedoch am Nachmittag allein in meinem Zimmer saß und den Physikunterricht rekapitulierte, drängte sich mir der Zweifel auf, daß Luft dies zuwege bringen sollte. »Was ist schon Luft? Man sieht sie nicht, man riecht sie nicht ... Sie ist Nichts, und Nichts kann einen Koloß wie ein Flugzeug nicht nach oben befördern«, sagte ich mir. »Aber es ist verdichtete Luft und die kann man spüren, wenn sie einen am der Fortbewegung hindert. Und man liest von Stürmen, von Hurrikan und Tornado, die große Verwüstungen anrichten, bei denen auch Menschen zu Tode kommen!« hielt ich entgegen. Mit dieser Betrachtung hatte ich den Zweifel überwunden und war mit mir selbst zunächst zufrieden.

Man könnte Zweifel dieser Art zunächst in die Zuständigkeit vernünftiger Reflexion eines Sechzehnjährigen verweisen. Ich konnte sie nicht dort belassen, da sie am Abend und in den folgenden Tagen wiederkehrten, sich zunehmend heftiger aufdrängten und es mich immer mehr Mühe kostete, sie zu beseitigen. Schließlich trieb mir das Ringen um die Selbstüberzeugung den Schweiß auf die Stirn.

Ein innerer Widersacher hatte Besitz ergriffen, er begann mich zu quälen und mich in Unruhe zu versetzen. Wiewohl ich den genannten Sachverhalt logisch begriffen hatte, konnte ich ihn gefühlsmäßig nicht unterbringen und vermochte mir nicht die innere Ruhe und Ausgeglichenheit zu verschaffen, die einem bewältigten Problem folgen muß.

Im Kampf mit meinem inneren Störenfried wollte ich allein sein und suchte noch mehr als zuvor die Einsamkeit. Oft trieb mich die Unruhe aus dem Zimmer und ich machte lange Spaziergänge in eine einsame Gegend, vornehmlich auf den nächsten Friedhof. Dort beneidete ich die Toten, die allen irdischen Zwängen entrückt waren. Ich empfand mein Leben mit Depressionen nicht mehr lebenswert. Der erste aufgekommene Zweifel gebar andere. Sie waren mehr sekundärer Natur, einfach weil ich den ersten nie gänzlich bewältigen konnte.

* * *

In Phasen, wo meine seelischen Abläufe nicht allzu starken inneren Widerständen begegneten, war ich intellektuell beanspruchbar und es wurde mir klar, daß ich an der Grenze zum Psychopathischen gelangt war, sie gar überschritten hatte. Die Schlußfolgerung war, daß mein Entwicklungsweg gerade zum Tor irgendeiner Irrenanstalt führen mußte. Die Vision, mein Leben in einer Anstalt, die damals einem Gefängnis gleichkam, verbringen zu müssen, erschreckte mich. Gleichzeitig mobilisierte sie den Selbsterhaltungstrieb, und ich ging daran, nach den prägenden Ursachen meines Zustandes zu suchen.

Ich erkannte, daß die Nacht bei der Toten die Entstehungsursache war, jedoch die soziale Vereinsamung, die Tatsache, daß ich in letzter Zeit nur ganz lose Beziehungen zu Gleichaltrigen unterhielt – lediglich in den Unterrichtspausen, die kurze Zeit währten – den entscheidenden Beitrag geliefert hatte.

Die Zugehörigkeit zu einem Verband Gleichaltriger erschien mir eine mögliche Lösung und ich hielt Ausschau nach einer Möglichkeit Kontakt aufzunehmen. Die ›Deutsche Jugend‹ war keine Alternative. Sie hatte im Nacheifern der Hitlerjugend das moralisch-ethische Wertgefüge eingebüßt, verstand sich paramilitärisch und sehnte den Tag herbei, wo sie an dem großen Sieg teilhaben konnte.

Bei meinen Überlegungen erinnerte ich mich an eine Gruppe gesunder, uniformierter Knaben, die vor Jahresfrist in unserem Dorf ein Zeltlager aufgeschlagen hatten. Sie bereicherten den sonntäglichen

Gottesdienst mit Gesang und musikalischen Darbietungen mit Mandolinen und Gitarren. Der alte Pfarrer berichtete darüber von der Kanzel mit viel lobenden Worten von den Angehörigen der ›Marianischen Kongregation‹ aus Preßburg. Ich zog Informationen ein und fand heraus, daß die Jesuiten diese Kongregation leiteten, deren Kirche und Kloster nahe dem Donauufer lagen.

Am Nachmittag des 2. November riß mich der Selbsterhaltungstrieb aus dem abgenutzten Sessel meines Zimmers und ich begab mich zu dem Kloster der Jesuiten. An der Pforte saß hinter einem Fenster ein alter Mönch mit gefalteten Händen, in denen ein Rosenkranz verschlungen war, weit mehr im Schlaf als im Gebet versunken. Ich klopfte an das Fenster. Er schreckte auf, und sein Gesicht hatte den entsetzen Ausdruck des Schuldgefühls, daß ihn der Teufel wieder einmal überlistet hatte und er zweifach fehlte – im Gebet und in der Wachsamkeit. Er öffnete ein kleines Fenster, das in einem großen eingelassen war, und ich brachte mein Anliegen vor. Aber es gab zunächst keine Verständigung, was mehr an der Schwerhörigkeit des alten Mannes lag, als an meiner belegten Stimme. Dann kam er ganz nahe an das Fensterchen und legte die rechte Hand hinter sein Ohr. Jetzt verstand er mich, lächelte wohlwollend und versprach, mich zu Pater Johannes zu bringen.

Pater Johannes, der der Kongregation vorstand, war ein großer, asketisch aussehender Mann um die vierzig mit gütigen Augen. Er war zuerst über den

Bericht des Bruders von der Pforte überrascht, dann erfreut, daß in dieser politischen Wirrnis, in die der Atheismus Einzug gehalten hatte, ein Knabe den rechten Weg gefunden hatte. Er faßte mich in freudiger Erregung an den Schultern und drückte mich vor Freude fest an sich. Dann geleitete er mich in einen großen Saal, in dem Jugendliche Tischtennis spielten oder mit anderen Spielen beschäftigt waren.

Meinen Einstand in die Marianische Kongregation hatte ich zu einem denkbar ungünstigen Zeitpunkt gewählt. Es war Allerseelentag, ein Datum, das noch im finsteren Mittelalter der fünfte Abt des Benediktinerklosters im ostfranzösischen Cluny zum Tag der Totenverehrung erklärt hatte, und die Jesuiten gedachten ihrer verstorbenen Patres und Fratres im Besonderen. Bald erschien der Abt des Klosters, gebot unserem Spiel Einhalt, indem er kräftig in die Hände klatschte und forderte uns auf, an der Totenverehrung teilzuhaben, auf den Hof hinauszutreten und uns zu formieren.

In einer langen Zweierreihe standen wir in dem engen Hof, der von allen vier Seiten von Klostergebäuden eingeschlossen war, und warteten fröstelnd. Die Dämmerung hatte das Tageslicht, das den Hof ohnehin nur schwach ausleuchten konnte, fast völlig verdrängt und machte unseren Standort zu einem überdimensionalen Sarg. Eine Seitentüre ging auf und Mönche traten bebend, mit einer Kerze in den Händen, heraus. In einer Doppelreihe bewegten sie sich langsam auf einen Kellereingang zu. Wir schlossen uns an und stiegen in ein tiefes Kellergewölbe hinab, wo in einem Labyrinth von Gängen die Grüfte der Heimgegangenen lagen.

Den Gebeten folgten in düsterem, schwermütigem Klang die Totengesänge in lateinischer Sprache, die melodisch das Eschatologische mit einer durch Mark und Bein gehenden Prägnanz in Erinnerung brachten. Die ganze Atmosphäre, die flackernden Kerzen, die dumpfen monotonen Gebete und die eingemauerten Toten erinnerten mich lebhaft an meine alte Wirtin, die ich vergessen wollte.

In der folgenden Nacht träumte ich von Skeletten, die in Mönchskutten, die um ihre bleichen Gebeine schlotterten und in langen Kellergängen umherschwebten. Im Betrachten dieses makaberen Schauspiels sah ich plötzlich, wie an einer Gruft die Ziegelsteine zu bröckeln begannen und sich eine halbverweste Leiche Ausgang verschaffte. Ich erkannte mit Entsetzen meine verstorbene Wirtin, die sich mit erhobener Hand und gestikulierend der düsteren Wanderung der Mönche anschloß – wieder wachte ich schreiend und schweißgebadet auf.

* * *

Den geübten erzieherischen Augen des Pater Johannes war meine Verhaltensweise nicht entgangen. Eines Nachmittags legte er liebevoll seinen Arm um meine Schulter, nahm mich zur Seite und sagte: »Michael, wir müssen zum Arzt gehen, du bist krank.

Ich kenne einen guten Arzt, habe auch schon mit ihm telefoniert und er hat uns für morgen bestellt.«

Dr. K. war ein netter älterer Herr, dessen große Erfahrung mir Pater Johannes versichert hatte und der auf mich beruhigend einwirkte. Der Anamnese folgte eine sorgfältige Untersuchung im organischen Bereich, dann viele Fragen, die er zum Teil selbst beantwortete und die ich nur zu bejahen brauchte. Ich spürte den Fachmann, der in mich hineinsehen konnte.

»Zieh' dich wieder an«, sagte er zu mir, und zu Pater Johannes gewandt: »Eine hochgradige Neurasthenie. Der Unterricht muß sofort abgebrochen werden. Er muß zurück ins Elternhaus. Ruhe, Geborgenheit ...« Der Rest des Gespräches ging mir verloren, da der Arzt mit dem Pater zu seinem Schreibtisch gegangen war, sich setzte und zu schreiben begann. Das Geschriebene übergab er Pater Johannes.

Draußen übersetzte mir Pater Johannes den medizinischen Terminus mit Nervenerschöpfung und drang in mich, Preßburg so schnell wie möglich zu verlassen. Er versprach in der Schule alles zu regeln und an meine Eltern einen Brief zu schreiben, den ich gegen Abend abholen sollte.

Ich ging zu den Leuten, die mich mittags verköstigten, erklärte umständlich, was vorgefallen war, und wurde verstanden, ehe ich zu Ende gesprochen hatte. Ebenso verstand mich Mathilde, die ich im Kino aufsuchte und ich versprach ihr, die Schlüssel in den Briefkasten zu werfen.

Pater Johannes übergab mir ein Kuvert, dessen Inhalt sich umfangreich anfühlte und seine vielen guten Wünsche auf meinen weiteren Weg. Seine starke Anteilnahme an meinem tragischen Geschick blieb mir nicht verborgen und ich begann mit den Tränen zu kämpfen, was auch bei ihm die Augen feucht werden ließ.

Ich nahm den Nachtzug und fuhr nach Hause.

Unter der Fürsorge liebender Eltern ließ mein innerer Widersacher von mir ab, dafür quälte mich die Frage, was wohl Eltern empfinden mögen, deren Kinder zu Krüppeln geworden sind.

Ich erinnerte mich, daß Vater – als ehemaliger Sanitäter – zwei ›Doktorbücher‹ in seinem Schrank stehen hatte, die sich mit Naturheilverfahren beschäftigten. Neben Bilz` riesigen Folianten, in dem ich schon so oft geblättert hatte, weil er die Anatomie des Menschen in farbenprächtigen Bildern darstellte, die übereinanderlagen und beim Abheben die Frau und den Mann schichtweise bis zum Skelett entblößten, lag Kneipps ›Wasserkur‹, ein handliches und recht übersichtliches Buch.

Als im Frühjahr die ersten wärmenden Sonnenstrahlen hervorkamen, beschloß ich, die Haare zu entfernen, und ließ mir den Kopf kahlscheren. Es hieß, dies würde den Haarwuchs dichter werden lassen. Darüber hinaus bearbeitete ich die Kopfhaut mit einer aus der ›Wasserkur‹ entnommenen Mixtur, einem Gemisch aus Brennesselabsud und Essig, die meine nähere Umwelt einer Geduldsprobe aussetzte: Ich roch erbärmlich nach Essig und verschaffte vor allem meiner Schwester, die, weil ihr Gehör versagt hatte, eine höchstempfindliche Nase bekam, eine Menge Unbehagen.

Das Studium der ›Wasserkur‹ führte mich zu den Kneippschen Güssen, die eine Menge versprachen.

Der ›Kniegu߬ und der ›Schenkelgu߬ waren in der Handhabung problemlos. Mehr Kopfzerbrechen machte mir der ›Obergu߬, der wichtigste, wie es schien, für den ich aber weder Mutter noch Schwester gewinnen konnte. In dieser Art Bedrängnis verfiel ich auf den verhängnisvollen Gedanken, die eiskalte Quelle, die in unserem Waldstück lag, an einer Stelle, wo sie Gefälle hatte, in eine obergußspendende Gießkanne zu verwandeln. Ich baute einen Trog aus Brettern, leitete das Wasser hinein und stellte mich mit nacktem Oberkörper unter den herabfallenden Strahl. Das eiskalte Wasser schmerzte, als grüben sich Dolche in meinen Rücken. Ich biß die Zähne zusammen, bereit, für meine Gesundheit dieses Opfer zu bringen.

Am dritten Tag krümmte ich den Rücken vor rheumatischen Schmerzen und am vierten konnte ich mich nur noch auf allen vieren fortbewegen. Glücklicherweise hatte Pfarrer Kneipp für solche Fälle auch ein Heilmittel. Er empfahl, die schmerzenden Stellen mit frischen Brennesseln zu schlagen. So kasteite ich mein Kreuz in der Verborgenheit eines dichten Gebüsches, nachdem ich das probate Mittel behutsam aus der Erde gerissen hatte, und erlitt Höllenqualen.

Der Pfarrer hatte recht: Das Rheuma verschwand wie gekommen und ich stand wieder aufrecht, aber zugleich am Ende meiner Hydrotherapie und gab auf.

* * *

Es war ein halbes Jahr ins Land gegangen und die stärkenden Mittel, die mir der Bergwerksarzt verschrieben hatte, brachten mir eine geringe Gewichtszunahme, die Frühjahrssonne hatte meine fahle Gesichtsfarbe gebräunt und beides zusammengenommen ermutigte meine Eltern, an eine Fortsetzung des Schulbesuches zu denken.

Dem Gedanken wurde jegliche Bedenken genommen, als an einem Nachmittag Pater Johannes mit dem kleinen Missionar, der seit zwei Jahren unseren Oberort betreute, zum Hoftor hereinkamen.

Ich ging meinem Wohltäter entgegen und begrüßte ihn mit freudiger Erregung, die auch ihn überkommen hatte. Er war der Retter in meiner großen Not und als Mann, der das Beispiel Christi nicht nur verbal zu verbreiten suchte, sondern es auch lebte, hatte er es sich nicht nehmen lassen, nach seinem Schützling zu sehen und den weiten und steilansteigenden Weg zu unserem Heim in Kauf genommen.

Pater Johannes war über mein Aussehen erfreut. Der kleine Missionar beeilte sich, ihm beizupflichten und, um dem höheren Würdenträger zu schmeicheln, übertrieb er sogar noch ein wenig. Der augendiagnostische Beitrag der beiden Kirchenmänner wurde von meinen Eltern als angenehm empfunden, und als sich Pater Johannes bereit erklärt hatte, für mich ein gutes Zimmer zu suchen und mir weiterhin seine Fürsorge angedeihen zu lassen, war die Fortführung meines Schulbesuches beschlossene Sache.

* * *

Ein Tag vor Beginn des neuen Schuljahres saß ich
wieder im Zug nach Preßburg. Ich hatte ihn mit einer
gewissen Bangigkeit bestiegen, denn mein Befinden
konnte einem Vergleich mit früheren Zeiten nicht
standhalten. Andererseits war es mein Wunsch,
wenngleich ich ein Jahr verloren hatte, Begonnenes
erfolgreich zu Ende zu bringen. Noch stärker war
das Verantwortungsbewußtsein meinen Eltern gegenüber.

Der Zug ratterte mit regelmäßigen Schlägen, wenn
der Waggon über die Stöße ging, dahin und ich versank in eine Rückschau, die mich nach geraumer Zeit
in Unruhe versetzte, die sich steigerte, je näher ich
Preßburg kam. Qualen, die ich fast vergessen hatte,
wurden mir so lebhaft gegenwärtig, daß ich unter
ihnen zu leiden begann. Dann füllten sich meine
Augen mit Tränen, die so stark hervorquollen, daß
sie mir die Sicht nahmen und ich das Abteil nur in
Umrissen, wie durch einen Schleier wahrnehmen
konnte. Eine unsichtbare Macht griff in mein Inne-
res hinein und beutelte mich in einem Schmerz, der
an Intensität alles bisher Durchlittene übertraf.

Der Schmerz ließ nicht ab. Er hielt mich in einer
so festen Umklammerung, daß ich keinen klaren und
vernünftigen Bezug, weder zur Gegenwart, noch zur
Zukunft herstellen konnte. Der Zug fuhr in Loepol-
dov ein und ich nahm – mehr unterbewußt und rein
reflexartig – meinen Koffer aus dem Netz und tastete

mich auf den Bahnsteig. Dort setzte ich mich auf den Koffer und schluchzte vor mich hin, während der Zug nach Preßburg weiterfuhr.

Ich nahm den Gegenzug und fuhr nach Hause zurück. Auf dem Weg vom Bahnhof zum Elternhaus wurde mir klar, daß nicht nur der Versuch als solcher, sondern auch ich selbst gescheitert war. Es war der schwerste und längste Weg, den ich jemals gegangen war. Immer wieder hielt ich inne, stellte meine Handlungsweise in Frage, überhäufte mich mit Vorwürfen und sah die gequälten Gesichter meiner Eltern.

Meine Ankunft im Elternhaus war jener vor einem knappen Jahr rein äußerlich sehr ähnlich, erhielt jedoch mit Blick auf meine weitere Zukunft einen ganz anderen Wert. Vaters Optimismus von damals war jetzt gedämpft, seine tröstenden Worte waren kraftlos.

* * *

Wieder kam ein Frühling, dessen Sonne meine Haut bräunte, meine Seele aber nicht erwärmte.

Jede Woche schlich ich mich unbemerkt zu jenem Türpfosten, an dem ich vor einem Jahr meine Körpergröße mit Hilfe eines rechtwinkligen Dreiecks, das ich im rechten Winkel an den Türstock drückte und dann auf meinen Kopf aufsetzte, markiert hatte, in der Hoffnung, den schwachen und bewußt fast unmerklich gehaltenen Bleistiftstrich ein wenig nach oben setzen zu können. Jedesmal wurde meine Hoffnung enttäuscht. Das Meßergebnis war immer dasselbe, lächerliche 158 Zentimeter, wie am Anfang meiner Erkrankung. Der Wachstumsprozeß war seit jenen Tagen unterbrochen, kein Zentimeter war dazugekommen.

Ich war voll Bitterkeit. Ein Zustand, der fast täglich neue Nahrung bekam, wenn ich mit Leuten zusammentraf, die mich kannten und die sich sogleich im Bedauern ergingen. Sie bedauerten erst mich, dann meine Eltern und, so echt es auch empfunden war, es schmerzte. Zudem trat eine für mich bittere und belastende Inversion zutage: Jene, denen ich einst an Wuchs voraus war, überragten jetzt mich. Ich war siebzehn geworden und hatte die Größe eines Knaben.

Es war das Alter, in dem sich junge Leute zu orientieren beginnen und die Zukunft in der Zweisamkeit ins Auge fassen, wobei die Natur Beihilfe leistet. Jene, die in der fünften Volksschulklasse noch gänzlich unbedeutend in der Bank saßen, glaubten sich inzwischen mit einem Persönlichkeitswert ausgestattet, der sie das Kommende mit Mut angehen ließ. So verstand es jetzt Nachbars Seppl, der sich stets passiv verhalten hatte, in Gegenwart der Mädchen eine Menge erstaunlicher Artigkeiten zu sagen, sie mit witzigen Einlagen zu vermengen, was mit beifälligem Kichern und Gewogenheit honoriert wurde.

Dieser blonde Charmeur, der mir längst über den Kopf gewachsen war, überredete mich eines Tages, ihn zu einem jener Tanzabende zu begleiten, von denen er voll des Lobes war und in Verzückung geriet. Er ließ nicht locker und ich gelangte schließlich zu der Auffassung, daß ich, wie immer die Dinge bei mir auch lagen, wenigstens ein halbes Auge für die Zukunft offenhalten sollte.

Wir betraten den Tanzboden. Seppl war bald von weiblicher Anmut umringt und in seinem Element. Von mir nahm man kaum Notiz. Die Kapelle begann zu spielen und ich wagte mit der Mitzi, mit der ich als Kind im Sand gespielt hatte, den ersten Tanz. Sie lehnte nicht ab, schien aber auch nicht begeistert zu sein, obgleich ich ein guter Tänzer war, denn Mutter, die in Budapest einer Laiengruppe angehört hatte, hatte mir das Tanzen beigebracht. Aber meine Kunst hatte keinen Preis und Mitzi gab sich gelangweilt. Ebenso erging es mir bei Anni, auch einer Gespielin aus der Kinderzeit. Einen dritten Versuch wagte ich nicht mehr zu unternehmen. Ich sah dem turbulenten Treiben noch eine Weile zu, begriff die Position, in der ich mich befand: Der Mitzi und auch der Anni waren zwischenzeitlich Brüste gewachsen, deren tieferer Bedeutung sich beide bewußt geworden waren, und sie begannen nach einem Jüngling Ausschau zu halten, der die Evidenz eines angehenden kräftigen Bergmannes offenbarte. Ich mußte einsehen, daß ich den Kriterien, die die Natur dem weitblickenden Auge der Jungfrau, die sich zum Leben rüstet, auferlegt, in keiner Weise entsprach. Ein kränkelnder Junge, der die Schule abgebrochen hatte, war hier ohne Chance.

* * *

Wohlmeinende Nachbarn hatten Mutter von der Wundertätigkeit eines ungarischen Arztes berichtet, der sich in Heiligen Kreuz niedergelassen hatte. Vater riet mir, den Doktor zu konsultieren und ich hatte wieder ein wenig Hoffnung.

Das Wartezimmer war voller Menschen und die meisten schienen dem Tod näher als dem Leben. Das ermunterte mich: »Wenn er diesen helfen kann, dann ...«, dachte ich bei mir. Wunsch und Hoffnung gerieten in einen Wettstreit, der die lange Wartezeit mit Spannung und Ungeduld ausfüllte. Am frühen Nachmittag war ich endlich an der Reihe.

Der alte Arzt trug einen Vollbart, den damals Männer von hoher Gelehrsamkeit für sich in Anspruch nahmen. Er untersuchte mich gründlich. Organisch konnte er keinen Schaden feststellen. Was die Nerven anging, wiegte er den Kopf hin und her und begann an seinem Bart zu zupfen. Dann verschrieb er mir ein eisenhaltiges Präparat, das meine Blutarmut beseitigen sollte und Kohletabletten, die meine Gasbildungen eindämmen würden.

Ich fuhr regelmäßig zu diesem Doktor. Sehr lange Zeit. Mit der Länge der Zeit, in der sich nichts verändert hatte, auch nicht das Körpermaß, begann meine letzte Hoffnung dahinzuschwinden – ich sah mich einem unverrückbaren Schicksal ausgesetzt, das mit mir kein Erbarmen hatte.

Ich saß wieder einmal im Zug, der mich vom Arztbesuch nach Hause brachte, mit dem Gefühl, den Weg umsonst gemacht zu haben, verdrossen und von einer enormen Leere ergriffen. Die großen Schulferien waren schon angebrochen, und der Zug war voll, aber ich hatte noch einen Fensterplatz bekommen, nachdem die Fahrgäste auf der langen Bank zusammengerückt waren.

Ich schaute zum Fenster hinaus, ohne etwas wahrzunehmen. Doch in Oberstuben, einem kleinen Umsteigebahnhof, erregte eine junge Dame, die in einer Gruppe auf dem Bahnsteig stand, meine Aufmerksamkeit. »Ist das ein Weib!« flüsterte ich leise vor mich hin, denn trotz Neurasthenie war mir der Sinn für Ästhetik nicht verlorengegangen. Noch sah ich nicht ihr Gesicht. Allein was ihr Rücken zu bieten hatte, übertraf weit meine bisherigen Vorstellungen von einer schönen Frauengestalt: die Schönheit der Beine, die schmalen Hüften, die sich zu einer Wespentaille verengten, der schöne Hals, das prächtige Haar und ihr hoher Wuchs waren die Summe einer weiblichen Idealfigur. »Hier ist die Schöpfung vollendet«, dachte ich und war überzeugt, daß die Bewunderte auch ein hübsches Gesicht haben mußte. Ich wartete gespannt.

Der Schaffner mahnte zum Einstieg. Die Traumfrau verabschiedete sich von der Gruppe, wandte sich dem Zug zu und – ich erschrak, es war Judith G.

Judith G. war die Tochter des Lehrers im Nachbardorf und meine Mitschülerin gewesen. Der Zufall wollte es, daß wir beide das deutsche Realgymnasium in Neutitschein, in Mähren, bis zum Anschluß des Sudetenlandes an das Reich besuchten und in dem

Internat bei den katholischen Schwestern vom Heiligen Carl Boromeus untergebracht waren. Sie hatte mich von Anfang an gemocht, ich hingegen konnte mich für sie, ein mageres Mädchen, das viel schwatzte, nicht erwärmen. In den großen Ferien kam sie mich besuchen und lud mich zu einem Gegenbesuch ein, zu dem ich, um der Langeweile vorzubeugen, Nachbars Seppl mitnahm. 1939 wurde Neutitschein von deutschen Truppen besetzt und die Slowakei zu einem selbständigen Staat ausgerufen. Judith und ich wurden repatriiert und setzten die Ausbildung am deutschen Gymnasium in Preßburg fort.

Ich hatte sie aus den Augen verloren, genauer gesagt, sie, die in die Parallelklasse ging, nicht beachtet. Als sie mich eines Tages auf ihr Zimmer, das sie mit einer Mitschülerin bewohnte, einlud, traute ich meinen Augen nicht. Sie war fett geworden, hatte einen enormen Busen bekommen und sah aus wie eine Wöchnerin. Ich sagte, ich sei dringend verhindert und sie glaubte es.

Der Schaffner pfiff und Judith sprang mit Grazie auf das Trittbrett des Waggons, in dem ich saß. Dann ›erschien‹ sie im Wageneingang mir gegenüber. Sie war eine Erscheinung, die, wie ich bemerken konnte, alle Fahrgäste mit Blickrichtung zu jenem Eingang faszinierte. Ich war wie versteinert und wünschte mir unsichtbar zu sein, wünschte, mein Elend gegenüber Judith verbergen zu können.

Sie riß die Augen weit auf, schrie »Nicki!«, stürmte auf mich zu und umarmte mich in echter Wiedersehensfreude und einem Gefühlsausbruch, der die anderen Fahrgäste in Staunen versetzte.

Ich war perplex. Ich konnte nicht begreifen, daß aus dem einst mageren, dann dicken und in beiden Fällen unansehnlichen, häßlichen Entlein, ein Mädchen geworden war, deren Schönheit alles übertraf.

Sie sprudelte los und, gänzlich unbeabsichtigt, berührte sie mich beständig in einer Art naiver Liebkosung. Sie wußte von meinem Geschick, und mit der Geste des Mitleids strich sie über mein Haar, das bestenfalls einen halben Zentimeter lang war. Ich saß wie gelähmt da und krampfte die Zehen zusammen. Es war kein Sitzplatz mehr frei und ich wollte ihr meinen anbieten, aber sie drückte mich, den ›Kranken‹, auf den Platz zurück und blieb seitlich vor mir stehen. Sie beugte sich immer wieder zu mir herab, wenn sie etwas Betontes sagte und ich sah in dem tiefen Dekolleté eines leichten Sommerkleides den herrlichsten Busen, den meine Augen je gesehen hatten.

Judith wollte Lehrerin werden und besuchte ein Lehrerseminar. Dort hatte sie einen netten jungen Mann kennengelernt und stand vor der Verlobung. Mit ihrem süßen Geheimnis, über das noch strengstes Stillschweigen gewahrt werden mußte, da selbst ihre Eltern noch nichts davon wußten, kam sie dicht an mein Ohr und hielt mir ihre Weiblichkeit so nah vor Augen, daß ich gänzlich verwirrt wurde. »Nimm deine Brüste weg, Judith!«, flehte ich innerlich und krampfte meine Zehen in den Schuhen noch mehr zusammen. »Nimm sie weg und quäle mich nicht, hab' Mitleid!«

Aber mein Flehen wurde nicht erhört. Sie hatte viel Wichtiges zu tuscheln, meinem Ohr aus nächster Nähe anzuvertrauen, und ich mußte sehen, was mich blendete, mußte den Geruch zarten und üppigen Fleisches in dezenter Mischung mit einem Parfüm wahrnehmen, was mir die Sinne zu rauben begann. Sie erzählte in heller Begeisterung von dem jungen Mann, dem sie ihr Herz geschenkt hatte, lange und ausführlich. Das Wort ›Mann‹ bewirkte eine Trockenheit in meiner Kehle, und ich würgte meinen Glückwunsch gepreßt hervor.

Endlich kam die Erlösung. Der Zug fuhr in Glaserhau ein, wo Judith in einem schönen Neubau wohnte. Sie verabschiedete sich und wünschte mir Glück, ohne zu wissen, wie dringend ich es brauchte. Vom Bahnsteig winkte sie mir noch durch das Fenster zu. Sie hatte einen Hauch ihres Parfüms zurückgelassen, der mich davon überzeugte, daß alles kein Alptraum war.

Das durchstandene Martyrium blieb nicht ohne Folgen. Ich versank in eine Betrachtung, die mich unverrückbare erkennen lies – ich war als Mensch der Schöpfung mißglückt. Ich hatte in Judiths Augen die Liebe gesehen, die in ihrem Herzen brannte, jenen Glanz, der im menschlichen Dasein den Höhepunkt darstellt, und begriffen, daß es mir beschieden war, nur auf der Schattenseite des Lebens einherzugehen, als Zuschauer mit unerfüllbaren Sehnsüchten im

Herzen. Nur noch ein Gedanke beherrschte mich, daß so ein Leben seinen eigentlichen Sinn verfehle und es überkam mich der Wunsch, es zu beenden.

Mich durchzuckte der Gedanke, daß Selbstmörder außerhalb der Friedhofsmauern beerdigt wurden, von der katholischen Kirche ausgestoßen. »Und deine Eltern!« rief eine Stimme in mir. »Diese Schmach willst du ihnen antun?« Nein – das wollte ich verhindern. Und ich beschloß, mich einer eigenen Arbeitstherapie zu unterziehen.

Es traf sich gut, daß Vater beschlossen hatte, eine neue Scheune zu bauen, die alte war baufällig geworden. Der zu Ende gehende Februar hatte die letzten Schneemassen hinwegschmelzen lassen und die Märzsonne erfüllte alles mit Leben. Bald stand die Scheune in ihren Umrissen und zwei Wochen später saßen Vater und ich bereits auf dem Dachstuhl und deckten das Dach. Wir plauderten vergnügt von diesem und jenem und waren voller Befriedigung, daß unsere gemeinsame Arbeit sehenswerte Früchte zeitigte.

Dann aber traf ein Ereignis ein, das auf unsere mit so viel Schwung vorangetriebene Arbeit einen störenden Einfluß nahm und die Plauderei in ein nachdenkliches Schweigen verwandelte: In diesem Sommer – man schrieb das Jahr 1943 – waren im ganzen Dorf Bekanntmachungen ausgehängt worden, die alle männlichen Einwohner von achtzehn bis fünfzig Jahren aufforderten, sich einer Musterung zu unterziehen. ›Zwecks Feststellung der Wehrfähigkeit im Ernstfall‹, hieß es. Die Verbindlichkeit war unterstrichen, die Bekanntmachung gesiegelt und vom Bürgermeister unterzeichnet. Ich war im vergangenen Herbst achtzehn geworden und zählte somit zu den aufgerufenen Jahrgängen.

Der Tag der Zwangsmusterung war gekommen und ich erreichte nach einer Stunde Fußweg zum festgesetzten Termin die neue Bürgerschule am Ring, die für diesen Zweck vorgesehen war.

Ich hatte Angehörige der slowakischen Armee erwartet, die bislang die Musterungen durchgeführt hatten, sah aber zu meinem größten Erstaunen hier Militärs in grau-grüner Uniform, hochgewachsen, mit schwarzen Kragenspiegeln, auf denen rechtsseitig zwei wie Blitze oder Runen aussehende Zeichen in Silber aufgestickt waren. Von der Kopfbedeckung grinste ein Totenkopf als Kokarde. Ich fand für diese fremden Uniformen keine Erklärung, entsprechend auffallend dumm muß ich dreingeschaut haben, denn sogleich schob mich einer der grau-grünen Posten mit Maschinenpistole zur Türe hinein.

Die Personalien wurden notiert, die Zähne untersucht, und dann stand ich nackt unter Nackten, in einer Reihe, die sich auf eine Tür hin ausgerichtet hatte, die von Zeit zu Zeit geöffnet wurde und einen der Wartenden einließ.

Ich nahm mich in der Reihe recht bescheiden aus. Vor mir standen drei hochgewachsene Männer aus dem Unterort, und gleich hinter mir hatte sich Ignaz, der Holzfäller, ein Hüne von einem Mann, aufgestellt. Er war, wie man sagte, der stärkste Mann im Dorf. Das Prädikat des Supermannes hatte er sich mit der üblen Angewohnheit verschafft, daß er,

betrunken und gereizt, öfter die Wirtshäuser aus-
zuräumen pflegte – einschließlich des Wirtes.

»Du willst doch nicht etwa zu den Soldaten?«
begann er mich zu foppen.

Ich sagte kein Wort. Die Männer, die vor mir standen, drehten sich um und begannen zu lachen.

»He, ich rede mit dir!« sagte Ignaz, nachdem er
mir von oben herab auf den Kopf geblasen und dabei
einen übelriechenden Schnapsgeruch verbreitet hatte.

Ich wurde zornig und stieß ihn mit dem Ellbogen
in den Brauch.

»Mensch, nicht so tief! Ich muß heute noch meine
Rosi glücklich machen. Aber davon verstehst du noch
nichts, du ... du ...«, kam es von hinten. Er wollte
einen Vergleich einbringen, der mich weit unter seine
Manneskraft stellen sollte, aber offensichtlich fiel
ihm keiner ein.

»Schäm' dich, du alter Bock! Hast schon die dumme
Mitzi dick gemacht«, zischte ich und merkte, daß
ich zu weit gegangen war.

Ignaz schien es die Stimme zu verschlagen. In einem
anders gelagerten Fall hätte er sicherlich mit der Faust
geantwortet. Aber in diesem speziellen und mit einem
Gegner, dem er auf den Kopf blasen konnte, schien
ihn die Beleidigung fast zu amüsieren, als er sagte:
»Werd' nicht frech, du kleiner Furz, sonst hau' ich
dich in deinen spitzen Arsch, und die da drinnen
würden sich dann wundern, daß einer gleich mit der
ganzen Tür reinkommt. Sie würden sich wohl freuen,
daß sich wenigstens einer vordrängt.«

Ich war an der Reihe. Die Türe wurde von einem SS-Mann geöffnet, der eigens dafür abgestellt war. Er wies mich zur Meßvorrichtung. Der grau-grün uniformierte Hüne grinste geringschätzig, als er Schiebevorrichtung auf meinen Kopf herunterdrückte. Er trug das Ergebnis ein und schickte mich zu seinem Nachbarn, dieser wies mich mit einer Handbewegung auf die Waage. »Recht dürftig«, murmelte er. »Ist ja auch nur 1,58«, rechtfertigte der Mann vom Meßstand das Ergebnis.

Beinahe hatte ich das Gefühl, unser Dorf vor den zur Musterung angereisten Soldaten kompromittiert zu haben, als Ignaz hereinkam und ungeheures Aufsehen erregte. Er hatte jene den Waldarbeitern eigene frische Gesichtsfarbe, die mit der Blässe der Bergleute und meine dazugenommen stark kontrastierte. Er selbst hatte den Effekt seines Erscheinens bemerkt, zog die vollen roten Lippen zu einem selbstgefälligen Lächeln ein wenig auseinander, öffnete einen Spaltbreit den Mund und ließ zwei Reihen starker, gesunder Zähne sichtbar werden, deren Weiß sich vom sonnengebräunten Gesicht abhob.

Die herkulische Gestalt bewegte sich auf das Handzeichen des Türstehers auf den Meßstand zu. Dabei kamen die riesigen Muskelpakete zum Spielen und machten vorstellbar, mit welcher Wucht dieser Mann die Axt zu schwingen vermochte. Dennoch hatte der kolossale Körper etwas Elastisches.

Der SS-Mann rückte den Schieber gute zwanzig Zentimeter nach oben und fixierte Ignaz mit einer

Miene, die teil Bewunderung, teils Neid ausdrückte. Er mußte sich eingestehen, daß er diesem Naturburschen gegenüber im Hintertreffen lag. Ignaz stieg auf die Waage, und der SS-Mann, der den Zeiger nach oben schnellen sah, konnte ein »Oh!« nicht unterdrücken. Er sagte zu seinem Kameraden: »Wenn der einem Russen die Faust ins Gesicht drückt, bleibt davon nur eine blutige Masse übrig.«

»Ich scheiß' euch was, ich bleibe hier und schlage nach wie vor die Grubenstempel für das Bergwerk«, sagte Ignaz und stieg von der Waage. Er ging an dem SS-Mann, der ihn gewogen hatte, so hart vorbei, daß dieser einen Schritt zurückwich.

»Dann laß ich dich deine Scheiße auffressen, du Kaschube!« brüllte der vom Meßstand, dessen Kragen mit einem Silberstreifen eingesäumt war.

In diesem Moment wurde ich ins Nebenzimmer gerufen. Die Tür fiel ins Schloß, und ich konnte an dem Wortgefecht zwischen Ignaz und der SS nicht weiter teilhaben.

»Sind Sie krank?« fragte der Arzt.

»Ja, ich habe eine Neurasthenie«, antwortete ich. In der Verwirrung war mir der lateinische Ausdruck herausgerutscht, was ich sogleich bedauerte, denn ich wußte, daß Ärzte es nicht mögen, wenn Laien in ihrer Terminologie herumrühren.

»Was, bitte, haben Sie?« fragte der Arzt auch prompt, indem er den Schwerhörigen und Neugierigen zugleich mimte und seine Helfer zum Lachen brachte.

»Neurasthenie«, wiederholte ich jetzt kleinlaut, mir war klar, daß man mich verhöhnte.

»Sozusagen Nervenerschöpfung«, sagte ein Sanitäter mit triumphierendem Grinsen.

»In diesem verschlafenen Land leistet man sich im fünften Kriegsjahr den Luxus einer Neurasthenie«, wandte sich der Arzt an seine Handlanger.

Nach dem Abhorchen, Abklopfen und anderen Manipulationen diktierte er dem Schreiber: »Organisch alles ohne Befund, Reduzierter A- und E-Zustand. Lager-SS.«

* * *

Das Unvermeidliche kam nach einer Woche, als der Bote des Bürgermeisters die Einberufungsbescheide auszutragen begann. Er kam auch zu uns. Mutter sank in einem Schwächeanfall auf das Sofa, das in unserer Küche stand, meine Schwester brach in Tränen aus.

Als Vater von der Arbeit nach Hause kam und die Nachricht erfuhr, verlor er seine Gesichtsfarbe. Er las den Einberufungsbefehl und wiederholte halblaut den fettgedruckten Nachsatz: »*Falls Sie der Einberufung nicht Folge leisten, werden Sie nach § ... mit dem Tode bestraft.*«

Bartosch

Im Zug, der mich nach Preßburg zur Sammelstelle brachte, lernte ich einen jungen Mann mit gleichem Reiseziel kennen. Er machte einen kränklichen Eindruck. Sein hohlwangiges Gesicht saß auf einem langen, dünnen Hals, an dem der Kehlkopf stark hervortrat. Er war Ende zwanzig und kam aus Kremnitz, wo er am Münzamt als Graveur tätig war. Im Gegensatz zu mir war er ein grenzenloser Optimist. Ich hatte meinen großen Koffer vollgepackt, er reiste mit einer Aktentasche. Grund für seinen Optimismus war ein Attest seines Hausarztes, das ihm Kriegsuntauglichkeit bescheinigte. Am Abend wollte er wieder bei seiner Frau sein.

Unser Reiseziel war das Kino ›Redoute‹, unten an der Donau. Der Kinosaal war leergeräumt, die Rekruten saßen auf ihren Koffern, mein Reisegefährte setzte sich auf den Fußboden. Er war aufgeregt und suchte nach dem Ranghöchsten der SS.

Durch die offenstehende Tür eines Nebenraumes sah man an einem Tisch einen SS-Angehörigen sitzen, dessen Uniform aus unvergleichlich besserem Tuch als das der übrigen geschneidert war. Meinen Gefährten riß es vom Boden. Er eilte zu dem Nebenraum und schloß die Tür hinter sich.

Plötzlich ertönte schreckliches Gebrüll in diesem Zimmer. Dann sprang die Tür auf, und der Eingetretene kam herausgeflogen, mit einer Vehemenz, daß es schien, als habe ihn der bullige SS-Offizier ins

Hinterteil getreten. Er setzte sich wieder neben mich auf den Boden und zitterte am ganzen Leib. Sein Kehlkopf bewegte sich auf dem dünnen Hals auf und nieder, als mache er den vergeblichen Versuch, eine Pille von äußerster Bitterkeit zu schlucken.

Auf das Gebrüll hin eilte ein baumlanger Unterführer sofort in den Nebenraum, wurde dort informiert, kam zu Bartosch – so hieß mein unglücklicher Gefährte – herausgefegt, und begann ihn mit den vulgärsten Ausdrücken einzudecken. Er nannte ihn einen Verräter, der dem Führer die Gefolgschaft verweigere, die SS beleidige und zu einem wahren Deutschen erzogen werden müsse.

Bartosch bot den Anblick eines zum Tode Verurteilten, dem das letzte Fünkchen Hoffnung auf Begnadigung ausgeblasen worden war. Er sprach kein Wort. Ahnte er, daß für ihn ein Martyrium begonnen hatte, das er nicht überleben konnte?

Wir nahmen Abschied vom Leben in Freiheit, sahen uns in der Umklammerung der SS, aus der es kein Entrinnen gab. Bartosch wurde aufgerufen und der Transportgruppe jenes unflätigen Unterführers, der ihm den ›Rest‹ gegeben hatte, zugeteilt. Ich wurde zum Augen- und Ohrenzeugen jener Qualen, die ihm bevorstanden berufen, indem derselbe rabiate Rübezahl meinen Namen in den Saal brüllte. Als die Gruppe vollständig war, stellte sich der Transportführer als Oberscharführer Böhm vor. Dann gab er mit donnernder Stimme eine Belehrung von sich, die im Grunde eine Warnung vor einem Fluchtversuch war, dessen Folgen er, statt verbal auszudrücken, demonstrierte, indem er seine wuchtige Pistole aus dem Futteral holte, mit ihr herumfuchtelte und unmißverständlich zu verstehen gab, daß sie dem Flüchtenden ein schnelles Ende bereiten würde.

Am frühen Nachmittag war der gesamte Transport aufgestellt. Auf das Kommando »Heraustreten!« verließen wir das ›Redoute‹ und formierten uns nach Weisung in Dreierreihen. Von bewaffneter SS flankiert, marschierten wir nach den Klängen einer Kapelle, die Karmansins deutsche Partei aufgeboten hatte, zum Bahnhof. Es war ein langer Zug – die SS hatte reiche Beute gemacht.

Auf Bahnsteig III stand ein mit Girlanden geschmückter Zug bereit. Einige Waggons trugen Aufschriften, die den nahen und sicheren Sieg verkündeten. Die Lok dampfte.

»Auschwitz in die letzten vier Waggons! Müller, Sie Arschloch, wissen Sie nicht, wo hinten ist?« brüllte der Offizier, der vorne am Zug stand und den Bartosch lieber gemieden hätte.

»Jawohl, Obersturmführer! Auschwitz nach hinten«, brüllte ein Unterführer zurück, indem er gleichzeitig die Hacken knallend zusammenschlug.

Böhm und drei Uniformierte niederen Ranges verwiesen uns in den ersten Waggon. Die Kapelle hatte am Bahnsteig Aufstellung genommen und spielte einen flotten Marsch. Der Zug setzte sich in Bewegung und fuhr mich in einen neuen Lebensabschnitt hinein.

* * *

Die Rekrutenausheber machten es sich bequem, schnallten die Koppel ab und hingen sie in die Gepäcknetze, aber so, daß die Pistolen griffbereit waren.

»Das wird wieder eine scheißlangweilige Fahrt, wie damals von Zagreb«, krächzte Böhm.

»Nicht doch, die Hottentotten von Kroaten, die wir dort einsammelten, konnten kein Wort Deutsch, hier hat man wenigstens Verständigung«, gab einer zurück.

»Und ich sollte mich verdammt irren, wenn Sie nicht eine ganze Menge von dem berühmten slowakischen Pflaumenschnaps im Gepäck haben«, sagte der dritte Bewacher.

Die Vermutung wurde so laut vorgebracht, daß sich der dickliche, ergraute Preßburger beeilte, seinen Koffer zu öffnen, ihm eine Flasche Sliwowica entnahm und sie Böhm zum Geschenk machte. Die Augen der SS-Leute begannen zu glänzen.

Es dauerte nicht lange, und der Sliwowitz zeigte seine Wirkung. Es fanden sich mehrere Quellen, aus denen die SS ihre Zahnputzbecher füllen konnten und nach geraumer Zeit war der Zustand der Bewacher ekelerregend. Sie prahlten, ganze Kerle zu sein und protzten mit ihrer Körpergröße. Die größten Einberufenen wurden nach ihrem Körpermaß befragt, und als sich herausstellte, daß Böhm den größten Rekruten um drei Zentimeter überragte, war er so befriedigt, daß er sein Glas in einem Zug leerte.

Bartosch und ich hatten uns in den äußersten Winkel verkrochen. Er saß mir gegenüber, hatte seine langen, dünnen Finger ineinander verkrallt und brachte sie von Zeit zu Zeit zum Knacken. Er schwieg.

Lange.

Dann sagte er mit feuchten Augen: »Meine arme Frau, sie wird auf mich warten. Sie war sicher, daß ich mit dem letzten Zug zurückkommen werde. Sicherlich steht sie am Bahnhof, um mich abzuholen.«

Mit Alkohol vollgepumpt, davon einen Teil wieder erbrochen, schien unsere Bewacher zu später Stunde eine Ermattung zu befallen, der sie nicht widerstehen konnten. Sie zogen die Stiefel aus, schnallten die Pistolen um, rückten diese an eine Stelle, wo sie nicht drückten, legten sich auf die Bänke und gaben bald Schnarchtöne von sich. Der Zug ratterte monoton dahin und schläferte mich ein.

Ein lautes Schreien von draußen weckte mich am frühen Morgen auf. Der Zug stand auf irgendeinem Rangierbahnhof, und der Offizier verhandelte mit den Eisenbahnern. Es fielen Kraftausdrücke. Dann wurden die letzten vier Waggons abgekoppelt. Sie gingen nach Auschwitz, ein Ort, der mir damals noch nichts sagte. Wir fuhren weiter.

Böhm hatte dem Sliwowitz wieder ausgiebig zugesprochen und begann, auf starkes Drängen der Schnapsspender, das Geheimnis unseres Reisezieles zu lüften:

»In die Nähe von Danzig! Dort braucht man ganze Kerle, sag' ich euch. Ganze Kerle! Na, ihr werdet ja sehen«, grölte er.

»Eine stramme Ausbildung und dann Einsatz«, vervollständigte Marzan Böhms Gedanken. Er konnte ein Grinsen nicht verbergen, als er vor das Substantiv ›Ausbildung‹ das Attribut ›stramm‹ stellte.

»Einsatz an der Front?« fragte der ergraute Preßburger, der Böhm und seinesgleichen am großzügigsten mit Schnaps bewirtet hatte, und davon das Recht auf eine Frage ableitete.

Böhms herabgefallene Mundwinkel und eine verächtliche Handbewegung ließen keinen Zweifel aufkommen, daß ihm diese Frage unangenehm war. Dementsprechend war der Tonfall, mit dem er sein Unbehagen zum Ausdruck brachte: »Front, Front … Unser Dienst ist schwerer als der Frontdienst. Ich sage doch, ganze Kerle … Nerven! … Prost! Aber solche feigen Memmen wie den da hinten mit seinem Attest nehmen wir erst halb auseinander, daß ihm die Suppe im Arsch kocht … Bringt der Kerl doch wahrhaftig ein Attest an … nicht zu fassen!«

»Umso besser können wir ihn kurieren, wenn man weiß, was ihm fehlt. Was hat er denn?« fragte Marzan und gab sich betont interessiert.

»Die Hose voll. Sieh' ihn dir doch an, wie er dasitzt«, sagte Böhm. Anhaltendes Gelächter. Als es abebbte, war Böhm bestrebt, es erneut zu entfachen: »Und dem Kleinen davor müssen wir die Hammelbeine langziehen, damit er größer wird. Ist noch jung,

der muß aus den Hüften kommen, der Schrumpf-
germane. Kann doch nicht die SS blamieren, der kleine Scheißer!«

* * *

In Bromberg wurde unser Waggon an einen Güterzug angehängt, der uns mit langen Wartezeiten nach
Danzig brachte. Hier stiegen wir in eine Kleinbahn
um, und überquerten die Grenze von Westpreußen
nach Ostpreußen.

In Steegen stiegen wir aus. Geordnet, so gut es
das mitgeführte Gepäck gestattete, gingen wir eine
Chaussee entlang. Nach etwa fünfhundert Metern
bogen wir in einen Waldweg ein. Dann erregten Schil-
der mit Totenköpfen auf gekreuzten Knochen und
der Aufschrift »*Beim Betreten des Geländes wird
scharf geschossen*« unsere Aufmerksamkeit. Noch
bevor sich der Wald lichtete, hörten wir lautes Geschrei und Kommandorufe. Dann wurden grüne
Holzbaracken sichtbar, vier nebeneinander. Auf dem
dazwischenliegenden Freigelände waren Soldaten in
Arbeitsanzügen, teils marschierend, teils laufend und
teils kriechend, unter dem Gezeter wildgewordener
Ausbilder. Als sie uns sahen schien die Neugier diese
so zu überwältigen, daß sie die Übungen unterbra-
chen, und mit einem höhnischen Grinsen ihre neuen
Opfer beäugten.

Wir gingen an den keuchenden und schwitzenden
Gruppen im gegenseitigen Mitleid vorbei. Böhm

kommandierte: »Halt!« und ließ das Gepäck absetzen. Marzan bemühte sich um die Ausrichtung.

Die Flügeltür einer Baracke flog auf, und ein älterer, beleibter Offizier mit hochpolierten Langstiefeln, in denen sich die helle Nachmittagssonne verfing, trat heraus. Ihm folgte ein Unterführer mit den gleichen Rangabzeichen wie Böhm, doch zusätzlich zwei Lamettaringen an jedem Ärmel. Beide kamen auf uns zu. Als sie eine angemessene Nähe erreicht hatten, baute sich Böhm mit herausgenommener Brust zur vorbildlichen Positur eines Soldaten auf, schlug die Hacken zusammen, hob die rechte Hand zum deutschen Gruß, und meldete den Eingang und die Stückzahl der neuen Rekruten.

»Eine schöne Hammelherde!« krächzte der Offizier, nachdem er den Gruß lässig erwidert hatte. Er schritt zur Besichtigung.

Seine mittelgroße Gestalt war von beachtlicher Korpulenz. Den hervorstrotzenden Bauch umspannte ein Koppel, an dem eine kleine Pistole hing. Aus dem runden Gesicht stachen zwei graue, eiskalte Augen, auf der Oberlippe stand ein Hitler-Schnauz.

Seine Augen verengten sich und bohrten sich in jeden der Reihe nach hinein. Als er zur Mitte gekommen war, wo Bartosch in vorderster Reihe stand, hielt Böhm den rechten Zeitpunkt für gekommen, eine zackige Meldung zu machen:

»Der wollte kneifen, Obersturmführer«, begann er, die Hände an den Hosennähten, in dem Augenblick, als das prüfende Auge des Offiziers auf den unglücklichen Bartosch gefallen war.

Böhms Worte verblüfften den Obersturmführer, der seinen Ohren nicht zu trauen schien. Das beflügelte Böhm, so daß er die Meldung mit einer Prise Ironie zu Ende brachte:

»Hat sich vom Arzt den nahen Tod bescheinigen lassen ... äh, ein Attest, dachte, er könnte ...«

»Könnte was?« fragte der Offizier. »Mann, was stottern Sie denn da herum, können Sie nicht eine anständige Meldung machen? Oder haben Sie sich mit diesem Schnaps, wie heißt er doch, Schligowitz oder so ähnlich, Ihren ohnehin schwachen Verstand gänzlich vernebelt?«

»Nein, Obersturmführer, Dienst ist Dienst!«

»Und Schligowitz ist Schligowitz. Mensch, Sie alte Schnapsdrossel, ich kenne Sie doch.«

»Jawohl, Obersturmführer!«

»Was? Wollen Sie sagen, daß ... Mann, ich lasse Sie einsperren, bis Sie schwarz werden! Wundert mich, daß Ihnen keiner dieser Vögel davongeflogen ist. Und was ist mit dem da?«

»Der Kerl brachte ein ärztliches Attest, in dem ihm der Arzt Wehruntauglichkeit bescheinigte. Der Obersturmführer aus Auschwitz ... Wie war doch sein Name ...?«

»Scheißegal. Würde mich wundern, wenn Sie ihn behalten hätten!«

»Er hat es zerrissen und weggeworfen.«

»Richtig! Besser, Sie hätten sich damit den Arsch

abgewischt, Mann!« wandte sich jetzt der Offizier an Bartosch und funkelte ihn mit eiskalten Augen an. »Mir scheint, die Hebamme verstand bei Ihnen nicht ihre Kunst. – Zu heiß gebadet, wie?«

»Nein, Herr Obersturmführer«, würgte Bartosch hervor.

»Widersprechen Sie nicht, Sie Arschloch! Außerdem gibt es bei der SS keine Herren, klar?«

»Jawohl, Obersturmführer!« keuchte Bartosch.

»Aus dieser Jammergestalt einen Soldaten zu machen, wird Marzan übernehmen müssen, der versteht so etwas«, sagte der Offizier mit einem Seitenblick zu dem neben Böhm stehenden Marzan, der bei diesem Lob jeden Muskel zum Zerreißen anspannte, er knallte mit den Hacken und brüllte mit völliger Hingebung: »Jawohl, Obersturmführer!«

Mann für Mann wurde weiter fixiert. Das letzte Glied, in dem ich stand, geriet in sein Blickfeld. Sein Gesicht drückte Verwunderung aus, als er meiner ansichtig wurde, und er fragte:

»Wen habt ihr denn da mitgebracht?«

»Das ist der Jüngste, Obersturmführer«, hörte ich Böhms Hacken knallen und ihn zugleich sprechen.

»Wie alt ist er denn?«

Obgleich die Frage wie beim ›alten Fritz‹ in der dritten Person Einzahl gehalten war, hatte sich der Prüfer mir zugewandt und durchbohrte mich mit seinem Blick.

»Achtzehn, Obersturmführer«, sagte ich, so laut es mein indifferentes Gefühl von Verängstigung und Befangenheit zuließ.

»Und nicht bei Mutti geblieben, gut, gut. Aber ich glaube, Spieß, wir müssen da die Beine richtig langziehen«, wandte er sich an den mit den zwei Ringen an den Ärmeln, der sich sogleich aus seiner lockeren Haltung zu einer Kerze aufbaute und sagte:

»Zu Befehl, Obersturmführer! Die Beine langziehen!«

»Immerhin ein Beispiel für diesen Jammerlappen da«, sagte der Offizier und stand schon wieder vor Bartosch.

»Sieht ja aus wie ein Betbruder, der sich jede Nacht kasteit«, suchte der Doppelberingte den Gedanken seines Vorgesetzten weiterzuspinnen. Die Ergänzung wurde mit beifälligem Gelächter der SS honoriert.

»Was sind Sie von Beruf?« wollte der Obersturmführer wissen, und es schien, als könne er von dem Unglücklichen nicht ablassen.

»Graveur, Herr ... Graveur, Obersturmführer«, antwortete Bartosch mit bebender Stimme.

»Reißen Sie sich zusammen, oder Sie können sich bald Ihren eigenen Grabstein gravieren«, sagte sein Peiniger, und sein Gesicht hatte an Kälte nichts Ebenbürtiges. Dann beendete er seine makabre Inspektion.

Der Spieß stellte sich selbst als ›Mutter der Kompanie‹, den Obersturmführer als Kompaniechef vor. Anschließend erfolgte die Verteilung auf die Stuben. Bartosch und ich kamen auf Stube neun.

Ich hatte die erste Etage eines Doppelstockbettes erklommen und sah Bartosch, der das Bett daneben belegt hatte, mit einer Fotografie in den Händen. Er zeigte sie mir. Es war das Bild seiner Frau, einer schönen, jungen Slowakin, mit dem weichen Gesichtsausdruck, wie es bei jenem Volk so häufig anzutreffen ist. Er lag auf dem Rücken, und seine langen, schmalen Finger krampfen sich um das Bild, als gälte es etwas festzuhalten, was ihm verlorenzugehen drohte. Sein erst verträumtes Gesicht nahm einen gequälten Ausdruck an. Ab und zu bewegte er ganz schwach die Lippen, als führe er ein Zwiegespräch mit seiner Frau. Dann überkam ihn die Ermattung. Er schlief ein, und das Bild fiel ihm aus den Händen. Ich nahm es und steckte es von der Seite unter sein Kopfkissen. Dann hörte ich dem Gespräch der Stubengefährten zu, das sich mehr und mehr entfernte, als auch ich einschlief.

* * *

Am frühen Morgen schreckte mich eine Trillerpfeife aus dem Schlaf. »Kompanie aufstehen!« donnerte sogleich eine rauhe Stimme, die in dem langen Flur eine günstige Akustik fand und dem barschen Kommando noch mehr Gebieterisches verlieh. Der dem Lichtschalter Nächstliegende hatte das Licht angeknipst, als auch schon die Tür aufplatzte und ein SS-Riese mit Stahlhelm und einer Armbinde, auf der UvD zu lesen war, in die Stube trat. »Alles wach?« fragte er in einem Tonfall, als wollte er noch Säumige aufscheuchen. Ohne eine Antwort abzuwarten, schweiften seine Augen über die Betten. Sie blieben an mir, der ich aufrecht im Bett saß und mir die Augen rieb, haften. Er zog die Augenbrauen hoch, holte Luft und wollte augenscheinlich eine Schimpfkanonade abfeuern. Aber da war ich auch schon mit einem Satz aus dem Bett. Ich landete mit den Füßen auf dem Rücken des dicklichen Slowaken, der unter mir schlief und sich schon an seinem Strohsack zu schaffen machte. Er schüttelte mich ab, warnte mich vor solchen halsbrecherischen Sprüngen und empfahl mir, den risikoloseren Weg am Fußende des Bettes zu nehmen.

Der UvD hatte sich entfernt. Bald schrillte abermals seine Pfeife und das Kommando »Kompanie heraustreten zum Frühsport!« folgte. Beim Waldlauf mit nacktem Oberkörper machte sich die nahegelegene See empfindlich spürbar. Das eiskalte Wasser im Waschraum erinnerte mich an meine Kneippschen Wasserversuche in unserem Waldstück. Ich verscheuchte diese unschöne Erinnerung, zumal jenes Stück Wald an die tausend Kilometer entfernt lag. Jenes Wasser dort war auch trinkbares Quellwasser und uns in den heißen Sommermonaten, wenn wir auf dem Feld arbeiteten, eine Labsal. Das Wasser hier durfte man wegen Seuchengefahr aus dem Lagerbereich nicht trinken und auch nicht zum Zähneputzen verwenden. Ersatzweise stand Selterwasser in Flaschen bereit. Angekleidet ließ uns der UvD wieder heraustreten, formieren, ging voran und führte uns in den eigentlichen Lagerbereich.

Wir hatten ungefähr einen Kilometer auf einem ausgefahrenen und sandigen Weg durch abgeholztes Waldgelände zurückgelegt, als wir uns einem mit Stacheldraht umgebenen Lagerkomplex näherten. Ein großer, schwerbeladener Wagen kam uns entgegen, der von Menschen in blau-grauer Sträflingskleidung gezogen wurde. Als sich der UvD näherte, rissen sie ihre Mützen von den Köpfen und kahlgeschorene Schädel kamen zum Vorschein, die sie erst wieder bedeckten, als sich der Gegrüßte, der den Gruß nicht mit der geringsten Geste zur Kenntnis nahm, entsprechend entfernt hatte.

Neben der Straße, auf der wir marschierten, standen linksseitig weißgestrichene Holzbaracken, auf der rechten Seite, auf einer Anhöhe, ein großes Ziegelsteingebäude, dahinter ein Einfamilienhaus.

Der UvD kommandierte »Halt!« und »Rührt euch!« und befahl uns, ihm in eine weißgetünchte Baracke zu folgen. Die dreireihige Kolonne formierte sich zu einer langen Schlange und schob sich langsam in die Baracke. Ich stand am Ende, und fand so Gelegenheit, mich mit der neuen Umgebung vertraut zu machen.

Die breite Straße führte geradewegs zu einem Tor, das Teil einer mit Stacheldraht bestückten Umzäunung war, nach den weißen Isolatoren zu urteilen mochte sie elektrisch geladen sein. Dahinter stand auf einem großen Platz eine unübersehbare Menge Menschen mit jener blaugestreiften Kleidung, wie wir sie soeben an den Häftlingen, die den Wagen zogen, gesehen hatten. Vor ihnen bewegten sich laut schreiend, fluchend und gestikulierend SS-Leute. Links und rechts des Platzes standen grüne Holzbaracken. Im Hintergrund rauchte ein relativ hoher Schornstein, der einen eigenartigen, penetranten Geruch verbreitete. »Krematorium«, sagte einer vor mir und gab vor, den Geruch vom Friedhof seiner Heimatstadt, in dessen Nähe er wohnte, zu kennen.

Ich bekam meine Frühstücksration und setzte mich auf einen Schemel an einen der langen Tische, die in Reihen den großen Saal füllten. Eine Kanne mit Malzkaffee wurde zur beliebigen Entnahme auf jeden Tisch gestellt. Wie alle anderen kratzte auch ich das Stückchen Margarine auf zwei Scheiben Kommißbrot und schmierte die dünne Marmelade, die auf einem Fetzen Papier gereicht worden war, darauf.

Draußen, zur Straßenseite hin, hörten wir ein Klappern auf den Pflastersteinen. Es war, als bewege sich eine Menschenmenge, welcher der Gleichschritt nicht gelang. Sie wurde mit Flüchen dazu angehalten. Wir gingen an die Fenster. Eine Kolonne männlicher Häftlinge zog vorüber, die einen erbarmungswürdigen Anblick bot. Grund Gütiger, wie sahen diese Menschen aus! Ausgemergelt, einer wie der andere, schleppten sie sich vorüber. Aschfahle Gesichter und unbeschreiblich abgemagert, hatten ihre Köpfe mit den eingefallenen Wangen, den hervorspringenden Backenknochen und dem spitzen Kinn starke Ähnlichkeit mit dem Symbol der SS, dem Totenschädel. Mit Holzschuhen an den Füßen und in schlechter körperlicher Verfassung nahm es nicht wunder, daß sie einen Gleichschritt nicht zuwege brachten. Das versetzte den neben der Kolonne marschierenden Aufseher, ebenfalls ein Häftling, der vor der Kommandantur auf das ihm auferlegte Defilee bedacht sein mußte, in wilde Raserei. Er schlug mit den Fäusten auf einige in der Kolonne ein. Als er sah, daß das nichts nützte, versuchte er mit der Schrittvorgabe »eins, zwei … eins, zwei …« und einer Menge Schimpfworten, den gewünschten Erfolg zu erzielen.

Aus dem Einfamilienhaus trat ein Offizier mit einer riesigen Dogge. Er sog genießerisch an einer Zigarette, und wie es aussah, schickte er sich an, einen Morgenspaziergang zu unternehmen. Der schmale Weg, den er jenseits der Straße herunterkam, lag höher, und so war er gut zu beobachten. Er näherte sich den Häftlingen. Der Aufseher brüllte: »Mützen ab!« Er selbst und alle anderen, an die hundert, schlugen ihre runden Mützen auf den rechten Oberschenkel.

Der Offizier blieb auf der Anhöhe stehen, schob seine rechte Hand zur Hälfte in der Magengegend zwischen zwei Knöpfen in die Uniformjacke. Mit der Linken warf er die abgebrannte Zigarette auf den Boden und stemmte sie dann in die Hüfte. In dieser Napoleonischen Pose stand er da und belustigte sich an den vorbeiziehenden Elendsgestalten. Auf den Schulterstücken silberne Raupen, auf dem linken Kragenspiegel vier Sterne, schien er einer der Mächtigsten in diesem Konzentrationslager zu sein. Das

Ergebnis seiner Machtentfaltung, das sich zu seinen Füßen dahinschleppte, verschaffte ihm eine sichtliche Befriedigung. Die danebenstehende Dogge, eine feurige Bestie, hechelte erregt, und schien sich jeden Augenblick in die Kolonne stürzen zu wollen.

Eine andere Kolonne rückte heran. Sie sah noch erbärmlicher aus als die vorangehende. Die Häftlingskleidung schien nicht mehr ausgereicht zu haben, denn die meisten waren in Zivilkleidung, die man mit roter Farbe kreuzweise beschmiert hatte. Dazwischen viele Uniformstücke einer fremden Armee, ebenfalls mit roter Farbe beschmiert.

Als in der Kolonne nicht mehr der geringste Anschein eines Gleichschrittes aufkommen konnte, verformte sich das Gesicht des ›Mächtigen‹ zu einer Fratze. Er gab dem Hund ein Zeichen, und dieser sprang wie ein Pfeil von der Anhöhe in die Kolonne.

Ich entfernte mich vom Fenster. Die Ausrufe der dort Verbliebenen, die Nerven und Neugier für dieses antik-römische Schauspiel hatten, ließen mich wissen, was sich zutrug.

Endlos lange dauerte es, bis die Häftlingskolonnen vorbeigezogen waren, dann hörte das Klappern vor den Fenstern auf. Der UvD pfiff und befahl, vor der Baracke Aufstellung zu nehmen. Auf der Straße waren zwei Häftlinge mit Eimern voll Wasser und Besen damit beschäftigt, eine große Blutlache von der Straßenmitte in den Kanal zu fegen.

Wir marschierten zur Kleiderkammer, die im Kellergeschoß der Kommandantur untergebracht war. Als die Reihe an mich kam, ergab sich das Problem, daß weder Schuhe in Größe 38, noch eine passende Uniform verfügbar waren. Der Kammerbulle stand betreten neben dem UvD, keiner wußte Rat. Ersterer sagte: »Scheiße!« und kratzte sich hinter den Ohren. Er schien zum ersten Mal vor einem echten Problem zu stehen, das er mit Toleranzen von ein oder zwei Nummern Unterschied und einem gebieterischen »Paßt!« nicht bewältigen konnte.

»Was jetzt?« fragte der UvD ärgerlich. »Mit seinen Halbschuhen kann er ja schließlich nicht Soldat spielen!«

»Ah, was bringt ihr auch so einen Schrumpfgesellen an! SS und Schuhgröße 38, ist doch wohl ein Witz!«

»Witz oder keiner, der Mann braucht Klamotten, und zwar heute noch!«

»Mensch, ich hab' keinen Zauberkasten. Was die Uniform betrifft, werden wir was zusammenschneidern«, sagte der Kammerbulle und zeigte auf die nebenanliegende Schneiderwerkstatt, in der man durch die offenstehende Tür Häftlinge arbeiten sah.

»Aber heute wird das nichts. Morgen. Morgen kann er sich seine Uniform abholen. Schuhe ... Hm. Halt, ich hab's!« fuhr er fort und tippte sich in einer Erleuchtung mit dem Finger an die Stirn. »Schigorsky! Nimm deinen fetten Arsch hoch und trab an!« rief er nach hinten.

Aus einem der Räume des langen Korridors kam ein korpulenter Häftling angelaufen.

»Für den Neuzugang zwei Paar Schuhe, Größe 38!« sagte der Kammerbulle, dem sein ruhiger Posten ebenfalls etliches an Übergewicht gebracht hatte, und zeigte mit dem Daumen in eine bestimmte Richtung.

»Jawoll, Unterscharführer«, antwortete Schigorsky mit einem slawischen Akzent.

»Gehen Sie mit, und suchen Sie sich die schönsten aus!« wandte sich der füllige Unterführer lachend an mich und dann an den UvD, der die Ironie zu verstehen schien.

Schigorsky öffnete die Türe zu einem Raum, in dem ein riesiger Berg Schuhe, paarweise miteinander verbunden, lag. Ich sah Schigorsky an wie einer, dem ein furchtbarer Gedanke gekommen war. Er verstand meinen fragenden Blick und sagte in einem Tonfall, mit dem er mich bewußt beruhigen wollte: »Ist doch egal. Heutzutage kann man sich nicht aussuchen, wo man geht oder steht und was für Schuhe man trägt.«

»Pole?« fragte ich.

»Ja. Hatte ein schenes Schuhgeschäft in Lodž. Jetzt ... Aber ich hatte Glick, habe noch mit Schuhen was zu tun. Viele meiner Kameraden brauchen keine mehr.« Dann griff er mit fachkundiger Hand in den großen Haufen und holte zwei fast noch neue Paar Schnürschuhe heraus. Ich setzte mich auf den Boden und probierte sie an, sie paßten.

UvD und Kammerbulle waren zufrieden, als wir zurückkamen. Ich war es nicht. Mich darüber zu äußern, hatte keinen Sinn, und irgendwie hatte der

Pole Recht. Dann mußte ich in die Schneiderei, wo ein Häftling Maß nahm und sich sogleich an die Arbeit machte.

* * *

Vor der Kommandantur formierte sich die – mittlerweile auch rein äußerlich – zur SS gewordene Ausbildungskompanie, und marschierte los. Der letzte war Zivilist geblieben und hatte ein Paar Schuhe um den Hals hängen.

Wir nahmen den gleichen Weg, den wir gekommen waren. Auf dem abgeholzten Gelände arbeiteten jetzt Häftlinge. Sie waren damit beschäftigt, die Wurzeln der gefällten Bäume herauszugraben, und zu Brennholz zu zerkleinern, das in großen Stapeln, Heuschobern ähnlich, aufgeschichtet wurde. Aufseher, ebenfalls Häftlinge, trieben sie an. Diese hatten lange und dicke Stöcke in Händen und schlugen erbarmungslos auf alle ein, deren Arbeitstempo erlahmte. Auf dem Riesengelände herrschte große Unruhe; Schreie der Aufseher und Schreie der Geprügelten, im Tonfall sehr differenziert, untermalten das hektische Treiben. Da und dort lag einer auf dem Boden und röchelte. Auf einem improvisierten WC, dem Donnerbalken saßen vier Skelette, die ihre Notdurft verrichteten. Ihnen näherte sich von hinten ein breitschultriger, gedrungener Aufseher mit einem langen und dicken Knüttel und schlug einen mit einem Schlag vom Balken herunter. Er brüllte in einem akzentfreien Deutsch: »Saupolak, scheißt eine Ewigkeit!«

»Ha, ha«, lachte der UvD, »der Kapo versteht sein Handwerk!«

Der Kapo hatte das Lob vernommen, und um sich noch würdiger und dienstbeflissener zu erweisen, ging er zu dem rücklings am Boden Liegenden, der sich vor Schmerz krümmte und leise wimmerte. Er setzte ihm seinen rechten Stiefel auf den Hals, verlagerte das ganze Körpergewicht auf das rechte Bein und erdrosselte ihn.

Wir marschierten weiter. In geringer Entfernung lagen drei Häftlinge regungslos nebeneinander am Wegesrand, eine vierte Leiche schleppten zwei ausgemergelte Gestalten, in denen auch nicht mehr viel Leben zu sein schien, herbei und legten sie daneben.

Wir waren unserem Barackenbereich nicht mehr fern, als uns zwei Häftlinge mit einem großen, zweirädrigen Karren entgegenkamen. Auf ihm lagen Leichen. Ich schaute zurück und sah, daß sie die am Wegesrand liegenden auf den Karren luden und war sicher, daß sie mit gefülltem Laderaum zum Krematorium fahren würden.

* * *

Für den Nachmittag war Exerzieren auf dem Kasernenhof angekündigt. Um vierzehn Uhr stand die Kompanie und wartete auf den Chef.

Er kam. Das kalte Gesicht mit den schmalen Augen ließ einen Anflug von Zufriedenheit erkennen, als er die ›Hammelherde‹ vom Vortrag in jenes Tuch gekleidet sah, das die Bereitschaft, dem ›Führer, Volk und Vaterland‹ zu dienen, optisch repräsentierte.

Marzan meldete. Der Chef schritt die Front langsam ab. Vor Bartosch blieb er stehen und betrachtete ihn. Dann sagte er: »Mensch, Graveur, nehmen Sie Ihre Brust heraus. Sie stehen da wie ein Schwindsüchtiger, der sich die Hose vollgemacht hat!«

Bartoschs Nasenflügel bebten vor Erregung. Er bemühte sich, seinem Unvermögen einen gegenteiligen Schein zu verleihen, indem er die Lungen mit Luft vollsog, konnte jedoch den Offizier mit dem Ergebnis bei weitem nicht befriedigen. Ein Abwinken, das die Aussichtslosigkeit für eine militärische Ausgeburt charakterisierte, beendete sein Verweilen vor Bartosch. Und kehrte sich mir zu.

»Ach, für unseren Jüngsten gab's wohl keinen Soldatenrock?« fragte er Marzan und gab sich amüsiert.

»Wird geschneidert. Kann die Uniform morgen abholen, Obersturmführer.«

»Da konnten Sie ihn doch drin' lassen. Mann, Sie haben auch keinen Verstand! Wie sieht das denn aus, wenn einer da in Zivil herumhüpft!?«

»Jawohl, Obersturmführer, wegtreten lassen!«, sagte Marzan und machte zu mir hin eine Kopfbewegung, die mich eiligst das Weite suchen ließ.

In der Stube schrieb ich meinen Eltern einen Brief. Ich log von hinten bis vorne, gab vor, daß es mir gut gehe, und ich nach der Ausbildung in einem Gefangenenlager Dienst tun werde. Ich war sicher, daß der Brief durch die Zensur gehen würde.

Draußen hörte ich Marzan seine Kommandos brüllen: »Kompanie stillgestanden! Links um! Im Gleichschritt marsch!« Dann: »Nennt ihr das Gleichschritt, ihr Hühner? Hinlegen! Auf, marsch, marsch!«

In fast regelmäßigen Abständen: »Gravööör, Sie Arsch, schmeißen Sie die Beine hoch!« Er röhrte Bartoschs Beruf mit einem besonders langgezogenen »ö«, dem eine Apposition aus dem analen Bereich folgte. Sein Marschieren verglich er mit einem Gang mit geschwollenen Hoden.

Kurz vor dem Abendbrot kamen meine Gefährten, gänzlich ausgepumpt, auf die Stube. Bartosch wankte und fiel vor Erschöpfung auf den erstbesten Schemel. Die Atempause dauerte aber nicht lange, dann schrillte die Pfeife des UvD und das Kommando »Fertigmachen zum Abendbrot!« folgte. Wir traten heraus und marschierten in die Kantine. Die Häftlinge vom Waldschlag waren abgerückt und viele Holzstöße gaben Zeugnis ihrer Fronarbeit.

Nach dem Abendbrot stand Unterricht auf dem Programm. Als der UvD pfiff, griff sich jeder einen Schemel und eilte in eine Nebenbaracke, in der ein großer Raum für diesen Zweck vorgesehen war. Der Kompaniechef mit dem Nachnamen Reddig, im Militärjargon ›der Alte‹ genannt, stand hinter einem Pult und begann vorzutragen. Zunächst über Bewußtsein, Opferbereitschaft und den vollen Einsatz jedes einzelnen. Dann stellte er die These von der Gefahr der im Lager inhaftierten Häftlinge für die zivilisierte Welt dar. Es folgte ihre Einteilung nach Delikten, gekennzeichnet durch entsprechende Farben, die sie in Dreiecken neben der Häftlingsnummer auf der Brust und am rechten Hosenbein trugen.

Im Anschluß daran die Verlesung der Wachvorschrift. Sie war Punkt für Punkt genau fixiert. Da der alte Preßburger der serbokroatischen Sprache mächtig war, nahmen auch die Kroaten, die zwei Wochen vor uns in Stutthof eingetroffen waren, am Unterricht teil.

Bartosch, den Marzan besonders geschliffen hatte, kämpfte mit dem Schlaf. Reddig, der den Finger auf der Zeile hielt und in der Zeit, wo übersetzt wurde, seine Blicke über die Nickelbrille hinweg in die Zuhörerschaft schweifen ließ, brüllte los: »Jetzt leistet es sich doch dieser Graveur bei all dem Scheiß, den er verzapft, auch noch, hier einzupennen! Raus! Fünfmal um die Baracke! Im Laufschritt, marsch, marsch!«

Bartosch riß seinen Schemel um und stürzte zur Tür. Völlig erschöpft kam er nach geraumer Zeit zurück. Keuchend stand er da.

Der Alte fixierte ihn über die Brille hinweg.

»Na und?« brüllte er.

»Das heißt: ›Befehl ausgeführt!‹, Sie Flasche!«

»Befehl ausgeführt, Obersturmführer«, keuchte Bartosch und rang mit dem Atem.

»Bleiben Sie stehen! Das nächste Mal stellen wir für Sie ein Bett auf!« Er las weiter.

Nach dem Unterricht gingen wir zu Bett. Bartosch tat einen Seufzer und schlief ein.

Ich lag auf dem Rücken und versuchte, meine Gedanken zu ordnen. Ich ließ das Erlebte Revue passieren. Zunächst fiel mir auf, daß im Text der Wachvorschrift vor Übergriffe auf Häftlingen aus ›Gründen einer Infektionsgefahr‹ gewarnt wurde. Begleitmannschaften hatten entsprechenden Abstand zu Häftlingskolonnen zu halten. Die SS realisierte die Vernichtung offenbar weitgehend mittels der Kapos. Es war mir aufgefallen, daß diese grüne Winkel trugen, die nach Reddigs Darstellung die Kriminellen kennzeichneten. Da sie ein akzentfreies Deutsch sprachen, schien es, daß die deutschen Zuchthäuser ihre Tore geöffnet hatten, und die Insassen dem KZ zugeführt worden waren. Vielleicht hatte jeder ein Soll zu erfüllen, vielleicht konkurrierten sie untereinander, wissend, daß ihre Qualität nach der Anzahl der ›Abgänge‹ bemessen wurde, die sie beim Einrücken melden konnten.

»Himmel, wo bin ich gelandet? Hier sind Menschen zu teuflischen Kreaturen geworden, die sich pervertierte Hirne ausgedacht haben«, flüsterte ich leise vor mich hin. Der Gedanke, daß ich Schuhe von Menschen trug, die hier zu Tode gekommen waren, belastete mich ungemein. Der Gestank verbrannter Leichen, Leichen am Wegesrand, Schreie zu Tode Geprügelter – wie lange würde ich das alles ertragen können? Wie lange würde ich Ich sein?

Eine heftige Depression überkam mich und ich fing an zu beten. Ich wurde ruhiger, mobilisierte wieder etwas meine Kräfte. Ich hörte Bartosch tief atmen und mußte daran denken, daß es ihm bedeutend schlechter ging.

* * *

Am nächsten Morgen bekamen wir Waffen, jeder ein Gewehr und ein Seitengewehr. Es waren tschechische Beutestücke. Dann rückte die Kompanie aus, zum Exerzierplatz, wie es hieß. Ich durfte mir zwischenzeitlich die Uniform abholen.

Um den Waldweg durch den Waldschlag zu vermeiden, machte ich einen Umweg und nahm die Landstraße, die, wie ich erfahren hatte, zu dem Fischerdorf Stutthof und weiter führte, jedoch eine Abzweigung zur Lagerkommandantur hatte. Auf der Straße standen in Abständen von etwa dreißig Metern Posten der SS. Ich begriff, daß es sich um die Postenkette handelte, die Reddig im Unterricht erwähnt hatte, daß sie den riesigen Bereich umspanne, in dem die Häftlinge arbeiteten. Ein Unterscharführer kam mir entgegen. Er ging von Posten zu Posten, von denen sich jeder aufbaute und »Keine besonderen Vorkommnisse!« meldete.

Die Uniformen, eine Dienst- und eine Ausgehuniform, paßten wie angegossen, Hände versierter

Meister mußten an ihnen gearbeitet haben. Somit war ich geworden, was ich werden mußte, rein äußerlich, ohne innere Anteilnahme. Gelassen und ohne Widerspruch als einer, der seinem Schicksal nicht ausweichen konnte.

Bis zum Mittagessen drückte ich mich in der Kommandantur herum. Durch eine offenstehende Tür gewann ich Einblick in ein Offiziersappartement, in dem eine hübsche Frau in Häftlingskleidung aufräumte. Die Einrichtung war verblüffend luxuriös, und der Gedanke, daß der hier Weilende kein Verlangen nach Frontbewährung haben könne, drängte sich auf. Vom Hof her konnte ich durch ein geöffnetes Fenster einen Blick in die Offizierskantine werfen, wo ein Häftling in weißer Kleidung Reste eines bekömmlichen Frühstücks wegräumte und zum Mittagessen deckte.

In der Kantine bekam ich einen Schlag Erbsen mit Speck. Während ich aß, sah ich Böhm zur Türe hereinpoltern, was mir den Appetit verschlug, obwohl mir das Essen bis dahin gut geschmeckt hatte. Seit unserer Ankunft war er wie vom Erdboden verschluckt gewesen, und jetzt stand er leibhaftig an der Essensausgabe und beschwerte sich, daß in seinem Schlag nur wenige Stückchen Speck zu entdecken seien. Der Austeiler versuchte ihm klarzumachen, daß das Gericht nicht Speck mit Erbsen heiße, sondern umgekehrt. Er konnte indes wenig Einsicht erwirken, hob den Deckel von einem vollen Kübel hoch, schöpfte von dem Speck, der sich oben angesammelt hatte, etwas ab und stellte Böhm zufrieden.

Ich wollte wissen, was es mit diesem grobschlächtigen Ungeheuer auf sich habe, und erkundigte mich bei meinem Tischnachbarn, vorsichtshalber bei einem mit niederem Dienstgrad. Er gab mir die zufriedenstellende Antwort, daß Böhm im Häftlingslager tätig sei und mit der Ausbildung der Rekruten nichts zu tun habe. Nach dieser Auskunft schmeckte mir das Essen wieder.

Um vierzehn Uhr stand ich im letzten Glied der Kompanie im Kasernenhof. Marzan schien am Vormittag eine Menge Energie verbraucht zu haben und gab sich, verglichen mit dem Vortag, gemäßigter. Was wohl auch mit daran lag, daß der Gleichschritt und die Kehrtwendung bei allen in Fleisch und Blut übergegangen waren und ich im letzten Glied nicht mehr sonderlich auffiel. Dann aber kam Reddig auf seinem Weg zur Schreibstube den Waldweg entlang und Marzan durchfuhren neue Energie und Eifer.

Er nahm von einem Rekruten das Gewehr, zog den Trageriemen kurz, nahm die Haltung »Stillgestanden mit Gewehr bei Fuß« ein, kommandierte sich »Gewehr über!« und ließ das Gewehr mit drei Handschlägen auf den Schaft auf seine linke Schulter schnellen, so daß es aufrecht, mit einer leichten Neigung nach hinten zu stehen kam, abgestützt von der linken Hand in Höhe der untersten Rippe. Als vierter Schlag knallte seine Rechte auf die Hosennaht des Schenkels. Dann befahl er sich selbst »Gewehr ab!«, faßte mit der Rechten an den Schaft und holte das Gewehr mit drei Schlägen in die Ausgangsstellung zurück.

Das Verhängnis nahm seinen Lauf. Marzan kommandierte, verursachte aber nur Geklapper. Die Anforderung konnte nicht erfüllt werden, und Marzan konnte jetzt die Chance nutzen, seiner Stimme jene Stärke zu verleihen, die Reddig in der Schreibstube mit Sicherheit hören konnte. Auch fand sich hinreichend Grund, sein beliebtes Vokabular vom Hinterteil des Mannes in das verworrene Geschehen zu streuen – Marzan war in seinem Element. Um für den Rhythmus, der von keinem auch nur annähernd begriffen wurde, Verständnis zu wecken, ließ er das Gewehr in die Horizontale nehmen, den Kolben nach rechts, und nach vorgegebenem Takt Knietiefbeugen machen. Zwanzig, dann der Versuch im Gewehrgriff. Und wieder zwanzig – und wieder ein Versuch, und ein drittes und viertes Mal, bis der alte Preßburger auf seinen Hintern fiel, und nicht mehr hochkam. Als keiner mehr überhaupt eine Bewegung, geschweige denn eine rhythmische, zustande brachte, gab Marzan auf und ordnete Gesangsunterricht an. Ein musikalisch begabter Unterführer bekam den Auftrag, mit uns das Totenkopflied einzustudieren. Was unsere völlig ausgepumpten Lungen noch hergaben, brachte den Meister jedoch zur Verzweiflung.

* * *

Am folgenden Morgen ging es zum Exerzierplatz. Auf der Landstraße angekommen, wurde vorne das Totenkopflied angesagt. Die Ansage wurde nach hinten durchgegeben, und mir als letztem kam die Aufgabe zu, »Lied durch!« nach vorne zu rufen. Marzan zählte: »Drei, vier ...«, und aus Kehlen, die sich am Vortage heiser gesungen hatten, erklang:

»*Wenn der Totenkopf uns ruft, ziehen wir hinaus.*
Unsere Liebste lassen wir ganz allein zu Haus.
Unsere Liebste vergessen wir nicht, denken stets
an sie, aber wenn der Führer ruft, weine nicht,
Rosemarie ...«

Marzan teilte die Kompanie in vier Gruppen auf und nahm sich die Gruppe, der Bartosch angehörte. Ich hatte Glück, ich geriet in die Hände eines jungen blonden, verblüffend gutaussehenden Unterführers, der an Schikanen keine Freude fand. In einer Pause, als wir auf dem Boden saßen oder lagen und er mitten unter uns, sagte er, daß ihn das KZ ankotze und er sich freiwillig an die Front gemeldet habe. Tatsächlich sahen wir ihn nie wieder, was wir sehr bedauerten.

Den anderen Gruppen erging es schlechter, besonders der, der Bartosch angehörte. Marzan jagte ihn über den Exerzierplatz, dort ließ er ihn robben. In der Nacht hatte es geregnet, und etliche Pfützen hatten sich gebildet. Bartosch durchrobbte jede einzelne dieser Pfützen, Marzan ersparte ihm keine.

Um halb zwölf konnten wir endlich jenes Stück sandigen Boden verlassen, dessen Überwindung uns völlig erschöpft hatte, und von dem jeder Soldat sagte, daß es Gott im Zorn geschaffen habe.

In der Kaserne angekommen, stürzten wir in den Waschraum. Dort bearbeiteten wir die Uniform mit der Kleiderbürste. Bartosch mußte sie mit der harten Schuhbürste angehen – mit großer Hast, denn er wußte, daß bald Marzans Trillerpfeife zum Heraustreten schrillen werde ...

Die Kompanie stand – und Bartosch fehlte. Marzan stieg die Zornesröte ins Gesicht. Er öffnete die Flügeltüre der Baracke und brüllte in den Korridor: »Grawööör!«

Bartosch kam herausgestürzt.

»Haben Sie drinnen so lange gebetet?«

»Nein, Unterscharführer!«

»Das sollten Sie aber getan haben, Sie ausgezehrte Pfaffengestalt. Beten und fasten, klar?«

»Jawohl, Unterscharführer!«

Wir faßten Mittagessen. Einer vom Küchenpersonal füllte jedem einen Riesenlöffel voll Eintopf in den Napf. Marzan ließ von Bartosch kein Auge. Als er mit vollem Napf an den Tisch kam und mit dem Essen beginnen wollte, stand Marzan neben ihm. »Fasten habe ich gesagt! In die Kniebeuge! Halten Sie den Napf unter Ihre Visage, aber wagen Sie nicht zu essen!«

Bartosch kauerte am Boden, das Essen dampfte ihm ins Gesicht. Er weinte, und die Tränen fielen in die Suppe. Wir löffelten und starrten in den Napf, keiner konnte das von Marzan in Szene gesetzte Drama ansehen. Wir waren mit dem Essen fertig, und Bartosch durfte anfangen. Er verschlang, soviel er konnte. Sein Napf war noch zur Hälfte voll, als Marzan zum Heraustreten pfiff.

Am Nachmittag lief das Programm wie am Vortag ab. Abends marschierte ich mit weichen Knien zur Kantine. Den anderen erging es nicht besser. Genau besehen, schleppte sich die Kompanie dorthin.

* * *

Eines Abends in der Kantine als ich gerade mit Gier meine zweite Scheibe Brot aß, stürzte der UvD der Stabskompanie zur Tür herein. Er schien aufgeregt, denn der Stahlhelm war ein wenig verrutscht. Er pfiff den schrillsten Ton, den seine Pfeife hergab, dann brüllte er: »Alarm! Fertigmachen zur Suchaktion! Häftling Nr. .... ist überfällig!«

Der Häftling mußte gefunden werden. Unter allen Umständen, wie Reddig in seinem Vortrag ausgeführt hatte. Die längste Suchaktion habe drei Tage und drei Nächte gedauert. In keinem der Fälle sei einem Häftling die Flucht gelungen. Versuche geschähen, offensichtlich in Unkenntnis des vollen Einsatzes der SS, in der Annahme, die Postenkette werde nachts abgezogen, was aber nicht der Fall sei. Sie werde vielmehr bei Einbruch der Dunkelheit verstärkt. Die Suchaktion werde nie früher abgebrochen, bevor man nicht des Häftlings habhaft sei.

Durch die Postenkette zu schlüpfen, war in der Tat nahezu ausgeschlossen. Der Verzweifelte hatte sich irgendwo auf dem riesigen Areal versteckt, in der Hoffnung, im Schutze der Nacht zu entkommen. Wahrscheinlich ein Neuzugang, der die Praktiken der SS nicht kannte.

Alles mußte stehen und liegen bleiben, die Kompanie vor der Kantine antreten. Marzan bekam Weisung von einem Offizier. Dann marschierten wir auf den Waldweg, schwenkten nach links ein, wo, um die Einsicht von der Straße her zu verhindern, ein Waldsaum von hohen Fichten nicht abgeholzt worden war.

Die ganze verfügbare SS war auf den Beinen. Unter ihr auch die weibliche SS, die ich zum ersten Mal sah. Bis auf einen Rock trugen sie die gleiche Uniform wie die Mannschaft, am Koppel hing eine kleine Pistole.

Wir mußten den Waldsaum durchkämmen. Nach einer halben Stunde etwa ließ sich aus kürzerer Entfernung Geschrei und Fluchen vernehmen. Als wir uns näherten, standen unter einer hohen Fichte etliche SS-Leute, unter ihnen Böhm, der mit donnernder Stimme verlauten ließ: »Da hat sich dieses polnische Schwein einen feinen Platz ausgesucht. Herunter mit dir! Na warte, dich will ich lehren, du steigst mir nie wieder auf einen Baum!«

In der Tat saß in der Baumkrone ein Häftling, der in seiner blau-grau gestreiften Kleidung eine schlechte Tarnung hatte, und von der SS entdeckt worden war.

Auf ihr Geschrei hin, und offenbar auch aus der Einsicht, daß ihn ein einziger Pistolenschuß herunterbefördern könnte, schickte er sich an, langsam, am ganzen Körper zitternd, herabzusteigen.

Er war noch jung, sah gesund aus und befand sich vermutlich noch nicht lange in Gefangenschaft. Das rundliche Gesicht und die nackten Unterschenkel, die sichtbar wurden, als er sich vom hohen Baumstamm langsam herunterließ, erweckten den Eindruck eines körperlich guten Allgemeinzustandes.

›Was mag ihn erwarten?‹ dachte ich, und eine düstere Vorahnung ließ mein Herz heftiger schlagen. Sie wurde etwas gedämpft, als ich bemerkte, daß der rabiate Böhm, dem ich jede Unmenschlichkeit zutraute, verschwunden war. Die anderen, außer Marzan, kannte ich nicht. Hochgewachsen waren sie alle, die von der ›alten Garde‹, die zur SS gekommen waren, als nur Freiwillige mit einem über dem Durchschnitt liegenden Körpermaß Aufnahme fanden. Den Rangabzeichen nach hatten sie einige Dienstjahre hinter sich gebracht, sehr wahrscheinlich das KZ Stutthof aufgebaut – mit einem Wort, sie verkörperten den Stamm, die Stabskompanie.

»Beeil' dich, sonst holen dich die Engel herunter!« drängte Marzan und faßte mit der Rechten an das Futteral seiner Pistole.

»Mach' keinen Quatsch, Marzan, der Saupolak ist keine Patrone wert. Dem geben wir's anders, wenn er unten ist«, sagte ein Unterscharführer, der daneben stand. Marzan nahm die Hand zurück. Seine

Gesichtszüge hatten den Ausdruck eines Mannes, der das Kommende voller Ungeduld herbeisehnt.

Der Häftling kam langsam, zaghaft und zitternd, immer weiter herunter. Es trennten ihn nur noch etwa zwei Meter vom Erdboden, als plötzlich von irgendwoher Böhm mit einem langen Holzprügel auftauchte. Mein Gott, wie abscheulich sah dieser blonde Rübezahl aus! Seine Augen funkelten gierig. Die blutleeren Lippen zusammengepreßt, den Atem verhalten, bewegte sich der mächtige Körper, einer reißenden Bestie gleichend, dem Ziel entgegen. Er stieß erregt und zischend »Saupolak!« zwischen den Zähnen hervor und hatte den Baum erreicht.

Ich schaute weg. Am Fuße der Fichte hörte ich ein markdurchdringendes Wimmern in polnischer Sprache, einen wuchtigen Schlag und einen erstickten Aufschrei.

»Du bist ja verrückt, Böhm, pfui!« hörte ich die empörte Stimme eines Oberscharführers, der sich mit der behandschuhten Rechten ein Stückchen Gehirn von der Stirn wischte, dann mit dem Gesichtsausdruck maßlosen Ekels das am Handschuh klebende Blut an eine Baumrinde schmierte. Sein Nachbar hatte sich von einem Strauch ein Blatt abgerissen und ging daran, Blutspritzer an seiner Uniform provisorisch zu beseitigen.

Böhm wurde ausgescholten. Die Betroffenen machten ihm heftige Vorwürfe, sie, die SS, mit polnischem Blut befleckt zu haben. »So wie du gebaut bist, wärst du auch mit halber Kraft ausgekommen«, meinte der eine, der andere nickte zustimmend.

Der junge Pole lag am Boden, den Schädel völlig zertrümmert, das Hirn hing ihm zur Seite heraus. Als wir uns entfernten, kamen zwei Häftlinge mit einer Tragbahre. Auf dem Rückweg zur Kantine überholten sie uns. Ich verfolgte sie mit den Augen. Sie trugen den Toten – zweifelsohne zur Abschreckung – an den zum Appell angetretenen Häftlingen vorbei, die ihre Kopfbedeckung abnahmen.

* * *

Zwei Wochen waren vergangen, und wir sehnten das Wochenende herbei, wo uns an den Nachmittagen Ruhe gegönnt wurde. Für den Sonntagvormittag stand Waffenreinigen auf dem Plan.

Wir hatten noch nicht damit begonnen, als Reddig aufgeregt in die Kaserne kam. Ihm folgte der UvD, der sogleich in die Trillerpfeife blies und »Kompanie fertigmachen zum Abmarsch, mit Gewehr und Seitengewehr!« befahl. Reddig selbst übernahm das Kommando. Er tat geheimnisvoll, sprach von »Feuertaufe« und »Bewährung« – Begriffe, die die Phantasie anregten, aber zu keinem plausiblen Ergebnis führten.

Wir marschierten zur Waffenkammer und faßten scharfe Munition, von der wir fünf Patronen ins Magazin schoben und sicherten. Bislang hatten wir mit Platzpatronen geübt.

Dann marschierten wir ins Lager. An der Kantine und dem Kommandanturgebäude vorbei näherten wir uns dem Häftlingslager. Bereits aus der Ferne sahen wir Häftlinge, die zum Appell angetreten waren. Als wir näher kamen bemerkten wir einen Galgen, der vor ihnen aufgerichtet worden war.

Das stacheldrahtbestückte Tor wurde geöffnet, wir marschierten hindurch und mußten vor dem Galgen Aufstellung nehmen. Zur linken Seite standen der Lagerkommandant, der Arzt und andere Offiziere. Reddig gesellte sich zu ihnen. Sie plauderten recht vergnügt, mit jener ausgezeichneten Laune, die Leute am Sonntagmorgen nach einem guten Frühstück bei schönem Wetter haben.

Dann gingen sie an die Arbeit. Der Kommandant gab ein Zeichen, und zwei Delinquenten, mit Handschellen auf dem Rücken gefesselt, wurden vorgeführt. Der eine ein großer Mann mit blonden Locken, der andere klein von Gestalt und kahlgeschoren. Man befahl ihnen, sich vor den Galgen zu stellen. Sie gehorchten und standen dann ruhig da, wie aus Stein gemeißelt. Ohne die geringste Furcht sahen sie mit erhobenen Häuptern dem nahen Tod ins Angesicht.

Die Todesurteile wurden verlesen, dann die Begründung. Bei dem Delinquenten von hohem Wuchs handelte es sich um einen Franzosen, der in der Uniform der deutschen Luftwaffe im Spionagedienst tätig gewesen sein sollte. Wenn diese Begründung im Bereich des Möglichen lag – mutige Männer, die für ihr Vaterland jedes Risiko eingingen, hatte es schon immer gegeben – klang die Begründung des Todesurteils für den kleinen Polen sehr unglaubwürdig.

Er habe, so hieß es, einen Polen ermordet. Ich mußte in diesem Zusammenhang an die Kapos im Waldschlag denken und war sicher, daß ihn die SS für diese Tat belohnt hätte. Vermutlich war es ein Kapo gewesen, an dem er sich rächte.

Abermals ein Handzeichen des Kommandanten, und die Verurteilten wurden auf die erhöhte Plattform des Galgens gewiesen. Sie gingen, ohne daß die geringste Gewaltanwendung dazu notwendig gewesen wäre. In diesem Augenblick nahmen alle angetretenen Häftlinge ihre Kopfbedeckung ab. Mit der gleichen Unerschrockenheit, mit der sie auf die Plattform gestiegen waren, stieg jetzt jeder auf eine Kiste und stellte sich hinter eine herabhängende Schlinge eines Strickes. Von dort schauten sie auf ein Meer kahlgeschorener Köpfe herab, das aus Ehrfurcht und Solidarität zur Bewegungslosigkeit erstarrt war.

Wieder ein Handzeichen des Kommandanten, und ein Häftling in schwarzem Hemd, schwarzer Stiefelhose und Langstiefeln sprang mit der Gewandtheit einer Katze auf das Gerüst des Galgens und legte den Delinquenten die Schlingen um den Hals. Dann, offenbar Sitte bei Hinrichtungen dieser Art: Die Verurteilten hatten ein letztes Wort. Der Franzose rief mit lauter Stimme und einem akzentfreien Deutsch: »Auf Wiedersehen, Kameraden!« Dann der Pole in seiner Muttersprache: »Es lebe Polen!«

Letzteres verschlug Reddig, der offensichtlich soviel Polnisch konnte, daß er die Herausforderung des Todgeweihten verstand, den Atem. Er griff nach seiner Pistole. Aber er hatte das Futteral noch nicht aufgerissen, da trat der dunkelgekleidete Häftling in die Kiste und die Köpfe der Opfer verfingen sich in den Schlingen.

Die Körper hingen an den Stricken, zuckten eine Weile, Urin tropfte aus den Hosen, dann wurden sie ruhig, leblos. Der SS-Arzt ging zum Galgen, fühlte den Puls und bestätigte mit einem Kopfnicken zu den Offizieren hin den Tod.

Die Heldenhaftigkeit der Delinquenten faszinierte mich in einem Maße, daß ich die Hinrichtung mit wachem Auge beobachtet hatte. Der Mut, die Tapferkeit aufrechter Männer hatte die Grausamkeit des Geschehens überlagert, in den Hintergrund gedrängt, die ungeteilte Aufmerksamkeit aller gefordert.

* * *

Nach dem Mittagessen war Freizeit. Da wir noch nicht vereidigt waren, durften wir das Lagergelände nicht verlassen. Die meisten blieben auf den Stuben. Einige spielten Karten, andere lagen auf den Betten, setzten sich gedanklich mit dem unheimlichen Umfeld auseinander oder suchten das Schreckliche im Schlaf zu vergessen.

Ich ging in die Baracke nebenan, die noch nicht belegt war. In einem Raum war Holzwolle, dort hatte ich schon zweimal meine Depressionen ausgeweint: Ich legte mich wieder auf die Holzwolle und unternahm den vergeblichen Versuch, die Geschehnisse zweier Wochen zu verarbeiten. Dann wanderten meine Gedanken in die ferne Slowakei, befreiten sich aus dem KZ, ließen die bedrückende Umgebung hinter sich und eilten zu meinem Elternhaus. Ich bekam schreckliches Heimweh. Die Tränen liefen unaufhaltsam immer stärker und uferten in einen Weinkrampf aus. Es dauerte lange, zu stark war die psychische Belastung.

Es war aber ein befreiendes Weinen, ich fühlte mich anschließend erleichtert. Meine Augen waren noch tränenfeucht, als ich plötzlich an jene zwei jungen Männer dachte, die morgens am Galgen gestorben waren. »Meine Güte, was für Männer! Kein Fünkchen Todesangst! Von keinem auch nur eine Träne – und ich weine!«

Ich schämte mich und beschloß, künftig alles von einer anderen Seite anzugehen. Ich nahm mir vor, mich in diesem verdammten Leben festzubeißen, zu stehen, aufrecht und tapfer, solange ich zu stehen vermochte; und sollte dem Stehvermögen ein Ende gesetzt sein, einen würdigen Abgang zu machen – mutig, wie die beiden am Galgen.

So wie mir das Leben die Karten gemischt hatte, waren da zwei Trümpfe, die ich ausspielen konnte. Einer war meine intellektuelle Ausstattung als einstiger Schüler, mit der ich – ohne den geringsten Anflug von Überheblichkeit – aus der Reihe der Rekruten herausragte. Der andere war eine körperliche Elastizität, die von dem ehemals leidenschaftlichen Turner übriggeblieben war.

* * *

Mit der am Sonntagnachmittag beschlossenen
Haltung und einer enormen Willenskraft, allen Unwägbarkeiten fortan mutig die Stirn zu bieten, ging
ich in die neue Woche. Sie begann mit der üblichen
Schinderei am Exerzierplatz. Aber es war nicht mehr
das Gleiche wie in den vergangenen Wochen. Die
Schikanen griffen nicht mehr meine Psyche an, sondern betrafen nur noch den Körper. Sie verwundeten
mich nicht mehr, ich betrachtete sie als primitives
Verhalten eines Primitiven.

Am Montagnachmittag war Waffenunterricht. Rottenführer Greiner erklärte den Karabiner 98 K in
allen Details, nahm ihn auseinander, setzte ihn wieder zusammen. Nach etwa einer Stunde kam Reddig
und wollte die Früchte, die Greiners Unterricht getra-
gen hatte, sehen. Zunächst schienen sie noch unreif,
aber dann wurde ich aufgerufen und schnarrte die
Gewehrteile in einem Atemzug herunter. Ich wurde
nach vorne befohlen, nahm das Gewehr auseinander und setzte es wieder zusammen. »Gut! Morgen hat
er Innendienst«, sagte Reddig zu Greiner und ging.

Innendienst war in diesem Zusammenhang eine
Auszeichnung, eine Erholung. Ich hatte den Waschraum zu schrubben, die Toiletten zu reinigen und
beim Spieß aufzuräumen. »Gegen neun Uhr wird
wohl alles getan sein. Um diese Zeit werden die anderen den Exerzierplatz pflügen. Am Nachmittag
werden sie hüpfen«, dachte ich bei mir.

Ich hatte den Waschraum mit Wasser und Schrubber bearbeitet und wollte die Toiletten in Angriff nehmen, als der Schreiber kam und sagte, ich solle zum Alten kommen und ihn irgendwohin begleiten.

Ich ging in die Schreibstube. Im Hinterzimmer sah ich durch die offenstehende Tür Reddig am Schreibtisch über Akten brüten. Ich meldete mich.

»Wir gehen ins Materiallager. Ich bin gleich fertig«, sagte er, indem er über die Nickelbrille zu mir herüberschaute. Ich wartete und der Schreiber verwickelte mich in ein Gespräch, das abgebrochen wurde, als Reddig aus seinem Zimmer kam und mir eine dicke Akte in die Hand drückte.

Wir gingen los. Reddig begann mit mir ein Gespräch, das zu meinem großen Erstaunen einen gänzlich unmilitärischen Charakter hatte. »Zwei Seelen in einer Brust!« ging mir durch den Kopf. Das hatte ich irgendwo gehört oder gelesen, hier schien sich ein Beispiel dafür zu offenbaren. Ich war weit davon entfernt, in den Abgründen seiner Seele zu forschen, war aber doch recht verblüfft, wußte ich doch, welche Gefühlskälte in ihm Platz gegriffen hatte und zu welcher Grausamkeit er fähig war. Bald aber bemerkte ich, daß er mir gegenüber eine Art Sohnkomplex entwickelt hatte. Er duzte mich und erzählte von seiner Tochter, die eigentlich ein Sohn werden sollte, keiner wurde und, wie es sich anhörte, ihm eine Menge Gram verschaffte.

Wir hatten den Waldweg genommen. Auf dem Kahlschlag arbeiteten wieder Häftlinge. Als die

Kapos den Obersturmführer ausgemacht hatten, verfielen sie in ein betont wildes Geschrei und schwangen ihre Knüttel. Am Wegesrand lagen fünf Körper, vier schienen leblos, der fünfte lag röchelnd im Sterben. Er lag auf dem Rücken und streckte die abgezehrten Arme hilfesuchend empor, es sah aus, als wolle er dem Himmel das Verbrechen klagen.

Reddig blieb stehen. »Was fuchtelt der da noch herum?« sagte er ärgerlich, holte die Pistole aus dem Futteral, entsicherte und schoß dem Sterbenden in den Kopf. Die Arme fielen auf den Boden.

Wir gingen weiter. Ein Kapo in der Nähe hatte sich zu strammer Haltung aufgebaut, riß die Mütze vom Kopf und hielt sie an den rechten Schenkel gepreßt.

»Du Drecksack hast doch vorhin dein Schläfchen gehalten! Erwische ich dich noch einmal, mache ich dir Beine!« sagte Reddig mit lauter Stimme im Vorbeigehen. Der Kapo zog dem nächststehenden Häftling sofort eins über den Rücken, so daß er sich vor Schmerz krümmte, trat einen anderen in den Bauch, einen dritten ins Gesäß und bearbeitete andere wieder mit dem Stock. Gellende Schmerzensschreie. Reddig lachte.

Auf dem Waldweg war mittlerweile auf der rechten Seite eine grüne Baracke, mit einem Stacheldrahtzaun umgeben, errichtet worden. Hinter den Fenstern ohne Gardinen sah man weibliche Häftlinge, jung und auffallend hübsch. In dem kleinen Hof stand eine ältere, füllige Frau mit grünem Winkel über der linken Brust. Als wir näher kamen verbeugte sie sich und sagte: »Guten Morgen, die Herren!«

Reddig stieg die Zornesröte ins Gesicht, seine Augen blitzten. »Ich werde dir deinen guten Morgen gleich versalzen, du alte Nutte! Scher' dich rein, und wenn eine deiner Schwalben davonfliegt, hängt dein Kopf in der Schlinge«, gab er zurück, und die Angesprochene verschwand sogleich in der Baracke.

»Für die Banausen von Ukrainern, damit sie sich nicht um den ganzen Verstand onanieren«, sagte Reddig und zeigte mit dem Daumen seiner rechten Hand nach hinten auf die grüne Baracke.

»Hm«, gab ich von mir. Etwas anderes fiel mir selbst bei angestrengtem Nachdenken über des Rätsels Lösung nicht ein. Dabei muß ich sehr einfältig dreingeschaut haben, denn der Alte lachte. »Ein Bordell, kapiert?«

Reddig begann zu dozieren: »Die Schleimscheißer von Ukrainern sind Freiwillige, die sich unter General Wlassow auf unsere Seite geschlagen haben. Wahrscheinlich erhoffen sie sich nach dem Endsieg ihre ehemalige Kosakenwirtschaft und so. Aber wir scheißen ihnen was. Wir werden unsere Landwirtschaftsexperten dorthin schicken, und das Land aufteilen und nutzen. An der Front richten sie, wie man hört, nicht viel aus, deshalb wurden viele nach hinten genommen.«

»Warum tragen sie schwarze Uniform?« fragte ich. Eine Frage, die mir gleich in den Sinn gekommen war, als ich diese Art SS zum ersten Mal gesehen hatte.

»Warum? Weil sie Slawen sind und man sie von uns unterscheiden muß. Ein einziger Komposthaufen, lauter Mist. Wenn sie nicht hilfswillig wären, würde man sie zusammen mit den Kroaten durch den Kamin jagen.«

»Sind die im Bordell auch Ukrainerinnen?«

»Was weiß ich. Man hat ihnen im Frauenlager die schönsten Vögel ausgesucht. Auf die können sie hüpfen, auf unsere Weiber dürfen sie nicht gehen, sonst finden sie sich dort drüben.« Er zeigte auf das Häftlingslager, das in der Ferne zu sehen war.

Wir kamen zu einem Flachbau aus Stein, der in den Wald hineingebaut war. Reddig schwenkte in den Fußweg, der dorthin führte, ein, ich hinterher. Als wir näher kamen flog die Tür auf. Hinter der Türe stand ein Häftling und hielt sie fest, mit der Absicht, sie nach unserem Eintritt wieder zu schließen. Er kam nicht dazu. Reddig versetzte ihm einen Faustschlag auf die Kinnlade, der ihn zu Boden warf. Ein anderer Häftling sprang herbei, um die offenstehende Tür zuzumachen. Er griff ins Leere, denn auch ihn traf ein Faustschlag in den Magen, so daß er nach vorne einknickte, mit seinem Kopf gegen die Tür schlug und sie so ins Schloß drückte.

Was war über den Alten gekommen? Welches Motiv hatte er, Faustschläge auszuteilen? Völlig perplex, Höflichkeit in dieser Form beantwortet zu sehen, fand ich zunächst keine Erklärung. Dann kam mir der Gedanke, daß dieser Mann als extremer

Slawenhasser aus einem inneren Zwang heraus handelte, den ihm sein Fanatismus auferlegt hatte.

Er ging in den Nebenraum. In der Mitte stand ein älterer Häftling, groß und breitschultrig, mit roten Winkeln an der linken Brustseite und dem rechten Hosenbein. Er stand furchtlos da und umklammerte Reddig mit Blicken, die etwas Zwingendes hatten und dem rasenden Reddig Einhalt zu gebieten schienen. Jedenfalls blieb der junge Häftling neben ihm ungeschoren.

Reddig verengte die Augen, ging auf den Häftling mit den roten Winkeln zu und zischte: »Du alter Bolschewik stinkst mich schon lange an.« Er ballte die Faust, und es hatte den Anschein, als wolle er zu einem Schlag ausholen. Zwei Augenpaare gruben sich ineinander – ein haßerfülltes und ein fruchtloses. So ging es eine Weile, dann öffnete sich Reddigs Faust. Er sagte: »Von euch roten Schweinen haben wir schon eine Menge weggeblasen, du bist auch bald dran!«

Die Drohung machte auf den Häftling keinen Eindruck, er erwiderte gelassen: »Unsere Idee kann man nicht wegblasen. Wenn ich an der Reihe bin, wird mir das Herz nicht in die Hose fallen.«

»Aber deinen Komplizen hat es unlängst ganz schön aus der Hose getropft, als sie am Galgen hingen! Was sagst du nun?«

»Herz und Harnblase sind zweierlei.«

Reddig suchte verzweifelt nach einer deftigen Entgegnung, die er aber nicht fand, und gab auf. Er nahm mir die Akte aus den Händen und sagte, ich könne gehen.

* * *

Es lag ganz in der Mentalität der Wachmannschaft, daß das neuerstandene Bordell großes Aufsehen erregte. Auch die ›arische‹ SS konnte an jener grünen Baracke nicht vorübergehen, ohne einen – je nach Dienstgrad – offenen oder verstohlenen Blick in die Fenster zu werfen. Die Ukrainer schauten lüstern hinein und sehnten den Tag herbei, der ihnen das schon lange versprochene und jetzt sichtbare Glück brachte. Dieser erste ›Glückstag‹ war auf den Ostersamstag anberaumt. Inzwischen mußten sie sich beim Arzt untersuchen lassen – Grund war selbstverständlich nicht die Potenz, sie stand außerhalb jeden Zweifels, sondern das mögliche Risiko einer Geschlechtskrankheit und ihre Verbreitung. Bei negativem Befund wurde ihnen das Glück in Form von Bons zugeteilt. Die Leute waren im Einsatz und Übertreibungen hätten eine Schwächung der Wachsamkeit zur Folge gehabt.

Neben dem Aufsehen, das das Bordell erregte, zerbrach sich die Wachmannschaft den Kopf und Dispute waren seit Tagen im Gange, da der nicht besonders große, aber breitschultrige Ukrainer Schilow einen Penis hatte, der sehr weit über dem Durchschnitt lag. Es schien zunächst ein Gerücht, das in Umlauf gesetzt worden war, und an die Beschreibung dieses Phänomens glaubten zuerst nur wenige. Aber dann traf es sich, daß wir mit den Ukrainern gemeinsam unter die Brausen gingen. Was Schilow da zur Schau stellte, im Vergleich mit anderen nicht ohne Stolz und Überheblichkeit, übertraf alle Erwartungen. Wie nun eines dieser feingliedrigen Mädchen, die hinter den Fenstern der bewußten Baracke zu sehen waren, ohne den legendären Schoß einer Katharina der Zweiten diesen ukrainischen Hengst verkraften sollte, war eine Frage, die alle, nachdem Schilows Ausstattung kein Gerücht mehr war, mit einem quälenden Zweifel belegte.

Die Spannung wuchs und schien beinahe unerträglich. Am Samstagvormittag wurde das Thema beim Waffenreinigen noch einmal sehr ausführlich behandelt, und der alte Preßburger, der sich den Anschein des Bewanderten in diesem speziellen Bereich gab, hatte schließlich einen hochroten Kopf. Abends würde man mehr wissen, suchten ihn andere zu beruhigen, und die verzehrende Frage blieb im Raum stehen.

Ich hatte einen langen Brief an meine Eltern und Schwester geschrieben und ging zum Abendbrot in die Kantine. Auf dem Wege dorthin traf ich vor der grünen Baracke eine Ansammlung von schwarzen und grau-grünen Uniformierten an. Die Schwarzen standen Schlange, die anderen abseits, mit Blicken, die die reine Mißgunst nicht verbergen konnten. Die Fenster waren jetzt mit Gardinen aus blaukarierter Bettwäsche verhangen.

Auf dem Heimweg glaubte ich in der Ferne Stimmen zu hören. Sie wurden lauter, und ich war mir sicher, daß sie von den neugierigen Beobachtern um die grüne Baracke kamen. »Idioten, was es da nur zu sehen gibt, möchte ich wissen. Bei verhangenen Fenstern!« sagte ich zu mir selbst und schüttelte den Kopf.

Nach etwa hundert Metern kamen mir zwei Häftlinge mit einer Tragbahre entgegen. Auf ihr lag ein junges Mädchen, das sich vor Schmerzen krümmte, schrecklich stöhnte und beide Hände über dem Unterleib hielt. Von der Tragbahre tropfte Blut auf den Boden. Hintendrein stapfte ein Posten von der Wache mit Stahlhelm und umgehängtem Gewehr. Er grinste.

* * *

Die zwei freien Tage über Ostern verbrachte ich weitgehend mit Bartosch. Ich tat alles, um ihn zu mobilisieren, kannte ich doch seine Sensibilität und mußte befürchten, daß er die pervertierten Eingebungen seiner Peiniger nicht durchstehen würde. Ich erzählte ihm von meiner Erkrankung und von dem Gelöbnis, das ich mir am Tage jener Hinrichtung am Galgen gegeben hatte und damit gute Erfolge verzeichnen konnte.

Er sprach viel von seiner Frau, die er über alles liebte, und ich mahnte ihn, aus dieser Liebe heraus Energien freizumachen, ihr zuliebe, um das ihnen gegebene Glück festzuhalten.

Mein Rat wurde angenommen. In den folgenden Tagen war Bartosch nicht mehr so erschöpft. Ich selbst fühlte mich ausgezeichnet, da ich an meiner Autosuggestion festhielt.

Allein in der dritten Woche nach Ostern erfuhr mein Optimismus eine Dämpfung. Ich fühlte mich schlecht, irgendwie anders, merkwürdig. Am Donnerstag bekam ich nach dem Abendbrot Leibschmerzen, danach Durchfall. Eine sonderbare Schwäche hatte mich befallen, die, so sehr ich sie mir auch autosuggestiv ausreden wollte, nicht von mir abließ.

Am Freitagmorgen taumelte ich und mußte mich krank melden. Der Schreiber drückte mir das Krankenbuch in die Hand und schickte mich zum Krankenrevier.

Der Sanitäter gab mir ein Fieberthermometer, und ich steckte es in die Achselhöhle. Dann ging ich auf die Toilette, wo mir schwarz vor den Augen wurde.

Ich wachte in einem weißen Bett, auf dessen Rand der Arzt saß, wieder auf. Er fühlte den Puls, sagte kein Wort, machte aber ein bedenkliches Gesicht. Dann ging er. Der Sanitäter sagte, ich sei auf der Toilette in Ohnmacht gefallen und es sähe nach Ruhr aus.

Wenig später war ich im Krankenwagen nach Danzig unterwegs, der Sanitäter saß neben mir. Ich stellte ihm besorgte Fragen, er versuchte mich zu beruhigen, aber seine Antworten drangen immer schwächer an mein Ohr.

Ich fand mich wieder in einem weißen Bett, in einem weißgetünchten Einzelzimmer, und wußte

nicht, wie ich dahin gekommen war. Ein junger Arzt
bemühte sich um mich, machte das gleiche bedenk-
liche Gesicht wie der in Stutthof, dann gab er einer
katholischen Ordensschwester, die daneben stand,
Anweisungen.

»Wo bin ich?« fragte ich verstört.

»Im Marienkrankenhaus in Danzig. Aber bleiben
Sie ruhig, wir werden alles tun«, sagte der Arzt. An
seinen Kragenspiegeln, die der oben offenstehende
weiße Kittel freigab, sah ich, daß er der Wehrmacht
angehörte.

»Ruhr?« fragte ich.

Er zuckte mit den Schultern. »Wir müssen die
Laborergebnisse abwarten. Aber bitte, beunruhigen
Sie sich nicht.«

In seinem Gesicht konnte ich lesen, daß ich ein
'ernster Fall war.

»So ist das Leben!« dachte ich mir, »Stutthof wollte ich die Stirne bieten, aber da kommt so ein un-
logischer Bazillus und …«

Ich tauchte ins Nichts hinab, und da ich in diesem
Zustand keine Probleme hatte, stellte es eine Erlösung
dar.

Als ich aus dem Nichts wieder erwachte, stand eine
Nonne an meinem Bett und bohrte ihre kalten Augen
in mein Gesicht. Sie sprach kein Wort, und gab mir
das sichere Gefühl, daß ich ein Todeskandidat sei,
bei dem ein ermutigendes Wort keinen Sinn mehr
habe. Ich sah mich in dem weißgekalkten Zimmer
um.

»Einzelzimmer – Sterbezimmer. Da geht's also lang!« sagte ich zu mir selbst.

Wenn immer ich aufwachte, machte ich mir über das Verhalten der Nonne Gedanken, suchte ihre kalten Augen zu ergründen. Plötzlich fiel es mir ein: Da die Mitglieder der SS als Atheisten bekannt waren, hatte sie eine verständliche Aversion. Sie wußte, wo ich herkam. Der Sanitäter mag es gesagt haben, das Begleitschreiben trug den Stempel jener Stätte, die im weiten Umkreis bekannt sein mochte. Weniger für solche, die die Augen verschlossen, mehr für die, die sie offenhielten oder gar vor Entsetzen aufrissen.

Am dritten Tag wachte ich aus der Ohnmacht auf und sah in zwei warme Augen derselben Nonne. Sie legte ihre Hand auf meine Stirne und sagte: »Sie haben im Traum gesprochen. Ist es denn so schrecklich?«

»Schrecklich? Was? Wo?« fragte ich und ahnte, worauf ihre Frage Bezug nahm.

»In Stutthof. Man hört so vieles, aber ...«

»Was immer Sie gehört haben, Schwester, vergessen Sie es so schnell wie möglich, ich flehe Sie an. In Stutthof hat man vor dem Talar eines Priesters keinen Respekt und man würde ihn auch nicht vor einem Nonnengewand haben. Um Himmels willen, schweigen Sie! Wir haben strengste Schweigepflicht.«

»Ich verspreche es Ihnen. Bitte beruhigen Sie sich. Versuchen Sie, alles zu vergessen.«

»Vergessen? Der Versuch dürfte mir nicht gelingen. Aber wie die Dinge stehen, werde ich nicht mehr lange ein Zeuge sein.«

»Alles liegt in Gottes Hand, ich werde für Sie beten.«

* * *

Dann kam die Krise. Die Nonne saß neben meinem Bett und betete. Eine zweite, ältere wechselte sie ab. Ich sah eine von ihnen, wenn ich aufwachte und war glücklich, in Gesellschaft sterben zu dürfen. Ich war gefaßt, genauer gesagt, ich war einverstanden. »Das Beten wird nicht helfen«, dachte ich, »zu sehr wurden in meinem Leben die physischen und psychischen Kräfte in Anspruch genommen, der Körper hat nicht mehr den erforderlichen Widerstand. Nun denn, lebt wohl!« Das Abschiedswort kam mir in der Zeit, wo ganz Europa in Flammen stand, blasphemisch vor.

Ich wandere lange hin und her. Dann wachte ich irgendwann auf mit dem Gefühl, daß neue Kräfte in meinen Körper Einzug gehalten hatten. Mein Blick war klarer geworden, und ich betrachtete die jüngere betende Nonne. Was mir bislang in der Dämmerung meiner Sinne verborgen geblieben war, trat jetzt zutage: Sie war eine schöne, etwa dreißigjährige Frau. Ihre Frömmigkeit gab dem Gesicht eine Art Verklärung, dem feinen Profil etwas Erhabenes, über dem Elend des Diesseits stehend.

Meine Talfahrt war beendet, es ging aufwärts. Nach einer weiteren Woche wollte ich mir nicht mehr den Nachttopf unterschieben lassen und bestand darauf, die Toilette aufzusuchen. Meine schöne, fürsorgliche Wohltäterin wollte es mir ausreden, warnte eindringlich, gab aber dann doch meiner Hartnäckigkeit nach. Ich stieg mit Schwung aus dem Bett – und lag der Nonne zu Füßen, die sogleich mit starkem Zugriff meinen übriggebliebenen Körper, der das Gewicht eines Schulkindes gehabt haben mochte, ins Bett zurücksteckte. Sie drohte mir mit dem Zeigefinger, gab sich Mühe, ein wenig zu schimpfen und nahm mir das Versprechen ab, weitere Versuche bis zu einem angemessenen Zeitpunkt, den mir der Arzt nennen werde, zu verschieben.

Ich war folgsam. Nach zwei Wochen hatte sich soweit eine Besserung eingestellt, daß mich der Arzt aus dem Einzelzimmer in ein anderes, in dem ich, wie er sagte, mehr Gesellschaft haben würde, verlegte.

In dem langen Saal standen zu beiden Seiten Betten. Der Sanitäter zeigte nach hinten und ich sah auf der linken Seite zwei leere Betten. Über jedem Bett hing eine schwarze Tafel. Auf der einen stand ›SS-Schütze‹ und mein Name.

Meine Leidensgefährten waren alle von der Wehrmacht: Kanoniere, Pioniere und Grenadiere in der Reihe der Ranglosen, Unteroffiziere und gar ein Feldwebel in der Zahl der Chargierten.

Sehr schnell wurde mir klar, daß ich inmitten der Wehrmacht ein schlechtes Los hatte, die SS-Rune hatte eine Aversion ausgelöst. So schienen die Kontakte mit der neuen Gesellschaft schwierig. Die Leidensgefährten sprachen kein Wort mit mir, zogen mich nicht in die Gespräche, die im Gange waren.

Das ging lange Zeit so. Dann begab es sich, daß dem Kanonier eine Bemerkung von der Zunge schlüpfte, die den Endsieg in Frage stellte. Daraufhin hustete der Feldwebel sehr laut und schaute zu meiner Tafel hinauf. Das war für mich zuviel, und mein geschwächter Körper geriet in Aufregung.

»Das ist gemein!« sagte ich. Ich wollte in die Verteidigung gehen, aber es fiel mir nichts ein. Aber als ich diesen einen Satz von mir gab, hörten sie einen Akzent, der nicht aus deutschen Landen kam.

»Ach, ein Beutedeutscher«, sagte der Feldwebel, und alle lachten.

»Genau richtig. Nichts dagegen einzuwenden, wenn man's genau betrachtet. Es dürfte aber einleuchten, daß Auslandsdeutsche als Ausländer nicht in der Wehrmacht dienen können«, entgegnete ich.

Es leuchtete ein, und die Spöttelei, die aufgekommen war, machte einem sachlichen Interesse Platz.

»Wo kommst du denn her?« fragte einer.

»Aus der Slowakei. Meine Vorfahren sind aus dem Erzgebirge dorthin ausgewandert.«

»Ich bin auch aus dem Erzgebirge«, meldete sich ein Unteroffizier. Er sagte es mit einem Unterton von Heimweh, und es schien, daß ich einen Verbündeten gewonnen hatte.

»Wo warst du zuletzt im Einsatz?« wollte der Pionier wissen.

»Nirgendwo. Ich bin noch in der Ausbildung.«

»Wo?«

»In Stutthof.«

»Wo ist denn das?«

Ich wartete eine Weile und glaubte, ein anderer würde die Antwort geben. Aber es kam keine, niemand wußte, wo und was Stutthof war.

»Östlich von Danzig, etwa dreißig Kilometer. Aber was habt ihr gegen die SS?« gestattete ich mir nun auch eine Frage, die mich brennend interessierte.

»Ach, eingebildete Ärsche. Tun so, als würden sie jede Schlacht gewinnen. Mit den neuesten Waffen, die sie sich an Land ziehen. Zugegeben, sie hauen drein wie die Irren. Fanatiker!« sagte ein Unteroffizier, der mir gegenüber lag.

»Fanatiker, ganz richtig«, fiel der Feldwebel in die Diskussion ein, »ich habe gesehen, wie die Leibstandarte bis auf den letzten Mann aufgerieben wurde. Wahnsinn! Die großen Zielscheiben gingen aufrecht in den Kampf. Befehl: ›Kein Schritt zurück!‹ Die russischen MGs haben sie niedergemäht.«

* * *

Nach zwei Monaten gab mich das Marienkrankenhaus dem Leben, das heißt Stutthof, wo das Leben nicht lebenswert war, zurück.

Dort angekommen, meldete ich mich auf der Schreibstube. Reddig kam aus dem Hinterzimmer und gab sich überrascht. Ich hatte den Eindruck, als husche ein schwaches Lächeln über sein Gesicht. Dann murmelte er etwas von Genesungsurlaub, der mir nach Vorschrift zustünde, den er mir auch gerne geben würde, es jedoch nicht tun könne, denn ich sei noch nicht vereidigt. Zumindest aber bekam ich zwei Wochen Innendienst:

Bartosch war den Tränen nahe, als wir uns begrüßten. Er habe mich sehr vermißt, sagte er. Ich fragte bewußt nicht, wie es ihm gehe, wie das sonst üblich ist, denn ich sah die Spuren, die die zwei Monate meiner Abwesenheit in sein Gesicht geschnitten hatten. Ich traf ihn im Waschraum, den er nach Dienstschluß säuberte. Die Freude des Wiedersehens wich sogleich aus seinem Gesicht, als sich auf dem Korridor Marzans Stimme vernehmen ließ, und machte der Verzweiflung Platz. Sein fast zur Unkenntlichkeit abgemagertes Gesicht spannte sich, die Augen begannen zu flackern, der Kehlkopf bewegte sich auf dem dünnen Hals nervös auf und nieder. Sein ganzer Körper wurde von einer ungemeinen Erregung erfaßt, er atmete stoßweise. So bleich und bebend machte er den Eindruck eines vom Tode Gezeichneten.

»Du mußt an deine Frau denken«, glaubte ich, ihn ermuntern zu müssen, in der Absicht, daß dieser Appell sein Innerstes in der tiefsten Seele anrühren würde und noch letzte Energien freisetzen könnte. Aber ich fühlte deutlich, wie wirkungslos dieser

Versuch unter Bedingungen war, die ihm zum Denken keine Zeit ließen, ihn wie Freiwild hetzten. Seine Augen bekamen einen unaussprechlich traurigen Ausdruck und füllten sich mit Tränen, als er sagte: »Ich glaube, ich werde sie nicht wiedersehen, ich …«.

In diesem Augenblick donnerte im Flur die heisere Stimme Marzans – die Heiserkeit ließ auf starke Verausgabung bei der Ausbildung schließen. Er rief: »Grawöööhr!« und Bartosch stürzte mit einem aus trockener Kehle und mit erstickter Stimme herausgepreßtem »Unterscharführer!« aus dem Waschraum.

* * *

Die folgenden Tage waren voller Langeweile. Um sie zu verkürzen, säuberte ich freiwillig den Waschraum und die Toiletten, machte beim Spieß sauber, gelegentlich auch in der Baracke, wo nur Unterführer untergebracht waren.

Neben unserer Unterkunft arbeiteten Häftlinge an der Entstehung einer neuen Baracke. Marzan war krank geschrieben und beobachtete die Arbeiten mit Interesse. Um sich die Zeit zu vertreiben, stolzierte er im Kasernenhof umher.

Eines Morgens schaute ich vom Waschraum durch das Fenster und beobachtete, wie einer der am Barackenbau arbeitenden Häftlinge in den Mülltonnen, die in der Nähe standen, nach Eßbarem suchte. Der Fund war nicht groß, beglückte jedoch den Finder. Bei diesem Anblick fiel mir ein, daß in den Stuben der Unterführer und beim Spieß eine Menge altes Brot war, das sich in den Spinden angesammelt hatte.

Die Sammlung war ertragreich. Ich packte sie in Zeitungspapier und schaffte sie in eine der Mülltonnen. Die Häftlinge hatten mich beobachtet. Hinter dem Fenster im Waschraum sah ich, daß sie die Mülltonne scharf im Auge behielten und einen günstigen Zeitpunkt abzuwarten schienen.

Der Zeitpunkt jedoch, den sie für die Entnahme wählten, war denkbar ungünstig. Marzan, der sich in der Gegend herumtrieb, hatte aus dem Hinterhalt beobachtet, wie einer der Häftlinge zur Tonne ging und das Paket entnahm. Er eilte herbei und rief: »He, du Hund, was wühlst du in der Tonne? Ist das deine Arbeit? Zeig her!«

Der Häftling, ein großer, hagerer Mann mit stark hervortretenden Wangenknochen, verstand ihn nicht. Marzan machte ihm mit Zeichen deutlich, das Paket vorzuzeigen. Er tat wie befohlen, das Papier fiel auseinander, und das Brot war zu sehen.

Marzan holte das lange tschechische Seitengewehr aus der Scheide und hieb auf die vorgehaltenen Hände des Häftlings ein. Das Brot fiel zu Boden.

»Hände her, du Wühlschwein!« schrie Marzan. Er schwenkte das Seitengewehr zu sich hin, und der Häftling begriff, daß er die Hände hinhalten mußte.

»Anders rum, du Mistvieh!« brüllte Marzan. Sein Befehl wurde nicht verstanden, und so führte er es vor, indem er die Handfläche seiner breiten linken Hand nach unten drehte.

Der Häftling gehorchte, und Marzan schlug mit voller Wucht auf die Mittelhandknochen seines Opfers. Dieser riß den Mund auf und preßte die Zähne mit einem Gesichtsausdruck entsetzlicher Qual aufeinander, während seine Hände nach unten fielen.

»Zeig her!« brüllte Marzan, machte mit dem Seitengewehr eine Aufwärtsbewegung, und als die Hände in der Waagrechten waren, ließ er das Seitengewehr mit ganzer Kraft auf sie niedersausen. Dies wiederholte und wiederholte er mit dem höhnisch verzerrten und unersättlichen Gesicht eines Blutrünstigen. Längst hatte er dem Häftling die Mittelhandknochen zerschmettert, denn dieser vermochte die Hände, die keine mehr waren, sondern nur noch eine einzige blutige Masse, nicht mehr waagrecht zu halten.

Ich war vom Fenster weggegangen. Als ich wieder nach draußen sah, hatte Marzan endlich von seinem Opfer abgelassen, das in einer Ecke auf dem Boden kauerte, den Schoß voller Blut. Der Mann stöhnte vor Schmerzen, und der Vorarbeiter der Häftlinge schickte ihn ins Lager.

Ich machte mir Vorwürfe. Am folgenden Morgen suchte ich den betroffenen Häftling durch das Fenster des Waschraumes. Ich fand ihn nicht. So ging ich mit dem Kehrichtkübel zur Mülltonne und suchte währenddessen genauer nach dem Häftling, aber er war nicht zu sehen. Daraufhin machte ich zum Vorarbeiter hin eine fragende Kopfbewegung. Er verstand sofort die Bewegung, und mit dem Ausdruck des Bedauerns machte er seinerseits auch ein Zeichen, er beschrieb mit der rechten Hand den Verlauf einer Spirale, die sich nach oben verjüngt, was Rauch bedeutete – Krematorium.

In Gedanken versunken, zog ich den nassen Schrubber rein mechanisch über den Asphalt des Waschraumes. Zwei Monate lang war ich im Lazarett den Grausamkeiten und dem Verbrechen entrückt gewesen, jetzt stand ich ihnen wieder gegenüber, noch immer auf wackeligen Beinen, die mir das Krankenlager beschert hatte. Ich fühlte mich elend.

Ich ging früher als üblich in die Kantine zum Abendbrot. Kurz davor sah ich eine Hundertschaft weiblicher Häftlinge, die von einem Außenkommando einrückte. An ihrer Seite ging eine SS-Aufseherin, mit Pistole und Hundepeitsche ausgerüstet. Sie erregte mit ihrer Größe, die bei 1,80 Meter, vielleicht sogar darüber, liegen mochte, Aufsehen. Sie war noch jung, etwas über zwanzig. Ihr Gesicht hatte einen brutalen Ausdruck, den das lange, blonde Haar, das sie mit Sorgfalt pflegte, nur geringfügig verschönerte. Ich hatte ihr einmal ins Gesicht gesehen und den Eindruck gewonnen, daß sie zu jeder Grausamkeit fähig sein könnte.

Jetzt, im Vorbeimarsch an der Kommandantur, demonstrierte sie es. Sie schlug unter wilden Flüchen mit der Peitsche auf die Frauen ein. Die Getroffenen krümmten sich vor Schmerzen. Das aber schien ihr als Beweis ihrer Tüchtigkeit zu gering, sie wollte sich steigern. Jetzt riß sie eine junge Frau, vielleicht war

es auch noch ein Mädchen, aus einer der Dreierreihen und schlug ihr mit der Faust ins Gesicht. Der
Schlag war wuchtig, die Proportionen der großen,
aber auch von Statur kräftigen Aufseherin standen
in keinem Verhältnis zur schmächtigen Gestalt der
Geschlagenen, die sogleich zu Boden stürzte. Benommen, lag sie mit dem Gesicht auf der gepflasterten
Straße. Die Aufseherin rollte sie mit dem gestiefelten
rechten Bein auf den Rücken und trat ihr damit auf
die Brüste. Entsetzliche Schreie. Die Aufseherin trat
jetzt mit dem linken Bein zwischen die Beine der am
Boden Liegenden, zog das rechte nach und spreizte
ihr die Beine weit auseinander. Dann schlug sie mit
der Peitsche, weit ausholend und mit aller Kraft auf
die Scheide der Liegenden, die im Schmerz verstummte und regungslos liegenblieb.

* * *

Es gab kaum einen Tag, der nicht mit einem drama-
tischen Ereignis zu Ende ging. Beim Abendessen in
der Mitte meiner zweiten Genesungswoche gab es
wieder Alarm, erneut war ein Häftling überfällig,
wieder mußte er gesucht und gefunden werden. Als
derzeitiger Innendienstler mußte ich nicht mit der
Kompanie zum Abendbrot, und so war es mir selbst
überlassen, welchem Suchtrupp ich mich anschloß.
Nach dem unvergeßlich gebliebenen Ereignis mit
dem jungen Polen mied ich das Waldstück auf der
linken Seite und begab mich nach rechts zum Kahl-

schlag, wo in gleichmäßigen Abständen Holzschober neben Holzschober stand.

Die Hundestaffel rückte an. Die Hunde schnupperten an jedem Holzstoß. Plötzlich brachen sie in ein wildes Gebell aus, nachdem sie an einem Holzstoß Witterung genommen hatten. Der gesuchte Häftling hatte sich in diesen Holzstoß einbauen lassen.

Die Hundeführer stießen den Holzstoß um, und am Boden kauerte ein Häftling. Die Hunde gerieten in Raserei, die Hundeführer stießen ein Freudengeschrei aus und ließen die Hunde los. Innerhalb von Sekunden war der Häftling eine blutige Masse, als Mensch nicht mehr erkennbar.

* * *

Unter den geschilderten Umständen im Lager brachten mir die vierzehn zugestandenen Rekonvaleszenztage keine vollständige Genesung. Am jenem Sonntagabend, mit dem der Innendienst zu Ende ging, war mein Befinden noch immer von Schwäche gekennzeichnet. Ich tröstete mich mit Bartosch.

Ich sprach mit ihm, und es schien, als sei er dem Diesseits entrückt, er nahm die Strapazen, die ihm täglich aufs Neue auferlegt wurde, lediglich im Unterbewußtsein wahr. Es gelang mir nicht mehr, ihn zu mobilisieren.

Er hatte von seiner Frau bereits Abschied genommen und schien nur noch auf jene Stunde zu warten, die jedem einmal als die letzte schlägt. Diese konnte nicht mehr allzu fern sein. Der totale psychische und physische Ruin war nun bei meinem Freund eingetreten. Wenn er den Schlafanzug anzog, sah ich einen völlig ausgezehrten Menschen, dem die Rippen am Brustkorb stark hervortraten. Dann lag er auf dem Rücken, sprach nur leise, und glich jenen Häftlingen, die ich im Kahlschlag sterbend liegen sah. Er schlief vor Ermattung immer sofort ein und machte den Eindruck, als befände er sich in Agonie.

Für den Montagvormittag, der mich wieder zum regulären Dienst verpflichtete, stand Scharfschießen auf dem Programm. Das erste Scharfschießen überhaupt, wie ich erfuhr. Aus diesem Anlaß wurden die Gewehrläufe durchgezogen und von Marzan der Reihe nach überprüft. Die Munitionsträger wurden bestimmt, zu ihnen gehörte auch Bartosch. Sie gingen zur Waffenkammer, holten die schweren Munitionskisten und schleppten sie, der Kompanie vorausgehend, zum Schießstand.

Der Schießstand lag an einer Düne, die landeinwärts steil abfiel und sich als Kugelfang ausgezeichnet eignete. Auch für jene Kugeln, die Menschen durchbohrt hatten, wie es sich herumgesprochen hatte.

Bald peitschten Schüsse durch die Luft. Treffer und Fahrkarten wurden vorne, wo Holzgerüste mit Zielscheiben aufgerichtet und Unterstände geschaffen waren, angezeigt. Als ich an der Reihe war verabreichte mir das Gewehr einen kräftigen Backenstreich, und der Schuß ging daneben. Marzan wetterte, ich hätte den Kolben zu schwach in die Schulter gedrückt. Beim nächsten Mal ging es besser, vorne wurde eine Sieben angezeigt.

Gegen elf Uhr waren die Schießübungen in den verschiedensten Stellungen beendet. Die besten Schützen wurden belobigt, und die Munitionsträger wurden wieder vorausgeschickt. Dann sammelte sich die Kompanie zum Abmarsch.

Wie wir aus dem Wald auf die Landstraße kamen, brüllte Marzan: »Ein Lied!« Es wurde vorne bestimmt, welches, und nach hinten weitergegeben. Als ich den Namen hörte, traute ich der Ironie wegen meinen Ohren nicht, beeilte mich indes, »Lied durch!« zu rufen, denn mir als letztem kam diese Aufgabe wieder zu. Dann zählte vorne der linke Flügelmann: »Drei ... vier ...«, und alle, bis auf mich als Ausnahme, da ich den Gesangsübungen lange ferngeblieben war, begannen zu singen:

»Es ist so schön, Soldat zu sein, Rosemarie ...«

Da fiel ein Schuß im nahen Kasernenbereich, der alle aufhorchen ließ.

»Nicht jeder Tag bringt Sonnenschein, Rosemarie«, ging der Gesang weiter, indessen ohne den Schwung, mit dem er begonnen hatte. Irgendwie schien jeder mit einem unheilvollen Gedanken belastet.

Als wir in den Kasernenhof einrückten, hörten wir in der Unterkunft aufgeregte Stimmen, ein Hin- und Herlaufen. Der Arzt kam angefahren, sprang aus dem Wagen und eilte in die Baracke. Die Kompanie mußte stehenbleiben, Marzan durfte nicht wegtreten lassen: Bartosch hatte sich erschossen!

Nach einer Viertelstunde durften wir endlich gehen. Ich stürzte in die Stube und sah eine Blutlache am Boden, daneben lag ein Gewehr. In der Decke war ein Loch, das die Kugel aufriß, nachdem sie Bartosch durchbohrt hatte.

Den Toten hatte man in den Waschraum gebracht. Dort lag er entkleidet auf dem Zementboden, Blut floß noch aus einer Wunde in der Herzgegend. Ich beugte mich über ihn – und verlor das Bewußtsein.

Nach meinem erneuten Zusammenbruch erwachte ich erst wieder im Krankenrevier, in einem jener Betten, wo ich vor zweieinhalb Monaten gelegen hatte.

Der Sanitäter kam und sagte lapidar: »Du wirst entlassen.«

»Wohin?« fragte ich überrascht.

»Nach Hause, grüß mir meine Frau.«

Nach drei Tagen konnte ich aufstehen. Ich wurde zum Arzt gerufen, der mir ein verschlossenes Kuvert übergab mit den Worten, er habe sich entschlossen, mich zu entlassen. Gleichzeitig bekam ich einen Marschbefehl zur SS-Entlassungsstelle Mittweida in Sachsen.

Was war geschehen? Wie kam es zu meiner Entlassung? Was hatte den Arzt dazu bewogen? Diese Fragen beschäftigten mich die ganze Fahrt hindurch. Ich saß am Fenster eines schmutzigen Zugabteils und sah zum Fenster hinaus, ohne etwas zu sehen – ich grübelte. Mit Sicherheit hatte ein Zusammenfallen mehrerer Faktoren zu meiner Entlassung geführt. Der Hauptfaktor war zweifelsohne Bartoschs Freitod. Er hatte als Munitionsträger eine Patrone entwendet und seinem Leben, das keines mehr war, ein Ende gesetzt. Die Reaktionen darauf ließen die Vermutung zu, daß er damit Stutthof mit einem bis dahin unbekannten Phänomen überraschte – nämlich daß die SS Leute aus den eigenen Reihen vernichte. In diesem Fall war die Kommandantur rechenschaftspflichtig. Der in den Freitod gegangene Bartosch war nicht eine Häftlingsnummer, die nur gelöscht werden brauchte, es mußte eine Lüge her, die das Vorkommnis in ein Licht rückte, in dem weder der slowakische Staat noch Bartoschs Angehörige die wahren Hintergründe erkennen konnten.

Der zweite Faktor war offensichtlich die Tatsache, daß der Sanitäter des Krankenreviers aus unserem Dorf war, unsere Familie gut kannte, und von meinem Abgang von der Schule und dem Grund dafür Kenntnis hatte – ein Ereignis, das damals wie ein Lauffeuer durchs ganze Dorf ging. Kein Zweifel, daß er dem Arzt davon berichtet hatte, und dieser schien ein weiteres Risiko zu scheuen.

* * *

In Mittweida angekommen, fragte ich nach der SS-Entlassungsstelle. Man sagte, sie sei ziemlich weit draußen, in einem ehemaligen Erziehungsheim untergebracht. Ich nahm den mir beschriebenen Weg, legte an die drei Kilometer zurück und sah dann zur Linken etliche Häuser, die auf einem großen Gelände verstreut lagen, von einer Mauer umgeben. Links neben der Straße war der Eingang, am Tor stand eine SS-Wache.

Ich war an der richtigen Stelle. Laut Weisung des Wachhabenden, der in einem kleinen Flachbau hinter dem Tor saß, hatte ich mich auf der Schreibstube im Hauptgebäude zu melden. Unterwegs begegnete ich Kriegsversehrten, die großen Schaden genommen hatten. Einige schleppten sich auf Krücken dahin, anderen flatterten die leeren Rockärmel in dem frischen Wind, der aufgekommen war.

Inmitten dieser Verstümmelten – viele waren erst in meinem Alter – kam ich mir reichlich deplaziert vor und irgendwann beschlich mich das Gefühl, daß es mit meiner Entlassung, die letztlich an dieser Stelle verfügt werden mußte, schwer werden könnte.

Mit gedämpftem Optimismus betrat ich die Schreibstube und gab das verschlossene Kuvert aus Stutthof dem Rangältesten, dessen linkes Auge mit einer schwarzen Binde verdeckt war. Seine rechte Hand war leblos, eine Prothese, mit Leder überzogen. Er griff mit der Linken nach dem Kuvert, dann begann er in einem Heft zu blättern und schickte mich nach Haus 11, Stube 8. Ich war schon an der Tür, als er mir nachrief: »Ach ja, morgen um acht zur Untersuchung. Pünktlich!«

Um acht Uhr des nächsten Tages saß ich im Wartezimmer. Neben mir etliche, die husteten und in eine Flasche spuckten. Der große, lange Raum war voll. Es kamen noch mehr und ich machte meinen Sitzplatz frei. Dann bekam einer einen Hustenanfall, gefolgt von einem Blutsturz und fiel von der Bank. Seine Flasche fiel aus der Tasche und zerschlug am Boden. Der Arzt wurde herbeigeholt und befahl dem Sanitäter, den Flascheninhalt und das Blut sofort mit irgendetwas zu bestreuen und zu entfernen. Der Mann wurde sogleich ins Ordinantionszimmer gebracht.

Schließlich war ich an der Reihe. Der ältere Arzt las das Begleitschreiben aus Stutthof und schüttelte den Kopf. Er schien ratlos. Dann befahl er mir, mich zu entkleiden, horchte und klopfte mich ab, drehte mich hin und her und schien noch ratloser als zuvor.

»Tja, organisch ist doch alles in bester Ordnung«, sagte er langsam und nachdenklich. »Ich weiß nicht, warum Stutthof solch einen wackeren Mann entlassen will.« Er griff noch einmal zum Begleitschreiben, las und murmelte zum Sanitäter hin: »Was denkt sich denn der ... der Dr. Heidl im fünften Kriegsjahr nur? Die scheinen ja da einen Lenz zu schieben!« Dann zu mir gewandt: »Tja, ich will mit dem Chefarzt sprechen, aber ich kann Ihnen keine Hoffnung machen.«

Am nächsten Tag ließ mich der Rechnungsführer rufen und fragte mich, ob ich sein Mitarbeiter sein wolle. Ich war erstaunt, nicht überrascht.

»Du wirst nicht entlassen«, sagte er, »überhaupt werden wenige entlassen. Grundsätzlich nur die, die Motten haben.«

»Was haben die?« fragte ich interessiert, aber teilnahmsvoll, nachdem ich vergeblich versucht hatte, diese Insektenart in einem menschlichen Krankheitsbild unterzubringen.

»Na, die Motten, die die Lunge zerfressen. TB, Tuberkulose, wenn du willst. Die, die in die Flaschen spucken, damit sie die anderen nicht anstecken. Noch nicht gesehen?«

»Doch, doch«, gab ich betroffen zurück.

»Ich steh' ja auch schon zwei Jahre hier auf meinem Holzbein.« Um mich zu überzeugen, klopfte er mit der Rechten, zur Faust geformt, auf das rechte Bein, das sich hölzern anhörte.

»Als Schüler bist du sicher nicht blöd und mit deinen gesunden Beinen kannst du mir sehr nützlich sein.«

»Gewiß«, sagte ich verwirrt. Die Verwirrung kam aus der Beerdigung eines Wunsches, der in den letzten Tagen in mir eine starke Sehnsucht nach Zuhause wachgerufen hatte.

»Na, was nun, soll ich dich anfordern oder willst du zum Ersatzhaufen zurück?«

»Oh ja, bitte anfordern. Ich … ich will gerne hierbleiben!« beeilte ich mich zu erwidern, und der letzte Teil der Antwort klang wie ein Flehen, nachdem ich erkannt hatte, daß ›Ersatzhaufen‹ in meinem Fall Stutthof war.

Ich trat den Dienst sofort an. Dem Rechnungsführer, Unterscharführer Ogorek, kurz Ogo genannt, war jene Kameradschaft eigen, die man der kämpfenden SS nachsagte. Er ließ mich nicht fühlen, daß ich nur Schütze war, befahl nie und wurde nicht müde, mir anfangs dies und jenes zu erklären. So vergaß ich mein Heimweh und war sehr zufrieden.

* * *

Nach einem dreiviertel Jahr schickte mich Ogo in Urlaub. Ich war verblüfft.

»Schaffst du es denn allein?« wollte ich wissen.

»Schaff' ich. Anschließend gehe ich in Urlaub und du schaffest es auch.«

Als meine Urlaubszeit herangenaht war, fuhr ich nach Wien und weiter nach Preßburg, wo ich am späten Nachmittag ankam. Von hier konnte ich zunächst nicht weiterfahren, denn der zuständige SS-Offizier, der meinen Urlaubsschein stempeln und unterschreiben mußte, war nicht auffindbar. Die Sekretärin, ein deutsches Mädchen, druckste herum und ich erkannte, daß ihr Chef vor dem nächsten Vormittag nicht ausgenüchtert sein dürfte, und früher war einfach nichts zu machen. Ich ließ mich von ihr telefonisch in der Jugendherberge einquartieren und machte einen Stadtbummel.

Ich feierte Wiedersehen mit einer Stadt, die mir zwar viel Leid gebracht, das ich aber überlebt hatte – und in ihr ging ich jetzt in der SS-Uniform einher. Welch' eine Fügung!

Mein Weg führte mich zu meiner alten Schule am Palisadenweg. Ich stand davor und gleichzeitig drinnen, sah die alten, breiten Treppen mit dem verzierten Geländer aus geschmiedetem Eisen, sah die alten Klassenräume und die alten, selbstgefälligen Pauker, wie sie borniert die Idee von der Vernichtung und Selbstvernichtung in die jungen Köpfe hämmerten, geifernd und suggerierend die Halbwüchsigen für den Opfergang der Selbstzerfleischung vorzubereiten. Ich verharrte lange vor dem gewaltigen Steinkasten der Verlorenen.

Dann ging ich zur Donau hinunter. Vor meinem ehemaligen Schulgebäude hatte sich ein bitterer Geschmack in meinem Mund angesammelt. Um ihn hinunterzuspülen, betrat ich das Hotel ›Carlton‹ am Donauufer und bestellte ein Glas Cinzano. Es erhellte meine düstern Gedanken. Deshalb bestellte ich ein zweites und einen drittes. Schließlich beschloß ich, die ganze Misere zu ertränken. Ich hatte eine Menge Geld. Mein Sold von einer Reichsmark pro Tag hatte sich angespart und für eine Reichsmark gab es zwölf slowakische Kronen, so daß über zweitausend Kronen meine Brusttasche füllten. Ein angenehmes Gefühl, das alles vergessen machte. Natürlich mußte ich auf der Hut sein, die Ehre der SS im ›Carlton‹ öffentlich zu versaufen, hätte mich in immense Schwierigkeiten bringen können. So prüfte ich mich beständig und zahlte, als ich das Schloß noch deutlich durch die Fenster wahrnehmen konnte.

Das Schloß, zu dem ich so oft allein oder mit Freunden, als ich sie noch hatte, hinaufgestiegen war, zog mich an. Meist führte unser Weg durch die Wydrica, die Hurengasse, um einen scheuen Seitenblick in eines der niedrigen und kleinen Fenster zu werfen, hinter denen sich die Sünde in recht anmutiger und auch anziehender Form niedergelassen hatte. Besonders abends, wenn die Dunkelheit die Zuwiderhandlung gegen das sechste Gebot in den Mantel der Verschwiegenheit hüllte, war eine rege Betriebsamkeit zu beobachten. Soldaten der slowakischen Armee drängten sich an den niedrigen Fenstern, verhandelten und kamen ins Geschäft.

Diese lebhaften Erinnerungen und der Cinzano verführten mich jetzt zu einer seltsamen Betrachtung. Im Weine liegt die Wahrheit, und die Wahrheit war einfach so, daß ich bald neunzehn wurde und aufgrund all der Unwägbarkeiten, die ich gehen mußte, im amourösen Bereich noch keine Erfahrungen gemacht hatte. Eine Bilanz, die mich am Beginn der Betrachtung verwunderte, dann aber, nach längerem Besinnen, beschämte.

In dieser Unzufriedenheit hatte ich noch eine Weile dagesessen, dann verließ ich das Hotel, mit dem Entschluß, meine Männlichkeit unter Beweis zu stellen. Das Schloß, zu dem ich hinaufschaute, bewegte sich jetzt eigenartig hin und her. Ich wunderte mich nicht lange, wußte ich doch, daß die bewegende Kraft aus dem Glas kam, das mir der Ober an die sechsmal gefüllt hatte. Um auszunüchtern, setzte ich mich am Donauufer auf eine Bank. Die Leute, die vorübergingen, lächelten alle sehr freundlich und ich lächelte zurück – es war ein wunderbarer Abend. Nach einer halben Stunde wollte ich die Wydrica stürmen.

Der Stachel des Fleisches stellte mich auf die Beine, zu groß war der Tatendrang. Um noch mehr auszunüchtern, machte ich einen Umweg über die sogenannte Judengasse, jene enge Gasse, die schon immer mein Interesse stark in Anspruch genommen hatte. In ihr wohnten arme Trödlerjuden, die allerlei Zeug feilboten, in alten jüdischen Gewändern und Kopfbedeckungen, mit Bärten und Peisels. Sie sprachen unter sich jiddisch, von dem man eine Menge verstand, aber nicht alles und deshalb umso genauer hinhörte. Für mich war es faszinierendes, stehengebliebenes Mittelalter.

Die Judengasse war jetzt leer, war wie ausgestorben – war tatsächlich ausgestorben, ich wußte es. Der Bericht eines SS-Angehörigen, der aus Auschwitz nach Stutthof versetzt worden war, fiel mir ein. Er hatte den Transport aus Preßburg gesehen, bei der Vergasung durch das Beobachtungsfenster geschaut und sich daraufhin erbrochen. »Ich kotzte eine Woche lang, jeden Tag. Was ich gesehen hatte, ließ mich nicht los. Immer wieder hatte ich die Bilder vor Augen«, sagte er, und es war, als käme ihm erneut ein Brechreiz auf.

Nachdenklich ging ich weiter und stand, ohne daß ich es jetzt noch wollte, am Eingang zur Wydrica. Ich wandte mich schon dem Weg nach unten zu, aber eine füllige, ältere Frau, die auf einem Stuhl vor dem ersten Häuschen saß und die Abendkühle genoß, sprach mich auf Deutsch an: »Na, wo willst du denn hin, mein Söhnchen?« fragte sie, und ihr fettes Gesicht mit einem Doppelkinn zeigte grenzenlose Neugier.

»Ich will ... das heißt, ich wollte ... na ja, wie soll ich sagen ...«

»Ach, geh', geh', Söhnchen, das schlag' dir mal aus dem Kopf. Du bist doch noch zu jung. Wie man hört sammelt der Hitler jetzt schon die Schulkinder ein, wie er mit denen den Krieg gewinnen will, weiß ich wirklich nicht.«

»Ich auch nicht.«

»Na siehst du, Söhnchen. Da haben sie dir so eine grausige Uniform über deinen jungen Leib gestreift, ein Seitengewehr umgehängt, und nun glaubst du, du kannst die Wydrica stürmen. Eh, wenn dich die Hanka vorne am Eck zwischen die Beine klemmt, gehst du im Schützengraben verloren.« Sie schüttelte sich vor Lachen, die zwei riesigen Berge von Brüsten wackelten.

Ihre Provokation erheiterte mich. Was sie da sagte und wie sie es sagte, war einfach zu drollig. Sie hatte auch etwas Anziehendes, das mich nicht losließ, und ich setzte mich neben sie auf eine der zwei Steinstufen am Hauseingang.

»Du übertreibst, Mütterchen, und unterschätzt mich. Ist denn die Hanka so wild?« fragte ich interessiert.

»Ein wildes Weib, ich kann dir sagen! Da muß schon einer was in der Hose mitbringen, he, he«, lachte sie und schaute geringschätzig zu mir herüber.

»Jetzt kränkst du mich aber, Mütterchen, gleich am ersten Urlaubstag«, gab ich gespielt beleidigt zurück.

»Ach geh', sei nicht so empfindlich. Sieh dir doch die Bauernlackel an, die dort hinten stehen.«

»Hm, rote Hosen. Das ist doch slowakische Kavallerie, nicht wahr?«

»Ja. Die haben so manches Pferd geritten. Die sind ja auch über einundzwanzig, du weißt doch, daß sie bei uns erst ab diesem Alter dienen.«

»Du bist wie ein Seelsorger. Du willst mir die Sünde ausreden, warum?«

»Es muß alles seine Ordnung haben, auch in unserem Gewerbe. Knaben sollen erst Männer werden. Du wächst ja noch, Söhnchen, sei nicht so ungeduldig. Mein Janko war auch so ein kleiner Stinker – Gott weiß es. Ich hatte ja auch für die beiden Kinder nichts zu essen ... Mein Mann war Liniendiener und ist schon 1914 gefallen, ich stand mit den kleinen Würmchen mutterseelenallein da – aber dann mit zwanzig ging Janko plötzlich in die Höhe. Ein Jahr später ist er im Bergwerk verschüttet worden.«

»Wo?«

»Da oben in Handlova.«

»Dorthin fahre ich morgen. Bin dort zu Hause.«

»Dann grüß mir meinen Janko, er liegt dort auf dem Friedhof.«

Sie erzählte mir ihr trauriges Schicksal. Wie so viele trieb auch sie die Not des ersten Weltkrieges in die Prostitution. Sie begann sich zu verkaufen, um zwei Kleinkinder zu ernähren. Das Mädchen starb mit drei Jahren. Der Geschäftsertrag brachte ihr das Häuschen und Ersparnisse für die alten Tage.

Es war spät geworden. Die nächtliche Feuchtigkeit begann von der Donau heraufzusteigen, und meine Gesprächspartnerin fing an zu frösteln. Wir

verabschiedeten uns. Herzlich, wie zwei, die gute
Freunde geworden waren.

* * *

Während die Konzentrationslager im Reich der SS
als strengstes Geheimnis gehütet wurden, war dies
im Ausland nicht der Fall. Die Grenzen der mit
Deutschland verbündeten Oststaaten, durchlässig
wie sie waren, gaben den Urlaubern aus Auschwitz
und anderen Konzentrationslagern das Gefühl, der
Geheimhaltung entgangen zu sein und sie plauderten, besonders in den Wirtshäusern, wo der Alkohol
sie zur Rückschau beflügelte.

Als ich im Urlaub in einem Gespräch mit Vater am
späten Abend – Mutter war schon zu Bett gegangen
– von den Verbrechen in deutschen Konzentrationslagern erzählen wollte, war er schon hinreichend
informiert, wußte fast mehr als ich selbst. Er ging
am Sonntagnachmittag zum Kartenspiel ins Wirts-
haus und kam oft mit erschütternden Informationen
nach Hause. Das tschechische Bier, das die Slowakei aus dem Protektorat Böhmen und Mähren impor-
tierte, hatte diesen und jenen Urlauber aus einem KZ
den Schwur, das Verbrechen in seinem Inneren zu
verbergen und festzuhalten, vergessen lassen.

Wie Vater berichtete, gaben die Urlauber in der
Regel zunächst einem allgemeinen Bedauern über die
Judenverfolgung Ausdruck, und es schien, daß sie
sich nicht einreden ließen, daß aus diesen Menschen,

mit denen sie seit ewigen Zeiten in Zufriedenheit zusammenlebten, plötzlich Untermenschen geworden waren, die vernichtet werden mußten. Aber nach dem vierten Glas Budweiser Bier kamen die unvergeßlichen Eindrücke über ihre Lippen, die vielen Menschen, junge und alte, die in die Gaskammern geschickt wurden. Nachts kam die Erinnerung, die Toten wurden lebendig.

Ich wünschte Vater »Gute Nacht« und ging zu Bett, obgleich ich nicht müde war. Ich mußte an Sarah denken, die zu jenem Zeitpunkt neunzehn war und ihre Schönheit ›ins Gas‹ tragen mußte. Der slowakische Präsident, Dr. Tiso, ein katholischer Priester – man bedenke! –, hatte Eichmann autorisiert, die slowakischen Juden zu deportieren. Ich lag lange wach, dachte an Sarah, und meine Gedanken schweiften in die Kindheit zurück:

Meine Mutter hatte mit der Jüdin Kohn, die mit ihrem Mann ein Geschäft für Herrenkonfektion unterhielt, ein recht sonderbares Abkommen getroffen. Wann und wie es zustande kam, konnte ich als Kleinkind nicht erfahren, ich wurde einfach vor eine vollendete Tatsache gestellt, die mich am Anfang sehr unzufrieden machte.

Die Kohns hatten ihr Geschäft in der Mitte unseres sieben Kilometer langen Dorfes, in der Nähe vom Ring, wo sich alle Geschäfte angesiedelt hatten. Wir wohnten ganz oben, im Oberort, über drei Kilometer vom Geschäftsviertel entfernt, zu jener Zeit war kein öffentliches Verkehrsmittel dorthin verfügbar und Einkäufer mußten gut zu Fuß sein.

Mindestens einmal in der Woche ging Mutter zum Ring hinunter, und selbstverständlich mußte sie mich mitnehmen, da ich sonst ein heulendes Gezeter angestimmt hätte, unter dem meine ältere Schwester dann zu leiden gehabt hätte.

Der erste gemeinsame Einkauf – ich erinnere mich genau – war ein Fiasko. Mein Benehmen als extrovertiertes Kind war für Mutter sehr belastend. Ich nervte sie in den Geschäften und sie war drauf und dran, mich zu verhauen, fürchtete aber meine laute Stimme. Auf dem Heimweg wollten meine dünnen Beinchen nicht mehr marschieren und es blieb ihr nichts anderes übrig, als mich huckepack nach Hause zu bringen.

Vor dem zweiten gemeinsamen Einkauf klingelte Mutter am Eingang des Geschäftshauses der Familie Kohn. Die dunkelhaarige, hübsche, etwas füllige Frau Kohn öffnete, freute sich über den Besuch und hieß uns mit einem akzentuierten »Kommen Sie nur!« eintreten. Da waren auch schon zwei Kinder zur Stelle, ein Junge und ein Mädchen. Beide schauten mich neugierig und prüfend an. »Nun macht euch bekannt und spielt schön miteinander«, sagte die jüdische Frau und schob uns nach hinten in den Hof. Mutter versprach, mich wieder abzuholen und mir dann etwas Schönes mitzubringen. »Und nun sei lieb, vergiß das bitte nicht!« sagte sie mit Nachdruck, ehe sie die Tür hinter sich schloß.

Ich begann mit der Namensbefragung. Der Junge hieß Jacob, war ein Jahr jünger als ich, das Mädchen Sarah und in meinem Alter. Dann spielten wir, und bald zeigten sich meine schlechten Manieren. Durch den großen Altersunterschied zu meiner Schwester war ich praktisch ein Einzelkind, verwöhnt und egoistisch. Ich übernahm im Spiel das Kommando, was meinen Spielgefährten nicht gefiel. Schon ganz und gar nicht Sarah, die bald aufmuckte, worauf ich ihr eine Ohrfeige gab. Sie heulte auf wie eine Sirene. Sofort stand ihre Mutter in der halbgeöffneten Wohnungstür und schimpfte sie aus, verbot ihr, soviel Krach zu machen. Sie gehorchte, und als ihre Tränen versiegten, nahm das Spiel seinen Fortgang, bei dem Sarah gelegentlich heftig mit den Tränen kämpfte.

Als meine Mutter erschien, eilte Sarah sofort zu ihr und beschwerte sich über mich. Mutter stieg die Schamröte ins Gesicht, aber da stand auch schon Frau Kohn wieder in der Tür, lachte und sagte: »Aber lassen Sie, das sind doch Kinder. Kommen Sie, ich mache uns einen Tee.«

Im Herbst kam Frau Kohn mit ihren Kindern in einem Pkw angefahren, aus dem der Hintersitz entfernt und durch Körbe ersetzt worden war. Die Obsternte begann. Wir hatten zwei Gärten und Vater verstand es, Obstbäume zu veredeln, was er ›pfropfen‹ nannte, und eine Fülle edler Obstarten wurde im Herbst zu einem Problem, das meine findige Mama zu schmälern suchte und dabei einen doppelten Gewinn erzielte.

Sarah hatte sich in ihr Schicksal ergeben, ihre unterdrückten Tränen wurden von Begegnung zu Begegnung seltener und als ich keine Unwägbarkeiten mehr zu überwinden hatte, stellte ich fest, daß Sarah ein sehr hübsches Mädchen war, besonders wenn sie lächelte oder gar lachte.

Im Obstgarten fühlte ich mich als Gastgeber, pflückte die zwei schönsten Kaiserbirnen, die ich erblicken konnte und schenkte sie meinen kleinen Gästen. Zwei Augenpaare strahlten mich an, und Sarah, überwältigt von meiner Gastfreundschaft, umarmte und küßte mich. Das machte mich sehr glücklich, und ich habe in meiner späteren Kindheit nur selten so ein Glücksgefühl empfunden.

Sarah war noch zu klein und wußte nicht, daß sie ihren ersten Liebeskuß an einen Goy – so nannten und nennen Juden Ungläubige, so auch Christen – verschwendet hatte. Das Einvernehmen ihrer Mutter mit meiner Mama ließ sie keinen Rassenunterschied oder gar Feindschaft erkennen.

Mit der Zeit wurden meine Beine stärker und tragfähiger, und Mutter hatte keine Veranlassung mehr, mich bei den Kohns abzusetzen, wenn sie einkaufen mußte – ein Umstand, der sie erleichterte, in mir indes eine gewisse Sehnsucht wachrief. Ich verlor Sarah aus den Augen, doch nicht aus dem Sinn. Aber es waren über drei Kilometer, die uns trennten und die Kohns schotteten sich allmählich, wie alle Juden, völlig ab. Später besuchte ich das Gymnasium und kam anschließend ins Internat.

Ich habe Sarah nie mehr gesehen. Sie wurde wie alle anderen Juden unseres Dorfes in einem Konzentrationslager umgebracht.

Nach Mittweida zurückgekehrt, ging Ogo in Urlaub und ich übernahm die Geschäfte des Rechnungsführers. Zugänge, Urlauber, Abgänge, Sold mußte ausgezahlt und Verpflegungsmarken ausgegeben werden. Oft blieb ein Riegel Zuckermarken mit Absicht auf dem Tresen liegen, vor Freude, der ganzen Misere den Rücken kehren zu können.

An einem Nachmittag im heißen Juni kam Ogo von seinem Urlaub zurück. Ich hörte von seiner Rückkehr und rannte los, ihn zu begrüßen. Ohne Kopfbedeckung. Das hätte man an jenem warmen Junitag wahrscheinlich durchgehen lassen, nicht verziehen wurde mir jedoch, daß ich barhäuptig am Chefarzt vorbeirannte, ohne ihn zu bemerken, ohne ihn zu grüßen. Männer von Rang wollen bemerkt werden, und er hatte den Rang eines Obersturmbandführers, was bei der Wehrmacht einen Oberstleutnant ausmachte.

Hätte er im Freien gestanden oder sich da bewegt, wäre das nicht passiert, da konnte man ihn mit seiner beachtlichen Größe und Korpulenz nicht übersehen. Doch er hatte erst ein Bein aus dem Eingang zum Hauptgebäude ins Freie gesetzt und der massige Körper füllte noch den Türrahmen aus, als er meinem sonst wachsamen Auge entging.

So kam es, daß ich ihn erst hörte, dann sah – nicht ohne Beklemmung, versteht sich. Er hatte mit einem schrillen Zuruf meinen schnellen Lauf gestoppt und dann gefragt, warum ich keine Mütze trug und keine Augen im Kopf habe.

Es war schwierig, diese Doppelfrage klug zu beantworten. »Vergeßlichkeit« hätte die erste Frage getroffen, »Beileibe nein!« die zweite. So entschloß ich mich zu dem Wort »Eile«. Aber auch das war schlecht, sogar sehr schlecht, wie ich leider zu spät begriff – denn wahrlich, es gab keine Eile, die eilig genug gewesen wäre, einen Obersturmbandführer zu übersehen.

Noch schlimmer kam es, das wurde mir bewußt, als er mich von oben bis unten und dann zurück eingehend fixierte. Mit Sicherheit hatte er noch nie einen so flinken Mann auf diesem Gelände wahrnehmen können und er war begierig zu erfahren, was mir denn eigentlich fehle.

Das war nun die allerschwerste Frage, und sie brachte mich in arge Bedrängnis. Tatsächlich fehlte mir nichts, ich war gesund. Ich zögerte mit der Antwort, stammelte etwas von Nervenerschöpfung. Das alles dauerte ihm viel zu lange und er befahl mir, am kommenden Morgen um acht Uhr zur Untersuchung zu erscheinen.

Die Untersuchung war keine Untersuchung, es war ein Verfahren, das keine fünf Minuten dauerte. Der Sanitäter hatte das Krankenblatt hervorgezogen, der Chefarzt warf einen Blick hinein, tat einen Aufschrei der Verzückung, warf das Blatt dem Sanitäter auf den Tisch und sagte: »k. v.«, was da hieß? Kriegsverwendungsfähig.

Eine Stunde später hatte ich Marschverpflegung und einen Marschbefehl zum KZ Stutthof, das ich als Ersatzeinheit anfahren mußte, um dann weiter an die Front geschickt zu werden.

* * *

Lange hatte ich von Stutthof nichts gehört, nichts gesehen – jetzt war ich auf dem Wege dorthin. Das Bewußtsein, daß es nur ein kurzer Abstecher sein würde, tröstete mich. Mein weiterer Lebensverlauf kümmerte mich wenig, er war ungewiß und nach Lage an der Front – der Untergang. Viele meiner Altersgenossen waren gefallen, meine Generation wurde größtenteils geboren, um zu sterben.

Gleich hinter Steegen trug mir der Wind den Krematoriumsgeruch entgegen. Dann bog ich ab, überschritt die Lagermarkierung und ging in die Schreibstube der vierten Kompanie.

Der Schreiber traute seinen kurzsichtigen Augen nicht und rückte die Brille zurecht. Ein Aufschrei entrang sich seiner Brust. Ich meldete mich vorschriftsmäßig zurück. Eine Sekunde später stand der Alte in der offenstehenden Türe zu seinem Zimmer, mit dem Gesichtsausdruck, mit dem Abergläubische einen Geist wahrzunehmen glauben. Ich meldete mich ihm und übergab das Kuvert von der Entlassungsstelle.

Er warf mir einen finsteren Blick zu. Der Schreiber drehte seinen Kopf nach links und rollte seine

Augen zur linken Schulter hinunter. Jetzt bemerkte ich, daß ich den zweiten Stern, den der Alte im Zuge einer Beförderung nun auf den Schulterstücken trug, übersehen hatte. Ich korrigierte schnell zu »Hauptsturmführer«, und Reddigs Blick hellte sich auf.

Noch hatte er kein Wort gesagt, zu perfekt war die Überraschung. Er hatte an Gewicht zugenommen, diese Last schienen seine Beine als unangenehm zu empfinden, und er setzte sich an den zweiten Schreibtisch, der dem Spieß vorbehalten war.

»Ich dachte, du bist schon ewig lange bei Mutti. Wo treibst du dich denn rum?« fragte Reddig, nachdem er sich von meiner Leibhaftigkeit überzeugt hatte.

Ich berichtete ihm von meinem Pech in Mittweida. Er öffnete den Umschlag des Begleitschreibens, begann zu lesen und gleichzeitig zu murmeln: »Na, sooon Quatsch – k. v. ... Unsinn!«, dann zerknüllte er das Schreiben und warf es in den Papierkorb. »Hiergeblieben! Erst entlassen, und jetzt sollst du dir wohl an der Front das Ritterkreuz holen Quatsch!« Er schüttelte den Kopf.

Mir lief es kalt über den Rücken.

»Wo ist denn noch Platz für ihn?« wandte sich Reddig an den Schreiber.

»Er kann zu mir kommen, da sind noch drei Betten frei.«

»Gut. Heute ist Donnerstag, diese Woche ausruhen, aber nächste Woche Wachdienst«, sagte der Alte, und ein Riesenstein legte sich auf mein Herz.

Abends lag ich lange wach. Nicht weil der dicke Schreiber erbärmlich schnarchte, sondern weil ich gezwungenermaßen seit ein paar Stunden Wachmann im KZ Stutthof geworden war. »Was erwartet mich? Wird man mich zwingen zu töten?« Fragen, die mich zu quälen begannen. »Töten! Ich kann nicht töten, ich kann es nicht. Unter keinen Umständen wehrlose Menschen«, murmelte ich vor mich hin, und der Gedanke versetzte mich in helle Aufregung. Ich sah vor meinem geistigen Auge wieder die Maus, die ich in Vaters Werkstatt totgetreten hatte. Aus Versehen, weil sie mir ganz unverhofft vor die Füße lief und mich erschreckte. In ihrer Todesqual traten die Augen heraus – große, schöne Augen, die mich vorwurfsvoll ansahen und die ich nicht vergessen konnte. Und jetzt ... Das brechende Auge eines Menschen, der durch mich zu Tode kommt, sehen – mein Gott, hilf mir!

* * *

In Stutthof hatte sich vieles verändert. Von der SS waren fast alle Führer und Unterführer um einen Dienstgrad befördert worden. Marzan war nicht dabei. Wieweit Bartoschs Freitod dabei eine Rolle spielte, konnte ich nicht ausmachen. Allgemein befand sich die SS jetzt in einer gedrückten Stimmung. Das nahm nicht wunder – die Rote Armee stand nur etwa fünfhundert Kilometer von Stutthof entfernt, und selbst der verbohrteste Optimist hatte begriffen, daß die Zeit nicht mehr fern lag, wo dieser blutgetränkte Boden befreit und über die zu richten sein würde, die ihn getränkt hatten.

Diese Gewißheit war auch in den Gesichtern der Häftlinge zu lesen. Ich konnte den sicheren Eindruck gewinnen, daß ihnen die immer näher kommende Befreiung eine unglaubliche Lebenskraft verlieh, und allgemein eine gänzlich andere, weit günstigere Atmosphäre als im Vorjahr aufgekommen war. Auch konnte ich Übergriffe der Kapos nicht mehr beobachten, am Kahlschlag waren keine Schmerzensschreie mehr zu hören. Beobachtungen dieser Art verschafften mir für den Einsatz in der kommenden Woche Beruhigung.

Am Montag stand ich frühmorgens in der Begleitmannschaft, die Häftlinge zur Ziegelei, einer Außenstelle des Hauptlagers, zu eskortieren hatte. Das große Tor ging auf, die Häftlingskolonne rückte heran. Wir wurden verteilt, nach links und nach rechts. Die Häftlinge sprachen alle deutsch, waren jung, in einem guten Ernährungszustand und schienen noch nicht lange inhaftiert gewesen zu sein.

Auf der Landstraße angekommen, stimmten sie ein Lied an, ein Seemannslied. Alle im exakten Gleichschritt, aufrecht, imponierend. Das Lied aus frischen Kehlen ging durch Mark und Bein, den Refrain habe ich bis heute behalten:

*»Auf einem Seemannsgrab, da blühen keine Rosen,
auf einem Seemannsgrab, da blüht kein Blümelein.*

Der einzige Schmuck, das sind die weißen Möwen
und heiße Tränen, die ein kleines Mädel weint.«

Warum deutsche Marine im Konzentrationslager inhaftiert war, war mir unklar und bereitete mir Kopfzerbrechen, blieb aber im Dunkeln. Was sie zu tun hatten, waren Arbeiten an und um die Öfen, in denen Ziegel gebrannt wurden.

Die Bewachung war oberflächlich. Die Posten hatten keine bestimmte Aufgabe, konnten sich innerhalb oder außerhalb der Ziegelei bewegen, sich nach Belieben setzen. Es gab nichts zu tun und war langweilig. Die Häftlinge scherten sich nicht um uns, die Mütze nahm keiner mehr ab, wenn ihn ein Unterführer ansprach – und die SS tolerierte es. Oben auf der Rampe hockte der Kommandoführer, ein Oberscharführer, mit dem technischen Leiter der Häftlinge zusammen, und sie spielten Karten!

›Tempora mutantur‹ hatte ich bei meinem alten Lateinlehrer gelernt. Die Zeit der großen Siege war lange vorbei, der Niedergang des ›tausendjährigen Reiches‹ war augenscheinlich, die Sieger waren kleinlaut geworden. Um fünf Uhr nachmittags marschierten wir ins Lager zurück. Wieder ein neues Lied aus frischer Kehle.

So war es jeden Tag.

* * *

In der zweiten Woche stand ich in der Postenkette, die täglich um das Lager gezogen wurde. Mein Platz war am Kahlschlag, unweit der Unterkunft, auf einer Anhöhe. Auf dem Arbeitsgelände verlief alles ruhig, ohne Hektik, ohne Übergriffe der Kapos. Ich ging hin und her und träumte. Gern wäre ich in Mittweida gewesen. Wie schade!

Plötzlich bellte ein Schuß über meinen Kopf hinweg und riß mich aus meinen Träumen. Ich hatte mir die Mütze vom Kopf gepustet und das verschaffte mir Gewißheit, daß sich der Schuß aus meinem Gewehr gelöst hatte.

Indem ich angestrengt darüber nachdachte, wie das nur hatte passieren können, sah ich unten zu meinen Füßen die Flügeltüre der Schreibstubenbaracke der vierten Kompanie aufplatzen und Reddig, barhäuptig und mit halboffener Uniformjacke, angerannt kommen. Die Schnelligkeit, die er trotz seines dicken Bauches erreichte, hätte ich ihm nie zugetraut.

Ich ahnte das Schlimmste. »Diesen Energieaufwand wird er nicht ungesühnt lassen«, dachte ich.

Er kam näher, mit hochrotem Kopf und schnaubend wie ein Stier in der Arena, der sich anschickt, den Torero auf die Hörner zu nehmen. Als er mich mit seinen kurzsichtigen Augen ausgemacht hatte, blieb er verblüfft stehen.

»Du bist das?!« sagte er erstaunt und um Atem ringend. »Was ist denn los?«

»Das Ding ist einfach losgegangen«, sagte ich, so

wie ich den Vorgang tatsächlich, ohne eine Erklärung zu haben, empfunden hatte.

»Blödsinn, kein Gewehr geht von allein los! Das wäre ein schöner Krieg, wenn sich die Gewehre selbständig machten! Hast du gesichert?«

»Ja, ich habe heute morgen den Sicherungsflügel ganz bestimmt rumgelegt.«

»Einen Scheiß hast du!« sagte Reddig, als er herangekommen war und legte den Sicherungsflügel meines Gewehres um. »Selbst wenn du es getan hättest, hast du mit den Fingern hinten herumgespielt und ihn zurückgelegt. Dann kamst du an den Abzug und – paff!«

»Jawohl, so wird's gewesen sein. Ich habe das Gewehr, damit es beim Hin- und Herlaufen nicht baumelt, mit den Händen hinten festgehalten und ...«

»Du hast das Gewehr mit der rechten Hand am Riemen festzuhalten, das haben wir dir doch beigebracht, oder?«

»Jawohl, Ober... äh ... Hauptsturmführer!«

»Und das wirst du von jetzt an tun, oder muß ich dich erst vierzehn Tage einsperren?«

»Nein, das heißt ja, das werde ich unbedingt tun.«

»Du hast Glück, daß das Gewehr fast größer ist als du selbst, ein langer Kerl hätte sich auf diese Weise in die Rübe geschossen. *Ein* Selbstmörder reicht mir, ist das klar?«

»Jawohl!«

»Mensch, die rücken ja gleich mit der ganzen

Feuerwehr an, wenn ich nicht telefoniere«, sagte er, indem er sich herumriß und den Rücklauf begann, so schnell, wie er gekommen war.

»Reiß dich zusammen!« keuchte er im Laufen.

»Jawohl, Hauptsturmführer!« rief ich hinterher.

Der Alte hatte Recht. Ein großer Mann hätte sich mit dieser träumerischen Fahrlässigkeit in den Hinterkopf geschossen. Mir ragte das lange Gewehr etwas über den Kopf hinaus – mein Glück.

Dann dachte ich über Reddig nach. Ich hatte mit dem Schuß Alarm ausgelöst und er hätte mich bestrafen müssen. Er tat es nicht. Vielleicht war er früher ein netter Mensch gewesen, bis ihn Hitler zum Mörder machte. Restbestände der Normalentwicklung waren – wie es schien – unterschwellig noch vorhanden, kamen an die Oberfläche, wenn es nicht um das Prinzip ging – und sein Prinzip war fanatische Hingabe zur nationalsozialistischen Idee.

* * *

Am nächsten Morgen wurde ich unter die Wachmannschaft gesteckt, die das Gut zu bewachen hatte, das auch als Außenstelle zum Lager gehörte. Auf dem großen Areal waren polnische Häftlinge beschäftigt. Ihre Bewachung war noch oberflächlicher als die der Häftlinge in der Ziegelei.

Mich interessierte besonders die alte Schmiede, in der fünf Polen Schmiedearbeiten verrichteten. Ich unterhielt mich mit ihnen, jüngere, starke Männer, die kräftig auf den Amboß schlugen. In der Mitte der Schmiede stand eine alte Kalesche, wie sie früher die Gutsherren benutzen. Sie war aufgebockt, sie wurde repariert. Die weichen Polster zogen mich, der ich mich müde gestanden hatte, wie magisch an. Umso mehr, als ich in der vorhergehenden Nacht viel Schlaf wegen Fliegeralarm hatte entbehren müssen.

Ich stieg auf die Kalesche und setzte mich auf den Rücksitz. Es war angenehm weich, wohltuend. Die Polen nickten verständnisvoll, ich nickte zufrieden zurück. Ich hörte den Klang des Hämmerns, der immer leiser wurde und dann entschwand ...

Als ich das Hämmern wieder deutlich vernahm, vermißte ich mein Gewehr, das ich zwischen meine Beine gestellt hatte. Wie von einer Tarantel gestochen fuhr ich hoch und sah in fünf lachende Gesichter. Die Polen hatten gut lachen, ich aber war verzweifelt.

»Wer war das?« fragte ich.

Die Polen verweigerten die Antwort. Sie hatten beschlossen nichts zu verraten. Sie sagten auch kein Wort, aber einer legte ein Stück Aluminiumdraht um seinen Kragen und legte eine Schraubenmutter auf seine rechte Schulter. Ich hatte begriffen: Lametta und ein Stern, das hieß – Oberscharführer, Kommandoführer.

Ich suchte ihn und fand ihn dann in einem Nebengebäude mit einem anderen Unterführer beim Kartenspiel. In einer Ecke des Raumes stand mein Gewehr. Ich meldete den Verlust. Beide grinsten. Der Oberscharführer wollte wissen, was denn ein Soldat ohne Waffe, in dem Fall, ohne Gewehr sei. Der Unterscharführer ergänzte, sei das Gewehr die Braut des Soldat und ohne Braut eigentlich nichts so recht liefe.

Ich nickte zustimmend, gab mich zerknirscht und spielte die Komödie mit. Als sie das Spiel lange genug getrieben hatten, durfte ich mein Gewehr nehmen und abziehen.

Das Spiel das der Kommandoführer soeben abgezogen hatte, war für die zusammengebrochene, einst soviel Furcht erregende Macht symptomatisch. Resignation hatte sich unter der SS ausgebreitet. Auf meiner Armbanduhr sah ich, daß ich etwa eine Dreiviertelstunde geschlafen hatte, einen Teil davon unbewaffnet. Vor Jahresfrist hätte ich dafür verschärften Arrest bekommen.

* * *

Um diese Zeit wurden an den Sonntagnachmittagen Arbeitseinsätze durchgeführt, mit Häftlingen, die sich freiwillig dazu meldeten. Lohn dieser Arbeit war für sie eine Sonderverpflegung, und sicher haben sich mehr gemeldet, als gebraucht wurden. Ausgesucht wurden junge, kräftige Männer, die noch nicht lange in Stutthof inhaftiert waren.

Zu einem dieser Einsätze wurde ich an einem mir denkwürdig gebliebenen Sonntagnachmittag kommandiert. Er fand, wie man mich vorab informierte, nicht in Stutthof statt, sondern an dem etwa dreißig Kilometer entfernten Güterbahnhof in Tiegenhof, wo für Stutthof Briketts bereitlagen, die das Lager mit seiner Spezialbahn abholen mußte.

Vor vierzehn Uhr ging ich zur Rampe des Lagers, wo neben Kohle auch Menschen ausgeladen wurden. Die Diesellok, an die ein überdachter und zwei offene Güterwaggons angehängt waren, lief warm, der Lokführer saß auf seinem Platz.

Vor dem kurzen Zug standen an die zwanzig Häftlinge und ein junger Unterscharführer. Ich schickte mich an, letzterem meinen Dienstantritt vorschriftsmäßig zu melden, er winkte ab und sagte, mit einer Kopfbewegung zu den Häftlingen hin: »Das sind Polen, völlig harmlos, mach' dir keinen Kummer.« Dann betrachtete er fasziniert die Lok und wandte sich wieder zu mir: »Ich wollte immer Lokführer werden und bin in diesem Scheißladen gelandet. Aber jetzt erfülle ich mir einen Jugendtraum, das wirst du verstehen!« Sprach's und schwang sich auf die Lok neben den Lokführer.

Die Polen waren freundlich, sprachen mich mit »Pan (*Herr*) Posten« an, und ich hatte das sichere Gefühl, daß der Uscha, der sie offensichtlich kannte, Recht behalten werde. Sie stiegen in den überdachten Waggon und ich – wo sollte ich auch anders hin? – folgte ihnen. Dann saß ich auf dem Boden, inmitten der Häftlinge.

Man war guter Dinge. Die Lok zog an, und plötzlich hatte ein Pole eine Mandoline in den Händen und begann zu spielen. Das Ambiente erinnerte mich an die Zeit, wo ich mir als junger Gymnasiast vom Taschengeld eine Mandoline kaufte, nach dem Gehör spielen lernte und es zu Leistungen brachte, die meine Zuhörer erstaunt hatten. Und jetzt vergaß ich meine Pflicht, bat den Mandolinenbesitzer um die Mandoline und begann zu spielen – leidenschaftlich, mit der Sehnsucht nach jener glücklichen Vergangenheit und dem Schwung, mit dem ich damals mit dem Plättchen über die Saiten gegangen war.

Ich bekam einen Riesenapplaus. Und der war echt, wie ich prüfend in den Gesichtern feststellte. Ich bedankte mich slowakisch, ihre Augen leuchteten auf und ein erstauntes Raunen ging um: »O, pan rozumie po polsku!« *(»Oh, der Herr versteht Polnisch!«)*

In Tiegenhof angekommen, fuhr der Lokführer die offenen Waggons neben einen riesigen Briketthaufen. Die Häftlinge hatten die Waggontüre aufgerissen, »Pan Posten« stieg aus und die Häftlinge folgten, mit Schaufeln, die im Wageninnern bereitgelegen hatten. Ohne einen Befehl abzuwarten, machten sie sich an die Arbeit, und es schien, daß sie nicht zum ersten Mal diese Arbeit verrichteten.

Der Uscha kam zu mir und sagte: »Ich bin aus der Gegend und habe hier meine Braut. Ich gehe sie besuchen, du verstehst doch und hältst dicht, nicht wahr?«

»Aber ja, ich halte dicht«, beruhigte ich ihn.

»Bist ein Kumpel«, sagte er.

»Ja, bin ich«, sagte ich.

Ich suchte mir einen Stehplatz, der mich nicht allzu sehr langweilen würde und ging an den Straßenrand einer Landstraße, die am Güterbahnhof vorbeiführte. Langeweile machte sich breit, denn in dieser Gegend rührte sich am Sonntagnachmittag kaum etwas.

Dann kamen zwei alte Frauen des Wegs, die einander untergehakt hatten, eine stützte sich auf einen Krückstock. Sie schauten zu den schuftenden Häftlingen hinüber, die der Hunger und der Lohn ihrer Arbeit in Eifer versetzt hatte. Und die eine sagte zur anderen: »Wenn das der Führer wüßte!« Dann trafen mich ihre strafenden Blicke und sie gingen, innerlich sichtlich stark angerührt, weiter.

Die vorwurfsvollen Blicke trafen mich hart, ich sagte jedoch kein Wort und versank in eine tiefgründige Betrachtung. Wie sehr hatte doch Hitler das Volk verführt! Das im gläubigen Vertrauen objektives Denken verloren hatte, und die Mehrheit hielt ihm noch jetzt die Treue. Was wäre geworden, hätten ihn die Attentäter des 20. Juli zum Märtyrer gemacht? Die Waffen-SS, die sich Hitler verschworen hatte, war auf annähernd eine Million angewachsen, aber auch in der Wehrmacht standen viele zum Führereid. Ein grausamer Bürgerkrieg? Ich wagte diese Vision nicht zu Ende zu denken.

Die Rückfahrt verlief ohne Musik. Die Häftlinge waren erschöpft, den meisten fiel der Kopf auf die Brust. Nach dem Aussteigen wünschten sie mir Glück. Ich wünschte es ihnen auch. Nachdenklich

fügte ich slowakisch hinzu: »Myslím že to potrebu-
jeme.« (»Ich glaube, das brauchen wir.«)
Sie nickten und waren ebenso nachdenklich.

* * *

In der folgenden Woche stand ich in der Postenkette am Rande der Landstraße, die zu dem eigentlichen Ort Stutthof, einem verschlafenen Fischerdorf,
führte, das sich nie hätte träumen lassen, einmal solch
traurige Berühmtheit zu erlangen. Gelegentlich
kamen Pferdefuhrwerke vorbei, ab und zu ältere
Einwohner des Dorfes, die die Posten nach dem
Grund des Gestankes, den der Wind vom KZ he-
rüberblies, fragten. Ein Achselzucken war jedesmal
die Antwort.
    Es begann zu regnen und hörte auch nicht wieder
auf. Der Regen kam ganz unerwartet und die meisten
Regenmäntel lagen in den Spinden. So auch meiner,
nach zwei Stunden war ich durchnäßt, am Abend
sogar bis auf die Knochen. Ich fühlte mich elend.
Am nächsten Tag fröstelte ich. Der Postenführer fand
mich beim Kontrollgang reichlich blaß, ließ mich
ablösen und schickte mich ins Krankenrevier. Der
Arzt horchte mich ab, dann klopfte er, horchte wieder und sagte: »Nasse Rippenfellentzündung rechts.
Sofort ins Krankenhaus!«
    Wieder fuhr mich der Krankenwagen ins Marien-
krankenhaus nach Danzig. Dort wurde ich genau
untersucht, dann punktiert und nach zwei Tagen auf

Schloß Zoppot gebracht, das als Revierlazarett eingerichtet worden war.

Eine Rippenfellentzündung war, von einem Soldaten der damaligen Zeit subjektiv empfunden, eine
angenehme Krankheit. Sie verursachte keine Schmerzen und ich fühlte mich eigentlich nicht krank. Um
so mehr hatte die Rotkreuzschwester ein Auge auf
mich, sie schärfte mir ein, nicht in die Sonne zu gehen
und überhaupt die Sache nicht so leicht zu nehmen,
denn leicht könne daraus eine Tuberkulose entstehen. Das jagte mir dann doch einen ordentlichen
Schrecken ein. Ich dachte sogleich an jene große
Anzahl Entlassungsbedürftiger in Mittweida, die in
eine Flasche spucken mußten.

Ich war auch hier wieder der einzige von der SS,
aber bei den Nachrichten, die vom Kriegsschauplatz
herüberkamen, hatte das nichts Auffälliges an sich.
Auffällig hingegen war ein junger Obergefreiter, der
mir gegenüber lag und neun Krankheiten hatte. Gene-
rell war bei jedem die Krankheit durch eine Nummer auf der schwarzen Tafel über dem Bett angegeben – seine Tafel war voller Zahlen. Dennoch war
er recht agil, und wenn die Schwester nicht zugegen
war, hüpfte er aus dem Bett und ging auf den Bal-
kon. Er war erst achtzehn und diese Dynamik war
seiner Jugend zuzuschreiben, obgleich ihn der Krieg
neunfach geschädigt hatte. Am Nachmittag kam
regelmäßig seine Braut, die angesichts seiner vielen
Krankheiten eine Sondergenehmigung erhalten hatte,
zudem sie, wie er sagte, schwanger war.

Eines Morgens, kurz vor der Visite, als alle ruhig und gespannt in den Betten lagen, sagte er plötzlich: »Leute, heute mache ich alle.« Es wurde nur schwach gelacht, denn jeden Augenblick konnte der Oberstabsarzt kommen, der fröhliche Kranke nicht ausstehen konnte, diese dann rasch gesund schrieb und an die Front schickte.

Als der Arzt kam, bestürmte ihn der neunmal kranke Obergefreite, ihm für den Nachmittag einen Standesbeamten zu beschaffen, denn er wolle seine Braut heiraten. So überraschend die Bitte auch vorgetragen wurde, widersetzte sich ihr der Oberstabsarzt nicht, und wahrscheinlich wußte er, warum.

Tatsächlich kamen am Nachmittag ein Standesbeamter und, wie immer, die Verlobte. Aus dem Nachbarzimmer wurden zwei Fähnriche zur See, die gut auf den Beinen waren, als Zeugen geholt, und die Trauung ging vonstatten.

Als die ehemalige Verlobte, mittlerweile zur jungen Ehefrau geworden, gegangen war, wurde der Obergefreite ruhig und am Abend war er tot. Schwester Gertrud fuhr ihn aus dem Zimmer.

»Er hat es gewußt, daß er sterben mußte«, sagte ein Gefreiter, der neben der Tür lag. »So was gibt's, ich hab' es mit unserem Alten auch erlebt. ›Alter‹, nun ja, er war ein verdammt junger Kompaniechef, erst an die fünfundzwanzig Jahre alt. Ein Adeliger aus Pommern, ein ganz verrücktes Huhn, ich kann euch sagen! Ich war sein Bursche, Mann, mit dem habe ich was durchgemacht. Soff wie ein Loch. Wenn er ordentlich betrunken war, mußte ich ihm das Pferd holen und satteln. Ich warnte ihn, aber er ließ sich auf nichts ein. Ich mußte ihn auf den Gaul hieven. Stehen konnte er nicht mehr, aber mit dem Sitzen ging es irgendwie. Dann rammte er dem Tier die Sporen in den Leib. Das stürzte los. Nach menschlichem Ermessen mußte er sich den Hals brechen, aber er kam jedesmal zurück und ließ sich vom schweißgebadeten Pferd auf meine Schultern fallen. Im Kampf vorne der erste, aber nie holte er sich auch nur eine Schramme. Bei M. hatten wir uns eingegraben, hockten im Unterstand. Eines Nachts übernahm er einen Stoßtrupp, der um zwei Uhr auszurücken hatte. Er befahl mir, ihn um ein Uhr fünfundvierzig zu wecken. Als ich pünktlich auf die Minute in seinen Unterstand kam, lag er auf den Knien und betete. Dieser gottlose Mensch, der sich über Religion stets abfällig äußerte, betete! Eine halbe Stunde später war er tot. Er hatte gewußt, daß er sterben mußte.«

»Quatsch!« sagte ein Feldwebel, »reiner Zufall, mehr nicht. Wenn unser Obergefreiter mit seinen neun Krankheiten den nahen Tod fühlte, ist das einleuchtend, aber das mit deinem Baron ist reiner Zufall. Wir hatten doch da so einen lustigen Vogel in der Kompanie, für den, so schien es jedenfalls, keine Kugel gegossen war. Es war ihm ein Bedürfnis, andere zu amüsieren, selbst in Zeiten, wo es gar nicht amüsant zuging. Wir lagen im Graben, und wenn es ordentlich Feuerzauber gab, sprang der Kerl mit entblößtem Hintern aus dem Graben und zeigte ihm den Feind. Aber es war nichts zu machen, sein Arsch blieb unverwundbar und, wenn er es lange genug getrieben hatte, hüpfte er wieder in den Graben zurück. Aber seltsam, an einem Nachmittag, wir hatten einen langen Fußmarsch hinter uns, legten wir eine Ruhepause ein, an einer Stelle, wo absolut nichts los war und unser Spaßvogel – ich sehe in deutlich vor mir! – setzte die Feldflasche an, um zu trinken, als er plötzlich zusammensackte. Eine Kugel, weiß ich woher, hatte seinen Kehlkopf zerschmettert. Er war auf der Stelle tot. Na, ist das ein Zufall oder nicht?«

»Zufall!« sagte der Unteroffizier mit dem Brustton der Überzeugung. »Im Leben ist es der Zufall, der die Karten mischt.«

»Zufall soll es sein, wenn wir die bevorstehende Seefahrt überstehen«, sagte ein Maat von der Marine.

»Wieso? Was meinst du mit Seefahrt?« fragte der Feldwebel interessiert.

»Das ganze Lazarett wird mit der ›Prinz von Steuben‹ evakuiert, ich weiß es aus sicherer Quelle. Wenn uns die Engländer oder Amerikaner nicht auf den Grund der Ostsee schicken, ist das reiner Zufall!« sagte der Maat.

»Aber wir fahren doch mit dem Roten Kreuz, oder?« versuchte der Feldwebel die mögliche Gefahr zu verringern.

»Gewiß, aber mit diesem Trick haben wir schon so manches kampffähige Bataillon über den Teich geschifft. Schätze, die Alliierten lassen sich darauf nicht mehr ein«, gab der Seemann zu bedenken.

* * *

Zwei Wochen später wurden wir auf die ›Prinz von Steuben‹ verladen, auf deren Deck zwei große rote Kreuze gemalt waren. Wer und was alles mitfuhr, war nicht festzustellen. Wir fuhren nur nachts, am Tage standen wir, es hieß, die Flugzeuge könnten ein stehendes Schiff nicht so leicht ausmachen.

Nach drei Tagen und Nächten gingen wir in Swinemünde unbeschadet an Land. Wir hatten Glück, wie ich später erfuhr, wurde die ›Gustlow‹ auf gleicher Fahrt von den Russen torpediert, nur wenige kamen mit dem Leben davon.

An Land wurden wir in alle Himmelsrichtungen hin aufgeteilt. Ich kam mit dem Seemann in einem Lazarettzug nach Höxter an der Weser.

Der »Totale Krieg«

Die Krankenzimmer meiner Lazarettaufenhalte wurden immer größer. Jetzt war es ein großer Klassenraum einer alten Schule, in dem dreißig Betten standen. Für die Betreuung waren zwei katholische Ordensschwestern und eine Rote-Kreuz-Schwester zuständig – letztere, wie ich erfuhr, für die Behandlung der unteren Leibeshälfte, die den keuschen Augen der Nonnen verborgen bleiben sollten. Dazu ein Arzt, ein Sanitätsfeldwebel und ein Sanitäter, von dem die Alteingesessenen behaupteten, er sei homosexuell. Ich nahm das nur beiläufig zur Kenntnis, ohne bei der merkwürdigen Nachricht gedanklich lange zu verweilen.

Es begab sich jedoch, daß sich wenige Tage nach meiner Ankunft, durch langes Liegen und den Strapazen der Evakuierung, auf meinem Hinterteil ein Furunkel gebildet hatte, der mir das Leben schwermachte. Das war kein Fall für den vielbeschäftigten Arzt, und ich ging mit meinem Übel zum Sani, der schon bei der Nachricht glänzende Augen bekam.

Dann schritten wir zur Behandlung in irgendein Nebenzimmer und der Sani begann, sich meines Furunkels anzunehmen. Er kniete vor meinem Übel, betastete es von allen Seiten mit einer unverkennbaren Inbrunst und Zärtlichkeit, wie sie mir an dieser, von meiner Mama so abgehärteten Stelle noch nie zuteil geworden war. Es dauerte eine Ewigkeit und von irgendeiner Salbe war nichts zu spüren. Als ich ihn zur Eile mahnte und er zu stöhnen begann, nahm ich schnell meine Hose hoch und brachte mein Geschwür in Sicherheit.

Ich empfand Mitleid mit dem Sanitäter. Er lebte in beständiger Angst, denn Hitler ließ auch die Homosexuellen ins KZ sperren. In Stutthof war eine große Anzahl von ihnen. Man ließ sie schwere Arbeit verrichten, in der irrigen Auffassung, ihre Neigungen durch Entkräftung zu unterbinden. Sie fanden trotzdem zueinander, und ihre Gefühle in einer Partnerschaft schienen enorm intensiv zu sein. Beobachter erzählten, daß Homosexuelle den Verlust des Partners oft nur um wenige Tage überlebten.

* * *

Nach drei Monaten wurde ich auf das Schloß Hiddesen im Teutoburger Wald zur Kur geschickt. Gleich am ersten Tag ging ich zum Hermannsdenkmal, etwa zehn Minuten entfernt. Hier hatte der Cheruskerfürst die Schlacht gewonnen. »Die kriegerischen Germanen! Hermanns Nachfahren haben nicht die gleiche glückliche Hand, mit der er das große Schwert nach oben hält. Das Ende steht vor der Tür und es stellt sich die Frage, ob es überhaupt Sinn hat, in stundenlangen Spaziergängen Waldluft in meine angegriffenen Lungen zu pumpen«.

Der Winter kam und wir, das heißt dreißig Patienten, das Personal und ein uralter Oberstarzt, der sich kaum noch auf den Beinen halten konnte, feierten

Weihnachten und dann Silvester im trauten Kreise.
Dann begann der Aufbruch.

Goebbels hatte den totalen Krieg erklärt, und jeder,
der ein Gewehr tragen konnte, wurde k. v. Ich bekam
einen Marschbefehl nach Stutthof und begab mich,
vor Kälte schlotternd, auf die Reise.

Das Jahr 1945 hatte mit grausamer Kälte begonnen, so als wollte es dem totalen Krieg Einhalt gebieten. Aber die Deutschen wollten ihn, den totalen
Krieg. Zumindest hatten Tausende Goebbels Anfra-
ge beim Parteitag in Nürnberg mit einem freneti-
schen »Ja!« beantwortet. Tausende waren wohl nicht
das ganze Volk, aber das spielte jetzt keine Rolle,
der bittere Kelch mußte bis auf den Grund geleert
werden.

* * *

In Steegen stieg ich als einziger aus. Der eisige Wind
trieb mir den Schnee ins Gesicht. Wenn er nachließ,
hörte ich ein Rollen in weiter Ferne. Es klang unheimlich. Ich stapfte im hohen Schnee die Landstraße entlang, kam nur langsam voran, mußte aber vorwärts,
mußte dorthin, wohin mich der Marschbefehl kommandierte.

Auf der Schreibstube der vierten Kompanie war
kein Mensch. So ging ich zur Unterkunft des Schrei-
bers. Ich trat ein und traf ihn beim Packen an. Er
sah erstaunt von seinem großen Koffer zu mir auf,
traute seinen Augen nicht und rief verwundert aus:

»Mensch, wo kommst du denn her? Was willst du hier?«

»Du hast Humor, ich bin k. v., vorausgesetzt, der Arzt bestätigt es.«

»Morgen evakuieren wir. Hast du nicht die Artillerie gehört?«

»Ja«, sagte ich, indem ich mich erinnerte, das Rollen aus der Ferne mußte Artillerie gewesen sein.

»Und wohin?«

»Keine Ahnung. Richtung Westen, weg von der Front.«

»Ich muß etwas Warmes in den Magen bekommen, bin ganz durchgefroren. Ich gehe in die Kantine.«

»Schläfst du hier?«

»Ich weiß, wie sehr du schnarchst, aber eine Nacht werde ich es mit dir aushalten.«

Er lachte gedämpft. Sein Lachen, das sonst immer aus vollem Halse gekommen war und bei dem sein Bäuchlein, das er sich ohne Bewegung in der Schreibstube angesessen hatte, geschüttelt wurde, war weggeschmolzen. Kein Wunder, es gab nichts mehr zu lachen. Die Ablösung war im Anmarsch, die Flucht, das Rennen um das nackte Leben hatte begonnen.

Zur Kantine nahm ich den üblichen Weg über den Kahlschlag. Jetzt war alles zugeschneit. Auf der linken Seite des weiten Geländes fiel mir ein neuentstandener Ziegelbau auf, von einer hohen Mauer umgeben. Ich rätselte, was es mit diesem Backsteinbau auf sich haben mochte, als mir ein hochgeschossener Oberscharführer entgegenkam. Noch ehe ich zum militärischen Gruß ansetzen konnte, rief er höchst verwundert »Pikkolo!« aus. Das war der Name, den sie mir als dem Jüngsten seinerzeit gegeben hatten. Wie früher duzte er mich und wollte wissen, warum ich hier sei. Ich sagte ihm dasselbe wie dem Schreiber. Dann zeigte ich auf das Ziegelgebäude und fragte nach dem Zweck dieser Neuerstehung. Sein Gesicht verdüsterte sich. Mit Unbehagen sagte er: »Man hat mich dorthin kommandiert, aber vorher durch Eid zur absoluten Schweigsamkeit verpflichtet. Ich kann es dir wirklich nicht sagen!« Dann, als ob ihm im Mund ein Bittergeschmack aufgekommen sei, spie er in den Schnee und ging.

Ich setzte meinen Weg nachdenklich fort. In der Kantine bekam ich eine warme Suppe mit viel Fleisch. Man hatte sie verschwenderisch gekocht, um überschüssige Reserven zu verbrauchen. Es war Weltuntergangsstimmung. Die Anwesenden hatten ihre Marketenderwaren geholt und versoffen den Schnaps – im Gegensatz zu alten Bräuchen ohne viel Lärm. Selbst Böhm saß sentimental am Tisch, ohne seine übliche Kraftmeierei.

Mittlerweile war es dunkel geworden. Ich holte meine Marketenderware und wollte denselben Weg zurückgehen, den ich gekommen war. Als ich aus der Kantine trat, schockierten mich riesige Feuer außerhalb des Häftlingslagers. Sie waren mir bereits aufgefallen, als ich zur Kantine ging, aber jetzt waren sie viel größer und unheimlich. Stichflammen stiegen zum Himmel empor.

Ich ging zu den Feuern und traute meinen Augen nicht. Um riesige Berge von Leichen, die in Brand gesteckt waren, standen betrunkene SS-Angehörige und kommandierten männliche Häftlinge mit lallenden Stimmen.

Neue Leichen wurden auf einem großen Wagen, von Häftlingen gezogen, herangebracht und ein neuer Scheiterhaufen wurde errichtet. Auf Eisenschienen wurden lange Holzscheite quergelegt, dazwischen kam Holzwolle und alles wurde mit Benzin übergossen. Dann wurden Leichen draufgestapelt, an die drei Meter hoch. Ein Oberscharführer torkelte zum Scheiterhaufen und legte Feuer. Eine Stichflamme züngelte hoch und die Leichen begannen zu brennen, verbreiteten zusätzlichen Krematoriumsgeruch, nach dem es im weiten Umkreis stank. Einige bewegten sich in der Hitze, Urin spritzte aus ihnen in hohem Bogen – ein Inferno.

Ich wandte mich von dieser Stätte des Grauens ab und nahm den Weg querfeldein, um abzukürzen. Hier kam ich an einem Häftlingslager vorbei, dessen Existenz mich verblüffte. Es lag außerhalb des Hauptlagers, war nur mit einfachem Stacheldraht umgeben, das heißt ohne Strom und unbewacht, jedenfalls an jenem Abend. In den zwei hintereinander stehenden Baracken, war Licht und ich konnte drinnen kahlgeschorene, in Lumpen gehüllte Frauen sehen.

»Warum fliehen sie nicht?« fragte ich mich. Aber im gleichen Augenblick begriff ich, wie dumm diese mir selbst gestellte Frage war, sah ich doch, was sie auf dem Leibe hatten, und es waren an die zwanzig Grad Kälte.

Aus den Baracken gingen beständig Frauen nach draußen auf die Toilette, dann wieder zurück. Eine entdeckte mich und kam an den Zaun. Als sie näher kam und der Mondschein in ihr Gesicht fiel, sah ich, daß sie noch sehr jung war. Sie sprach sehr gut deutsch und wollte wissen, was es mit den großen Feuern auf sich habe. Ich log und sagte, man verbrenne alte Möbel voller Ungeziefer und es sei kein Grund zur Beunruhigung. Aber sie sah mit ihren großen, mandelförmigen Augen ungläubig zu den Feuern hinüber und vergrub sie dann forschend in die meinen. Ich schauspielerte so gut ich konnte, setzte ein mattes Lächeln auf und vertraute auf die Dunkelheit, in der sie mein Gesicht nicht klar sehen, und darin die Lüge erkennen konnte. Es war mir erbärmlich zumute.

Während wir uns unterhielten, schleppten zwei Frauen eine dritte an Händen und Füßen in die Nähe des Zaunes, wo ich stand, und legten sie neben einen großen Berg, der mit Schnee bedeckt war und deshalb meiner Aufmerksamkeit entgangen war. Jetzt erkannte ich, daß es sich um einen Berg von Leichen handelte, den der Winter mit einem weißen Leichentuch bedeckt hatte. Die eben Gebrachte, die nackt war, gab bei der Berührung mit dem Schnee einige Zuckungen von sich, dann blieb sie still liegen.

Schon brachten sie eine weitere Tote, dann eine dritte, schichtete sie übereinander und bauten an dem Leichenberg weiter.

Die Feuer, die ihren Lichtschein herüberwarfen, hielten die junge Frau im Bann. Im Mondlicht konnte ich Sorgenfalten auf ihrer Stirne entdecken. So sagte ich ihr, daß das Lager morgen geräumt werde und sie alle, vielleicht sogar schon am Abend, befreit sein würden. Das Rollen, das immer näher komme, sei Artilleriefeuer der Roten Armee. Sie glaubte mir, und ihre Augen begannen zu glänzen. Dann ging sie und ich entfernte mich auch. An der Tür der Baracke winkte sie und ich winkte zurück. Ich hatte ihr Hoffnung gegeben, ich selbst hatte keine.

* * *

Die großen Feuer brannten die ganze Nacht. Sie brannten auch noch am nächsten Morgen, und viele kleine kamen, neben der Kommandantur dazu, wo Akten und andere Unterlagen hastig verbrannt wurden. Eine unglaubliche Nervosität war ausgebrochen. Ein chaotischer Exodus. Schreie, Befehle der Offiziere – Panik.

Im Revier drückte der Arzt sein Stethoskop hastig an meine Brust und sagte, es sei noch nicht alles ganz in Ordnung. Er gab Weisungen, mir einen Marschbefehl nach Sachsenhausen auszuschreiben. Dort solle ich mich im Revier des Konzentrationslagers melden. Irgendein Fahrzeug würde mich zu einem

Außenlager hinter Danzig mitnehmen, von dort müsse ich sehen, wie ich weiterkäme.

Ich erhielt Marschverpflegung. Als ich zurückkam, war der Marschbefehl ausgeschrieben, dazu ein Begleitschreiben für den Arzt in Sachsenhausen.

Dann wartete ich auf ein Fahrzeug. Die ersten Häftlingskolonnen hatten das Lager verlassen, andere folgten. Von Posten flankiert, marschierten sie in die Kälte hinaus, wühlten sich durch hohen Schnee, der sich in der Nacht vermehrt hatte, in Richtung Westen – keiner, wie es aussah, durfte zurückbleiben. Nicht einmal alte, ausgemergelte Männer, die bestenfalls zehn Kilometer hinter sich bringen konnten. Wahnsinn!

Gegen Mittag bekam ich ein Fahrzeug, einen Lkw. Ich saß frierend im Führerhaus, in eine Decke gehüllt. Die Schneeketten griffen im Neuschnee und wir fuhren an endlosen Häftlingskolonnen vorbei. Je weiter wir uns von Stutthof entfernten, desto größer zeigte sich die Erschöpfung der Häftlinge, die mit ihren Holzschuhen keinen Halt im hohen Schnee bekamen, strauchelten, hinfielen und sich kraftlos hochrissen.

* * *

In einem Nebenlager von Stutthof, dessen Existenz mir bis dahin gänzlich unbekannt war, bekam ich eine üppige warme Mahlzeit, mit faustgroßen Fleischstücken von einem Schwein, das am Morgen geschlachtet worden war. Dann verkroch ich mich in eine Ecke und hüllte mich fröstelnd in meine Decke. Die lange Fahrt nach Stutthof in ungeheizten Zügen, an denen die Aufschrift »Räder müssen rollen für den Sieg« verblichen war und die keiner mehr auffrischte, hatte meine Rippenfellentzündung negativ beeinflußt.

Es wurde Abend. Häftlinge deckten den langen Tisch in dem großen Eßraum. Lagerführung und Mannschaft setzen sich an den Tisch und gingen daran, das Schwein aufzuessen. Ich durfte an dieser Henkersmahlzeit teilhaben. Schnaps gab es in Mengen, brachte aber nicht die Stimmung, wie es bei solchen Gelagen früher der Fall war. Gesättigt und besoffen, stand der Lagerführer auf und hielt eine Rede. Sie war nicht zündend, wie sie diese Art Redner ehemals von sich gaben, als von Sieg zu Sieg geeilt wurde. Er sprach von einem untergehenden Schiff, das unaufhaltsam sinkt und die Mannschaft mit auf den Grund reißt. Dann holte er seine wuchtige 08 aus dem Futteral, hielt sie an die rechte Schläfe und drückte ab. Er fiel vornüber auf den Tisch, auf die Reste des Schweins. Das Blut, das aus seiner Schläfe rann, ergoß sich auf das Hausgeschlachtete. Das nahmen ihm seine Gefolgsleute übel und warfen ihn kurzerhand zur Tür in den Schnee hinaus.

* * *

Am nächsten Morgen stapfte ich kilometerweit durch den Schnee. Gelegentlich nahm mich ein Fahrzeug ein Stück mit.

Gegen Abend kam ich erschöpft am Bahnhof irgendeines Dorfes an. Der Bahnhof lag abseits, und ich hatte nicht mehr die Kraft, zu den Häusern zu gehen. So bat ich den Stationsvorsteher um ein Nachtquartier. Er blieb zunächst stumm und versteinert, sah von dem Totenkopf auf meiner Mütze zu dem auf meinem rechten Kragenspiegel und durch mich hindurch. Dann fragte er nach meinem Alter und als ich geantwortet hatte, machte er mit seinem Kopf und gleichzeitig mit der rechten Hand eine Bewegung zur Haustür hin. Er kam mit, rief nach seiner Frau und informierte sie.

Sie war eine sehr gutaussehende Frau um die vierzig, bemerkte meine Erschöpfung und nickte zustimmend. Dann öffnete sie mir die Türe zu einem Zimmer und forderte mich auf einzutreten. Ich stellte rasch Tornister und Karabiner in eine Ecke des Korridors, legte das Seitengewehr dazu und betrat ein behaglich geheiztes Zimmer. Sie stellte mir ihre Kinder vor, ihren Sohn, etwa in meinem Alter und ihre Tochter, etwas jünger. Beide schienen sich über mein Erscheinen als Abwechslung zu freuen, in einer verlassenen Gegend, wo, wie sie mir sagten, in letzter Zeit die Langeweile Einzug gehalten hatte.

Beide verwickelten mich in ein anregendes Gespräch, das mir die Müdigkeit verscheuchte. Der junge Mann hatte das Abitur hinter sich gebracht, war körperbehindert und wurde deshalb nicht eingezogen. Seine Schwester, von gleicher Anmut wie die Mutter, stand kurz vor dem Abitur, als alle tauglichen Lehrkräfte für den ›Endsieg‹ verpflichtet wurden und der Unterricht nicht mehr fortgesetzt werden konnte.

Es gab Abendbrot. Gut und reichlich. Zum Schluß eine Flasche Rotwein, der in fünf Gläsern aufgeteilt wurde. Ein Gespräch kam in Gang, das seinen spezifischen Charakter hatte. Wahrlich, es gab viel zu diskutieren. Das Kriegsende war nahe, die Verwüstung allgemein bekannt. Was sollte werden? Was würde sein?

»Ich nehme an, Sie bereiten die Evakuierung Ihrer Familie vor«, wandte ich mich an den Stationsvorsteher, nachdem ich über die Hälfte meines Glases geleert hatte.

»Nein, wir halten aus!« gab dieser mit einem Ton der absoluten Entschlossenheit zurück.

Ich traute meinen Ohren nicht. Einer der Unbelehrbaren, der an den Endsieg glaubte? Warum hatte er als solcher aber dann mich, den totenkopfbetreßten, so geringschätzig betrachtet und war erst nach und nach, und das auch distanziert, wohlwollender geworden? Galt doch die SS als die Getreuen des Führers und das Grauen des Volkes. »*Meine Ehre heißt Treue*« stand auf dem Koppelschloß.

Der Sohn, der sein Glas schon geleert hatte, begann Theodor Fontane zu zitieren: »John Maynard war unser Steuermann, aus hielt er, bis er das Ufer gewann …« Die Faust des Vaters fiel krachend auf die Tischplatte, und seine Augen funkelten den Sohn zornig an, der sogleich innehielt.

Allgemeine Beklommenheit. Ich war an einem Punkt völliger Verständnislosigkeit angekommen, ein Zustand, der mein Interesse unwahrscheinlich stark wachrief. »Wer, oder genauer, was ist denn dieser Stationsvorsteher?« fragte ich mich.

»Ich habe den Krieg nicht gewollt und immer verabscheut«, begann er, nachdem er sein Glas geleert hatte. »Meine Freunde sagten, daß mit Hitlers Machtergreifung der Krieg kommen werde und er kam. Für ihre Vorhersage wurden sie verhaftet.«

Ich begriff. Er war Kommunist und irgendwie hatte er es zuwege gebracht, der Verhaftung zu entgehen.

»Ich verstehe Sie jetzt. Verstehe auch, daß Ihnen der Totenkopf auf meiner Uniform sehr mißfallen hat. Ich komme aus dem KZ Stutthof, wo viele Ihrer Gesinnungsgenossen inhaftiert waren. Das Lager wurde geräumt, die SS bringt sie irgendwohin.«

»Und warum sind Sie nicht dabei?«

»Ich bin krank, bekam einen Marschbefehl nach Sachsenhausen und fuhr in einem Lkw an den endlosen Kolonnen vorbei.«

»Warum hat man Sie nicht im Lager gelassen?« fragte die Tochter, sichtlich ergriffen.

»Keine Ahnung. Diese Frage habe ich mir selbst gestellt und finde keine Antwort. – Sie müssen Ihre Familie und sich selbst in Sicherheit bringen, ich beschwöre Sie! Hier können Sie nicht auf Gnade hoffen!« drang ich in den Stationsvorsteher.

»Was meinen Sie damit?«

»Nun, ich meine, die heranrückenden sowjetischen Soldaten werden Ihnen Ihre Gesinnung nicht glauben. Sollten Sie eine Mitgliedsbescheinigung der KP haben, können sie sie nicht lesen. Und mit der Dynamik, dem Siegesrausch, in dem sie, wie man hört, vorwärts stürmen, werden sie sich nicht die Zeit nehmen, sich mit einem Bahnbeamten, der die Räder für den Sieg rollen lassen mußte, auseinanderzusetzen. Bedenken Sie, Ihre Gesinnungsgenossen in den Konzentrationslagern tragen Häftlingskleidung und haben eine Nummer eintätowiert. Sie hingegen tragen die Uniform eines Bahnbeamten.«

Der Stationsvorsteher wurde nachdenklich.

Am folgenden Morgen kam er mit der Nachricht, daß ich in einem Güterzug bis Kolberg mitfahren könne. Ich verabschiedete mich von seinen Angehörigen, die mir viel Glück wünschten. Ich dankte und sagte, daß ich es sehr brauchen werde. Mein Wohltäter ging mit mir zu dem eingefahrenen Güterzug, sprach mit dem Lokführer, der einverstanden war, mich mitzunehmen. Ich bedankte mich bei meinem Gastgeber und reichte ihm die Hand. Er drückte sie fest und sagte: »Ich habe Ihnen zu danken, Sie haben mich überzeugt.«

* * *

Auf Umwegen und in Zügen, vollgestopft mit Flüchtenden aus dem Osten des Reiches, erreichte ich Oranienburg. Ich fragte nach dem KZ Sachsenhausen, und man wies mir den Weg.

Bald war das KZ von weitem zu sehen. Von einer hohen Mauer umgeben, schien es riesige Ausmaße zu haben. Ein Turm überragte die Gebäude.

Der Arzt untersuchte mich und steckte mich gleich in ein Bett, das ich erst nach vier Wochen verlassen durfte.

Nach weiteren vier Wochen hatte ich den ersten Ausgang. Es war ein warmer, sonniger Sonntag. Nach dem Mittagessen begab ich mich auf meine erste Erkundung der Gegend. Ich hatte mich erst einige Meter von der KZ-Mauer entfernt, als Sirenen aufheulten und Fliegeralarm verkündeten.

Bald waren die ersten Feindflugzeuge da, die Oranienburg mit schwebenden Raketen, den sogenannten ›Christbäumen‹, in Planquadrate absteckten. Dann kamen die schweren Bomber und warfen ihre vernichtende Last in die Markierungen.

Die Welt schien unterzugehen. Ich saß am Boden, der sich unter mir bewegte. Ich kroch zur KZ-Mauer, aus der logischen Erwägung, daß die Flugzeuge das KZ nicht bombardieren würden. Ich hatte Recht, lediglich eine Bombe hatte sich verirrt, riß die Mauer an einer Stelle auf und beschädigte eine Baracke. Der Untergang der Stadt dauerte fast zwei Stunden und war unaufhaltsam.

Als der Angriff vorüber war, ging ich nach Oranienburg und stellte fest, daß es diese Stadt nicht mehr gab. Der Anblick war erschütternd. Stattliche Patrizierhäuser, von oben bis unten gespalten, sahen wie große Puppenstuben aus, von denen jedes Zimmer seine eigene Tapete hatte. Die meisten Häuser waren nur noch Ruinen, umgeben von Bombentrichtern, in die man ein Einfamilienhaus hätte hinein stellen können.

Alles brannte. Das Feuer wurde größer und größer. Es entzog der Luft den Sauerstoff, was einen Sog bewirkte, der die Feuer anblies. Menschen, die überlebt hatten, weinten, die, welche tote Angehörige vorfanden, schrien vor Verzweiflung. Chaos. In den Luftschutzkellern waren Gas- oder Wasserleitungen zerrissen worden, die Menschen, die dort Schutz gesucht hatten, waren erstickt oder ertrunken.

Dort, wo bei meiner Ankunft die Auwerwerke standen, ragten jetzt nur noch Schornsteine in die Luft. Alles war dem Erdboden gleich. In den Trümmern bewegten sich Menschen, weinten, suchten und schrien auf.

Eine Gruppe Frauen in KZ-Häftlingskleidung kam mir entgegen, sie fielen mir vor Freude fast um den Hals. Sie sagten, sie seien Zeuginnen Jehovas, und Jehova habe sie alle beschützt, alle hätten sie überlebt. Sie hielten mich für einen Wachmann aus Sachsenhausen und wollten wissen, was nun mit ihnen geschehen solle. Ich wußte es nicht. Sie stimmten ein frommes Lied an und gingen nach Sachsenhausen zurück.

* * *

Am nächsten Morgen wurde ich aus dem Krankenrevier entlassen und der 8. Kompanie zugeteilt. Dort drückte man mir in der Schreibstube einen Briefumschlag in die Hand, versiegelt und mit dem Aufdruck »*Geheime Kommandosache*«, und schickte mich damit in das Häftlingslager.

Ich ging durch das Tor, über dem ein Wachturm stand und hörte lautes Weinen und flehende Stimmen in polnischer Sprache. Dann sah ich einen langen Galgen in der Form einer Teppichklopfvorrichtung, nur höher, mit herunterhängenden Stricken, die am unteren Ende zu Schlingen geknüpft waren. Davor standen acht Frauen. Sie flehten die zwei vor ihnen einherstolzierenden Oberscharführer um Gnade an. Aus deren Gebrüll konnte ich entnehmen, daß die Frauen Brot aufgehoben hatten, das bei dem Bombenangriff aus der zerbombten Verpflegungsbaracke ins Lager geschleudert worden war. Dafür sollten sie hängen.

Ein Offizier kam. Es war kein Zweifel, daß er das letzte Wort über Leben oder Tod der Frauen zu sprechen hatte. Eine alte Frau mit Kopftuch fiel auf die Knie, faltete die Hände und bat um ihr Leben. Der Offizier spie auf den Boden und trat ihr mit dem Stiefel so heftig ins Gesicht, daß es sie nach hinten umwarf. Sie blutete und blieb liegen. Ich ging schnell weiter, konnte das Mark und Bein durchdringende Flehen der anderen Frauen, in dem sich die Todesangst so entsetzlich qualvoll artikulierte, nicht mehr hören.

Als ich zurückkam, hingen die Frauen am Galgen. Am äußersten Ende die Frau mit dem Kopftuch, ein blutiges Rinnsal lief von ihrem Mund den Körper hinunter.

* * *

Am folgenden Tag wurde ich zum Wacheinsatz kommandiert. Kolonne auf Kolonne wälzte sich aus dem Häftlingslager und wurde von der SS zu Aufräumungsarbeiten nach Oranienburg eskortiert. Ich ging neben Französinnen, die von mir keine Notiz nahmen, was ich sehr gut verstand. Für sie war der Krieg und damit die Gefangenschaft vorbei, und sie schmiedeten Pläne in einem schönen Frankreich, nach der Terrorherrschaft der »boches allemands«. Wir hatten im Gymnasium eine strenge Französischlehrerin, und so kam es, daß ich viel von ihren Träumereien verstand. Aber dann dachte ich an die Evakuierung des Lagers Stutthof und hatte das Gefühl, daß eine zu frühe Freude unter ihnen aufgekommen war.

Als ich am Abend, von der Sonne gebräunt, das obere Bett des Doppelbetts erklommen hatte, betrachtete ich meine jüngste Entwicklung, die ich genommen hatte. Ich war KZ-Wachmann geworden und war es doch nicht, denn es war einfach niemand und nichts mehr zu bewachen. Es war fünf vor zwölf. Bald würde der Glockenschlag ertönen, eine schreckliche Zeit zu Ende bringen und eine neue – vielleicht eine Zeit der Abrechnung – einläuten. Die Rote Armee näherte sich Berlin, im Westen waren weite Teile des ehemaligen Reiches von Amerikanern, Engländern und Franzosen besetzt.

Auch in Sachsenhausen herrschte Endzeitstimmung. Die Kommandoführer verkrochen sich irgendwo in einem stehengebliebenen Raum, spielten Karten, kontrollierten die Posten nicht mehr. Man sah in der Kontrolle des Unterganges keinen Sinn.

Die Angst unter den Häftlingen hatte auch hier weitgehend aufgehört. Das zeigte sich am folgenden Tag, als ich auf einer Anhöhe Postenkette stand. Zu meinen Füßen standen mehrere kleinere Baracken, jede mit einem Vorgarten. Hier, sagte man, sei ausländische Prominenz untergebracht, unter ihr der Österreicher Schuschnigg.

Um zwölf Uhr wurde ich abgelöst und ging neben dem elektrisch geladenen Stacheldraht des Häftlingslagers auf einem gesicherten Fußweg zur Kantine.

Die Stubengefährten kamen vom Ausgang zurück. »Mist, die Bienen sind alle ausgeflogen, irgendwohin auf das Land evakuiert«, sagte ein Rottenführer. »Stimmt, Oranienburg ist eine tote Stadt«, wurde ihm beigepflichtet.

Ein kleiner Ukrainer, welcher der zu den Deutschen übergelaufenen Wlassow-Armee gehört hatte, begann wieder um sein Leben zu bangen. Die voranstürmende Rote Armee versetzte ihn mehr und mehr in Angst. »Die Rache ist mein, sprach Stalin«, ärgerte ihn der

Rottenführer. Der Ukrainer verbarg sein Gesicht im Kopfkissen und begann zu schluchzen.

In der Unterkunft sprach man von Himmelfahrtskommandos, bei denen einige Posten ihr Leben eingebüßt hatten. Ich fragte nach und man sagte mir, daß es sich um das Ausgraben und Entschärfen von Bomben handelte, die nicht detoniert waren.

* * *

An jenem Morgen, der mir unvergeßlich blieb, nahm mich der Unterführer, der die Posten einteilte, zur Seite und hieß mich warten. Die Häftlingskolonnen rückten heran, ergossen sich wie ein Strom aus dem Lager. Erst Männer, dann Frauen, es nahm kein Ende. Auf den Gesichtern lag die Zuversicht, im Gang der Schwung, mit dem man der Zukunft in Freiheit entgegenschreitet.

Es schien, daß alle arbeitsfähigen Häftlinge aus dem Lager gekommen waren und ich sah fragend zu dem zuteilenden Unterführer. Doch da kam auch schon eine Gruppe von sieben kräftigen Männern mit Spaten, Schaufeln und einer langen, dünnen Eisenstange an. Der Oberscharführer grinste und wünschte mir Glück.

»Werde ich wohl brauchen«, murmelte ich, nahm den Karabiner in Anschlag und folgte der Gruppe in einem gemessenen Abstand. Als sie von der Straße in einen Feldweg einbogen, wurde der Abstand immer größer.

Der Häftling links außen, ein blonder Hüne, der die anderen um einen halben Kopf überragte, schien der Anführer der Truppe zu sein. Er blieb stehen, und alle blieben stehen. Nach hinten gewandt rief er: »Posten, gehen wir zu schnell, oder haben Sie Angst?«

»Ich habe nur fünf Patronen im Magazin und ihr seid sieben. Außerdem muß ich vor jedem Schuß repetieren«, gab ich zurück.

Der Blonde lachte, dann fragte er: »Halten Sie uns für so idiotisch, daß wir fünf vor zwölf einen Posten erschlagen? Wir sind Kommunisten, wir fliehen nicht!«

Das klang logisch. Ich hängte mir den Karabiner über die Schulter, ging zu ihm und wir marschierten weiter.

Der Blonde war Sprengmeister, deutscher Kommunist. Die anderen waren Polen, sprachen jedoch recht gut deutsch. Eine angeregte Diskussion, an der alle teilnahmen, kam in Gang. Was wird nach zwölf? Der Sprengmeister war voller Ideen. Seine Arbeit galt der Zukunft, er ging sie, wie ich heraushörte, mit Eifer an.

Wir kamen an die Stelle, wo »sein oder nicht sein« zur quälenden Frage wurde. Sechs entschärfte Bomben, wie sie sagten, die Arbeit vom Vortage, lagen in der Nähe.

Der Sprengmeister suchte das Gelände ab. »Hier!« sagte er. »Der Posten macht sich hinter den Hügel dort drüben, klar?«

»Nee, ich muß bei euch bleiben. Wenn Kontrolle kommt, reißen sie mir den Arsch auf.«

Der Sprengmeister wurde wütend, seine Augen flammten auf. »Aber nicht so tief wie eine Bombe, wenn sie hochgeht! Wenn ich dran glauben muß, geschieht es im Auftrag, dem ich nicht ausweichen kann, auch nicht will. Bevor auf deutschem Boden der Sozialismus entstehen kann, müssen diese Klamotten, wie sie dort liegen, verschwinden!«

»Kommt Kontrolle, werfen wir mit Erde«, beruhigte mich ein Pole.

Hinter dem Hügel grübelte ich vor mich hin. »Was ist das mit dem Sprengmeister? Anstatt mir als SS-Angehörigem die Pest an den Hals zu wünschen, will er mich am Leben erhalten. Merkwürdig!« Da erinnerte ich mich an die ersten Tage in Stutthof. Meine Haare waren zu lang gewachsen, und ich ging in die Friseurstube, wo zwei polnische Häftlinge arbeiteten. Ich war der einzige Kunde. Mein Akzent verriet ihnen, daß ich nicht aus Deutschland kam und als sie hörten, daß meine Wiege in der Slowakei gestanden hatte, war ich bald in ein Gespräch verwickelt gewesen, das mir für Häftlinge gefährlich schien und mich entsprechend verblüffte. Sie hatten über die militärische Lage im Osten genaue Informationen und ließen mich die Wahrheit wissen, mit der unsere Nachrichtensendungen zurückhielten. Dann kam ein Unterscharführer in die Friseurstube, und das Gespräch verstummte. Es schien, daß viele Häftlinge erfahrene Psychologen waren und Menschen von Unmenschen unterscheiden konnten.

Die Neugier plagte mich, und ich schaute neben dem Hügel zur Arbeitsstelle jener, die ich bewachen sollte. Die Polen lagen in einiger Entfernung von einem großen Loch auf dem Boden. Dann kam ein Ruf aus dem Loch. Die Polen stürzten hin. Freudenschreie, die Gefahr war gebannt. Die entschärfte Bombe wurde herausgehoben und beiseite geschafft. »Posten, Posten, kommen Sie gucken!« riefen sie mir hinüber. Sie freuten sich wie Kinder über ein Geschenk.

Das Himmelfahrtskommando machte eine Pause, dann setzten sie die Arbeit an anderer Stelle fort. Ich saß hinter dem Hügel in der wärmenden Sonne, die unter anderen Umständen einschläfernd gewirkt hätte, es unter diesen besonderen aber nicht tat. Im Gegenteil, ich war bis zu einem gewissen Grade erregt. Der Hügel schützte mich in eine Richtung hin, aber ebenso gut konnte in der Gegenrichtung eine Bombe mit Zeitzünder liegen, deren Zeit ablief.

Während ich mich über diese und jene Möglichkeit der Gefahr gedanklich auseinandersetzte, kam ein Klumpen Erde über den Hügel geflogen. Ich stand sofort auf und sah in der Ferne einen Unterführer auf einem Fahrrad heranradeln.

Als er ankam, meldete ich: »Keine besonderen Vorkommnisse.« Er nickte zufrieden, schien indessen zu begreifen, wie stupide diese abgedroschene Meldeformel in diesem Fall war. Er hatte die ausgegrabenen

Bomben, an denen er vorbeigekommen war, lange und nachdenklich betrachtet, warf in das zweite, frischgegrabene Loch einen Blick, und was er in der Tiefe sah, veranlaßte ihn, sich eiligst auf das Rad zu schwingen.

Bald lag die zweite Bombe neben der ersten, vom gleichen Kaliber, von gleicher gebannter Gefährlichkeit.

Zu Mittag karrten zwei Häftlinge, von einem Posten gefolgt, das Mittagessen heran. Es gab eine wohlverdiente Ruhepause, dann wurde die gefährliche Arbeit fortgesetzt, die eine Herausforderung des war, Schicksals war.

Die dritte Bombe war geborgen und die vierte wurde in Angriff genommen. Ich war hinter dem Hügel ruhiger geworden – der Mensch gewöhnt sich an vieles, sogar an Bomben. Dennoch drückte ich mich bei den Warnrufen auf die Erde und die Erregung kam wieder.

Jetzt erschütterte eine furchtbare Explosion den Boden, Erde regnete auf mich herab und verschüttete mich teilweise. Als ich mich erhob, sah ich einen riesigen Krater. Die Polen waren verschüttet worden, arbeiteten sich heraus, zwei von ihnen bluteten.

Ich schaute in den Krater hinein – er war leer. Alle wußten, was geschehen war, wußten, daß es den Mann, der die Bombe entschärfen wollte, nicht mehr geben konnte. Die Schockwirkung war enorm, die Ratlosigkeit groß, allgemeine Lähmung machte sich breit.

Als sich die Erstarrung gelöst hatte, begann die Suche. In der ausgeworfenen Erde wurde gegraben und es fanden sich Körperteile, kleine und größere, die noch vor kurzem einen leibhaftigen deutschen Kommunisten ausmachten, der sein Leben für den Neubeginn geopfert hatte. Die Polen trugen die Überbleibsel zusammen.

Die Explosion war im Lager gehört worden, und bald kam ein Krad angefahren. Ein Offizier sprang ab, ich meldete das Geschehene. Er warf einen Blick in den Krater, einen zweiten auf die aufgefundenen Überbleibsel eines Menschen und notierte sich die Nummer von der zerschlissenen Häftlingsjacke. Dann sagte er, auf die Körperteile zeigend: »Eingraben! Und dann zurück ins Lager, ohne Sprengmeister ist hier nichts zu machen.«

Das Grab, das ausgehoben wurde, war nicht groß, brauchte nicht groß zu sein – es war wenig, was zu beerdigen war. Die Bombe hatte vieles verbrannt, anderes in kleine Partikel zerstäubt, die die ausgeworfene Erde schon beerdigt hatte. Die wenigen Überreste in der kleinen Grube ließen ihn dennoch vollkommen erscheinen. Ich sah ihn leibhaftig vor mir, als einen Helden der Stunde.

Wir verharrten lange schweigend am Grab. Schweigend gingen wir auch ins Lager zurück, keiner sagte ein Wort.

Der Sprengmeister hatte mir das Leben gerettet. Hätte er mich nicht hinter den Hügel gescheucht, hätte ich neben dem Loch stehen müssen – einen liegenden Posten durfte es nicht geben – und wäre umgekommen.

* * *

Anderntags hatte ich frei, ebenso der kleine Ukrainer. Er saß am Tisch der Unterkunft, verbarg sein Gesicht in den Händen und wimmerte. Die Angst vor der russischen Rache hat sich seiner vollends bemächtigt. Ich suchte ihn zu beruhigen, aber meine Worte waren kraftlos, erinnerte ich mich doch an ein Erlebnis, das ein Feldwebel im Lazarett auf Schloß Zoppot erzählt hatte:

»Wir hatten uns mit dem Iwan verfranst und liefen Gefahr, von ihm überrollt zu werden. Unser Bataillon forderte bei der SS Verstärkung an, die schickte uns zwei Kompanien Ukrainer, die mit General Wlassow zu uns übergelaufen waren.

Bei den Russen war eine Kompanie Frauen, die wir anfangs verächtlich »Flintenweiber« nannten, die uns aber bald Achtung einflößten. Mit vereinten Kräften gelang es, den Feind in die Zange zu nehmen und zu bezwingen.

Es war Abend. Die Männer gingen in die Gefangenschaft, die Frauen aber hielten die Ukrainer zurück, verlangten sie als Geschenk für ihre Hilfe.

Unser Bataillonkommandeur gab nach, wohl wissend, was den Frauen blühte. Ich konnte die ganze Nacht kein Auge zumachen. Obgleich ich mir die Ohren zuhielt, hörte ich die schrecklichen Schreie der zu Tode gequälten Frauen. Am Morgen gab es wenige Überlebende.«

Welchen Trost konnte man da dem Ukrainer spenden? Was konnten die Deutschen insgesamt und speziell die SS von der Roten Armee erwarten?

Ich ging ans Fenster und betete: »Herr, vergib uns Deutschen die Verirrung, schütze die Bevölkerung vor Übergriffen, hab' Erbarmen mit allen.«

Die Panzerspitzen der Roten Armee näherten sich der Reichshauptstadt, die Alliierten kamen von Westen – Großdeutschland war geographisch zu einem schmalen Handtuch geworden, von dem aber jeder Quadratmeter verteidigt werden mußte.

Auch die SS des KZ-Sachsenhausen rüstete sich zur Verteidigung. Vor dem Lager wurden von Häftlingen Schützengräben ausgehoben und als sie fertig waren, bezog sie die verfügbare SS des Konzentrationslagers.

Ich war unter den Verteidigern. An einem Spätnachmittag im April marschierte ich in einem langen Zug, der an die vier Kompanien ausmachte, zum Lager hinaus, an jene Stätte, die, wie ich meinte, bald ein Friedhof sein würde.

Wir besetzten die Gräben und legten die Karabiner auf den Grabenrand. Sie zeigten alle in Richtung Osten und sollten vermutlich die sowjetischen Panzer ein wenig kitzeln, bevor sie unsere Gräben überrollten. Es gab kaum einen, der sich eine Überlebenschance ausrechnete. Jeder wußte, daß die Panzer über den Gräben ein wenig hin- und herdrehen und sie mit den Verteidigern zusammendrücken. Das war alles wohlbekannt, es hatte sich im langen Krieg herumgesprochen. Panzerbrechende Waffen waren nicht zu sehen, was wohl daran lag, daß die KZ-Mannschaft dafür nicht ausgebildet war.

Ich hockte im Graben, hörte schlüpfrige Worte von rechts, ›Thema Nummer eins‹ von links. Dann folgten Erlebnisberichte, die in diesem Zusammenhang standen und ich ärgerte mich, daß sich in meinem Leben solche Höhepunkte nicht vermerken ließen, die, so jedenfalls hörte es sich an, die Triumphe im Leben eines Mannes ausmachten. Ja, ich ärgerte mich, in jenen Augenblicken, die, länger oder kürzer – solange die sowjetischen Panzer eben brauchten –, sich als die letzten meines Lebens ankündigten. Ich ärgerte mich, daß das Sprichwort ›Was ich nicht weiß, macht mich nicht heiß‹ für mich nicht zutraf. Ich fühlte, daß ich in meinem Leben mit seinen Unwägbarkeiten an dem Elementarsten, an dem, was das Leben offensichtlich krönt, vorbeigegangen war und die Panzer, die auf uns zurollten, jede Chance auf Erfüllung zunichte machen würden.

Neben mir kauerte ein Kroate und da ich mich für seine Sprache schon in Stutthof, wo ich auch schon Kroaten getroffen hatte, interessierte und sie dem Slowakischen ähnelt, konnte ich ihn verstehen. Er verstand deutsch, hatte den Erfahrungen zu ›Thema Nummer eins‹ mit Interesse zugehört, nickte verträumt und sagte: »Istina, ljubav to je najsladši stvar.« *(Wahrhaftig, die Liebe ist die süßeste Sache.«)*

Inmitten dieser Überlegungen zum Thema Liebe kam die Nachricht, daß die feindlichen Panzer auf keinen Fall vor zwei Tagen Sachsenhausen erreichen könnten und es jedermann unbenommen sei, sich für die Nacht ein Quartier zu suchen oder in die Lagerunterkunft zurückzugehen. Um sieben Uhr morgens habe sich jeder wieder hier einzufinden.

Die Schützengräben leerten sich. Ich dachte zunächst daran, in das Lager zurückzukehren, empfand aber eine starke Aversion und beschloß, mir ein Nachtquartier zu suchen.

Die Kleinstadt Sachsenhausen war von dem Bombenangriff verschont geblieben. Hier standen noch ganze Häuser – ein wohltuender Anblick. Ich selbst fand mich, nachdem ich ein wenig hin und her gegangen war, vor einem Café, das wohl keines mehr war, denn es war ohne das Leben, das man allgemein in einem Café erwartet. Aber ›allgemein‹ hatte schon seit langem seine Bedeutung verloren. So war es unwichtig, weshalb es im Café ruhig war. Von Belang war für mich ein Nachtlager unter zivilisierten Verhältnissen. Ich glaubte darauf ein Recht zu haben, denn ich war überzeugt, daß es meine letzte Nacht sein würde, die ich zu schlafen hatte.

Ich betrat das Gebäude, klopfte im Korridor an eine Tür, hinter der ich glaubte Stimmen vernommen zu haben, und trat ein, nachdem es mir von drinnen her gestattet worden war. Zwei Frauen im gesetzten Alter, die eine äußerst füllig, die andere auffällig schlank, saßen an einem Tisch und rauchten. Ich trug ihnen mein Anliegen vor und sah in freundliche Gesichter. Sie nickten zustimmend und die Füllige zeigte auf eine Couch in der Ecke und sagte, daß sie mir dort ein gutes Bett bereiten wolle. »Er könnte doch …«, sagte die Schlanke. Statt den Satz zu beenden, machte sie eine Kopfbewegung, die nach oben zeigte. Ein genüßliches Lächeln stand um ihre Mundwinkel.

»Ah, er ist doch zu jung! Gerda ist neunundzwanzig«, erwiderte die Füllige fast vorwurfsvoll, so daß die Schlanke klein beigab und kein Wort mehr sagte. »Ich mache Ihnen ein schönes Bett, Sie werden gut schlafen«, versicherte sie mir.

Es war mir nicht entgangen, daß in diesem Café früher nicht nur Kaffee getrunken wurde. »Danke, sehr freundlich. Schätze, es ist meine letzte Nacht, ich möchte sie genießen«, sagte ich und akzentuierte das letzte Wort besonders stark, ohne verstanden zu werden. Ich dachte an Gerda, die, verdammt und zugenäht auch mal einen Milchbart – denn so sah ich noch aus, obwohl ich zwanzig war – jedenfalls könnte diese Gerda mich gerne entehren.

Meine korpulente Gastgeberin brachte mir ein schönes Abendbrot und bereitete mir mit viel Hingabe auch ein schönes, weiches Bett, versorgte mich mit allem, was mich an jedem anderen Abend entzückt hätte. Aber es war kein Abend wie jeder andere, es war mein letzter und bevor ich krepieren mußte, hatte ich noch einen Wunsch, einen Herzenswunsch – Gerda.

Ich hatte in die Gesichter der Offiziere, die die Verteidigung führten, mit einem inzwischen geschulten Blick geschaut und keinen gefunden, der nicht eine Anzahl Häftlinge auf dem Gewissen hatte. Unter ihnen konnte es keinen geben, der ein weißes Fähnchen zum Graben hinaushalten würde. Nein, das würde ihr Ende nur um ein Gerichtsverfahren verzögert haben – auf sie wartete der Galgen. Solche halten sich die 08 an die Schläfe und drücken ab, wie jener in dem Nebenlager von Stutthof. Aber im letzten Augenblick, bevor der sowjetische Panzer über den Graben fährt, reißen sie alle mit in den Tod.

Vielleicht, wenn ich bei der Dicken um ein reichlich ausgefallenes Abschiedsgeschenk gebettelt hätte, wäre möglicherweise was zu machen gewesen, aber das wollte ich nicht. So blieb es beim Bett ohne Mädchen. Ich mußte an die füllige Prostituierte in der Wydrica in Preßburg denken, und es schien mir, daß in diesem Metier die Unmoral in gewissen Grenzen lag. Als ich mich auf das weiche Unterbett fallen ließ, konnte ich einen Fluch auf die Moral nicht zurückhalten.

* * *

Am folgenden Morgen klopfte jemand an die Tür. Ich sagte verschlafen »Ja« und erinnerte mich, daß ich darum gebeten hatte, um sechs Uhr geweckt zu werden. Die Türe ging auf, und eine dralle weibliche Person mit allen Reizen trat mit einer Waschschüssel voll Wasser, Seife und einem Handtuch ins Zimmer. Ich dachte an Gerda und war sicher, daß sie es war. So, wie sie sich hin- und herdrehte, mit Schwung und Anmut, war sie eine Augenweide, die meinen Gram vom Vorabend, den ich im Schlaf vergessen hatte, wieder wachrief und sogar beträchtlich steigerte. Ich beeilte mich, ihr recht freundlich zu danken.

Sie hauchte »Gern geschehen« zurück, anmutig und mit solch einem Augenaufschlag, daß es mir die Stimme zunächst verschlug. Sie versprach, mir Frühstück zu bringen und ihre attraktive Gestalt verließ das Zimmer.

Die Vorstellung, Gerda im warmen, weichen Bett zu haben, ließ mich den Lebensausgang, an dem ich sicher zu stehen glaubte, ganz und gar vergessen. Ich war bereit, ihr mein ganzes Portemonnaie mit einer Menge angestautem Sold zu schenken. Ich brauchte kein Geld mehr, wollte keines mehr, wollte nur Gerda.

Sie kam mit einem Tablett. »Wollen Sie im Bett bleiben?« fragte sie fast zärtlich, mit einem bezaubernden Lächeln.

»Oh ja. Fein. Sie heißen Gerda, nicht wahr?«

»Ja. Woher wissen Sie das denn?« fragte sie, tat überrascht und fing an zu kokettieren.

»Ihre, ja ich weiß nicht, vielleicht Chefin, nannte gestern abend Ihren Namen.«

»Die dumme Gans! Berta sagte mir heute Morgen, ich hätte beinahe Besuch bekommen. Die Alte ist zu blöd, so einen netten, jungen Mann hätte ich doch nicht fortgejagt«, sagte Gerda, lächelte das süßeste Lächeln und kam nahe an das Bett.

Ich wollte die Hand nach ihr ausstrecken, aber da ertönte von oben ein gebieterisches und langgezogenes »Gerdaaa!«. Sie stürzte zur Tür hinaus.

Ich zog das Frühstück, das auf einem Stuhl stand, an mein Bett. Ich aß mit Appetit und Zuversicht, letzteres überwog. Aber Gerda kam und kam nicht.

Es war halb sieben vorbei und der große Uhrzeiger rückte unerbittlich weiter. »Das kann doch nicht wahr sein!« haderte ich mit meinem Schicksal.

»Gerda!« seufzte ich, als ich feststellte, daß es zehn vor sieben war.

Ich sprang aus dem Bett, zog mich an, ergriff den Karabiner und stürzte zur Zimmertür hinaus. Auf dem Flur rief ich laut: »Danke für alles!«

»Schon gut. Kommen Sie heute abend wieder, wenn Sie wollen!« rief die Stimme der dicken Frau von oben zurück.

Und ob ich wollte, aber die Sowjets würden mich wohl nicht nach meinen Wünschen fragen und ich rannte, was die Beine hergaben.

»Nun wird's aber Zeit!« sagte ein Oberscharführer, als ich in der letzten Sekunde auf das Gelände geschossen kam.

»Melde mich zur Stelle!« keuchte ich.

»Wieder zu lange gefickt, wie?« fragte ein Unterscharführer, der daneben stand und grinste.

»Nein, Unterscharführer!« gab ich zurück.

»Der schwindelt doch, hat jetzt noch ganz rote Ohren« wandte sich der Oberscharführer an den Offizier, der das Kommando hatte.

»Alle herhören!« sagte dieser laut, so laut, daß sich alle zu ihm wendeten. »Die Gräben werden vom Volkssturm übernommen. Wir gehen ins Lager zurück und halten uns für die Evakuierung der Häftlinge zur Verfügung. Jeder meldet sich auf der Schreibstube seiner Kompanie.«

Der Offizier hatte noch nicht zu Ende gesprochen, als schon die ersten Volksstürmer anrückten. Es waren betagte Männer, einige recht rüstig, die meisten jedoch an dem Punkt ihres Lebens angekommen, wo der wohlverdiente Feierabend Einkehr hält. In ihrem Zivil, mit Stahlhelm und Karabiner ausgerüstet, machten sie in dieser ernsten Stunde einen lächerlichen Eindruck.

»Die werden die Russen bestimmt nicht das Fürchten lehren«, rutschte es mir, zu meinem Nachbarn gewendet, heraus. Ich hatte aus vorausgegangenem Anlaß das Bedürfnis, etwas Galle zu verspritzen, war aber gleichzeitig von dem Wahnsinn, der sich hier zur Schau stellte, innerlich stark angerührt.

Der Oberscharführer hatte meine Bemerkung gehört, zog die Augenbrauen gefährlich hoch und wollte mich wegen Defätismus rügen und vielleicht noch mehr, als eine Gruppe alter Männer ankam, die Mühe hatte, den Gleichschritt zu halten, und ihm ein verbissenes Lachen abnötigten. So verwarf er seine Absicht und ich mischte mich schnell unter die neuen Verteidiger. Ich schämte mich auch ein wenig, denn ich wurde mir bewußt, daß sie als das letzte Brennmaterial mißbraucht wurden, das verheizt werden sollte, um der SS eine Lebensverlängerung zu ermöglichen und zugleich hoffend, daß einige Frauen den Ausrückenden weiße Taschentücher mitgegeben hatten, die sie an den Gewehrläufen feststecken konnten. Da aber hörte ich zu meinem großen Erstaunen ernstgemeinte Auffassungen über den Endsieg. Sie sagten, sie hätten sich wacker durch den ersten Weltkrieg geschossen und würden es auch jetzt den Russen geben.

Ich ging ins Lager zurück. Unterwegs führte ich ein Selbstgespräch, zu stark waren die Eindrücke, die ich nicht stillschweigend im Inneren verbergen konnte. Welch ein Phänomen! Männer, die sich ihres Alters wegen als besonnen, das Leben überschauend, einschätzte, sprachen mit dem Brustton der Überzeugung vom Endsieg der Deutschen! Die Hauptstadt, im Würgegriff der Roten Armee, wird bald den Herausgeforderten gehören – wie soll da der Endsieg der Deutschen kommen? Die Geschichte sollte Mühe haben, die psychologische Tiefenwirkung der deutschen Propaganda und die geistige Verwirrung, die sie stiftete, zu erklären.

Der Kompaniechef ließ antreten, sprach in knappen Worten über die Evakuierung des KZs, ohne ein Ziel anzugeben. Das bayrische Großmaul, der wie Reddig das goldene Parteiabzeichen trug und vor kurzem noch feurige Ansprachen hielt, war jetzt kleinlaut. Er befahl jeden einzeln auf die Schreibstube. Eine lange Reihe bildete sich.

Auf dem Schreibtisch des Rechnungsführers lag für jeden ein Vordruck bereit, der im Angesicht des Kompaniechefs unterschrieben werden mußte. Er bestand aus zwei Passagen: In der ersten stand, daß der ›Führer‹ einzig und allein über das Leben jedes Häftlings zu entscheiden habe und Übergriffe der SS nicht erlaubt seien.

Die zweite verpflichtete den Unterzeichnenden, das Gedankengut der SS nach dem Kriege weiterzugeben und zu verbreiten.

Den ersten Absatz unterschrieb ich nicht ohne Verwunderung, aber ich hatte mich, nach dem, was mir alles widerfahren war, aufgehört zu wundern. Der zweite Absatz machte deutlich, daß die SS-Führung nicht mehr an den Endsieg glaubte, lediglich an eine Auferstehung des jetzt untergehenden Reiches.

* * *

Die Häftlinge ergossen sich aus dem Lager. Wie im Januar in Stutthof, mit zwei Unterschieden: Damals war es bitterkalt, und ich war im Lkw an den Kolonnen vorbeigefahren. Jetzt, im ausgehenden April, war es warm, und ich war als Begleitmann einer Kolonne weiblicher Häftlinge, die meisten aus Polen, dabei.

Ich ging zunächst teilnahmslos neben der Kolonne, konnte es aber nicht lange bleiben, als ich ihre Sehnsüchte nach der Heimat vernahm, als sie von der Freude des Wiedersehens sprachen. Ich fühlte mit, auch ich hatte eine Heimat und die gleiche Sehnsucht. Sie merkten es und sangen: »Pan rozumie po polsku.« (»*Der Herr versteht polnisch.*«) So wie sie es sagten, war es keine Frage, sondern eine Feststellung, die nicht nur das Sprachverständnis betraf. Sie fühlten, daß ich sie in jeder Hinsicht verstand. Der Kontakt wurde immer enger, mit jedem Kilometer, je weiter wir nach Norden gingen.

Das lag wohl in erster Linie an unserer Jugend. Die Reihe, neben der ich ging, waren fünf polnische Mädchen in meinem Alter, vielleicht auch jünger. Dazu lieferte die Verwandtschaft des Slowakischen mit Polnisch einen Beitrag. Als ich ihnen sagte, daß meine Oma väterlicherseits eine Slowakin war, war ich einer der ihren.

In den Ruhepausen öffnete ich ihnen mit dem Seitengewehr die Büchsen, die sie vom schwedischen Roten Kreuz bekommen hatten. Die drei Unterführer, die den Abschluß der Kolonne bildeten, warfen mir mißbilligende Blicke zu, sagten aber nichts. Vielleicht auch aus der Überlegung heraus, daß die Büchsen irgendwie geöffnet werden mußten, und die Häftlinge keine scharfen Gegenstände mit sich führen durften.

In der Mitte der Fünferreihe neben mir ging Janina. Achtzehn Jahre und bildhübsch. Sie sprach recht gut deutsch und wollte Germanistik studieren. Nach dem Warschauer Aufstand war sie in das Konzentrationslager gebracht worden. Das war erst im Oktober 1944 gewesen und so war ihr Allgemeinzustand relativ gut.

Janina sprach von der Zukunft im befreiten Polen, und ihre Augen glänzten. Sie war wunderschön. Sie fragte mich nach meiner Zukunft und ich sagte ihr, daß ich keine hätte. Das konnte sie nicht begreifen. Hat es auch nicht begriffen in den ganzen vier Tagen, in denen wir nebeneinander gingen und ich ihr alles zu erklären versuchte. Aber in ihrem jungen, gläubigen Herzen konnte das Gefühl für Vergeltung keinen Platz finden. Für die Mörder seien die Gerichte zuständig, sagte sie, die Menschen sollten sich damit nicht befassen. Ihre Gefühlswelt brachte sie wohl aus der Klosterschule mit, in der sie kurz vor der Verschleppung ihr Abitur gemacht hatte.

Am Abend wurden in einem großen Gehöft zwei Scheunen belegt. In einer nächtigte die SS, in der anderen die Häftlinge. Letztere wurden bewacht. Pellkartoffeln wurden gekocht und an die Häftlinge verteilt. Drei Kartoffeln pro Person, unter Aufsicht eines Unterführers. Von der SS suchten viele in den Bauernhöfen ein Abendbrot.

Am zweiten Tag hatte Janina mit ihren zwei Freundinnen getauscht und ging direkt neben mir. Unsere Unterhaltung wurde noch intensiver.

Die Sonne stand strahlend am Himmel, als wollte sie den Marsch der Häftlinge erleichtern, der für sie immer schwerer wurde, da sie sich in den Holzschuhen die Füße wund gelaufen hatten. Bei den Älteren setzten Ermüdungserscheinungen ein. Ich redete ihnen zu, alle Kraft zu mobilisieren, letztlich sei es doch ein Marsch in ihre Freiheit. Ich sprach gegen meine Überzeugung, aber ich meinte, das würde helfen. Was ich nicht aussprechen konnte, war die Befürchtung, daß die drei Unterführer am Schluß der Kolonne einen Schwächeanfall auf KZ-Art erledigen würden, zumal wir an zwei toten männlichen Häftlingen, die vor uns hermarschiert waren, vorübergegangen waren.

Die strahlende Sonne hatte mein Herz erwärmt, das bald in Flammen stand. Ich hatte mich mit jeder Faser in Janina verliebt. Janina erfüllte alle Ideale, von denen ich geträumt, die ich gesucht und nicht gefunden hatte. Jetzt waren sie da, eingehüllt in blaugrau gestreiften Stoff. Ein unbeschreibliches Glücksgefühl war über mich gekommen.

Die Toten am Straßenrand wurden immer zahlreicher. Bei jeder Leiche verstummte ich, sagte kein Wort mehr. Aber Janina nahm das Gespräch wieder auf. Jedes Mal mit besonderem Zartgefühl und ich hatte den Eindruck, als wollte sie mir, hätte sie gekonnt, ihre kleine Hand beruhigend auf meine in Sorgenfalten gelegte Stirne legen.

Wir waren schon vier Tage unterwegs und irgendwo in Mecklenburg. Abends nahmen wir wieder ein Nachtlager in einem großen Bauernhof mit zwei Scheunen. Und das Übliche: Kartoffeln wurden in einem Kessel gekocht, dann standen die Häftlinge in der Reihe und jede bekam drei Pellkartoffeln. Janina war nicht dabei, keine aus der Reihe neben mir. Angst ergriff mich. Hatten sich die von hinten eine Schweinerei ausgedacht? Bangigkeit ergriff mich.

Als die Verteilung der Kartoffeln vorbei war, ging ich in die Scheune der Häftlinge. Ich fragte und fragte. Endlich wußte eine Frau, daß ein Unterführer Janina und die anderen vier Mädchen irgendwohin geschickt habe.

Ich wartete vor der Scheune der Häftlinge. Lange konnte ich es nicht ertragen und entschloß mich, zu einem der Unterführer zu gehen und nach den Mädchen zu fragen.

»Sie kommen gerade richtig, habe Sie schon überall gesucht. Um 24 Uhr übernehmen Sie heute die Wache«, sagte der Unterscharführer. Ich wollte gerade die Frage, die mir am Herzen lag, herauswürgen, als ich von weitem die fünf Mädchen und einen Posten ankommen sah.

Als die fünf ankamen, weinten sie, Janina besonders heftig. Sie hatten drei Männer aus Warschau, die sie kannten, beerdigen müssen. Ich senkte den Kopf und wollte weggehen. Janina hielt mich zurück. Sie streckte die Hand aus und es war, als wollte sie mich zärtlich berühren. Sie zog sie aber schnell zurück, denn in einem Nebengelaß der Scheune waren dumpfe Männerstimmen zu hören, die Unterführer hatten sich dort ihr Nachtquartier eingerichtet. Mit tränenfeuchten Augen strahlte sie mich an. Sie war schön, wunderschön. Napoleon hatte Recht – Polen hat die schönsten Frauen, dachte ich.

Was die einzige warme Mahlzeit anging, mußten die fünf Mädchen leer ausgehen. Aber auch mein Brotbeutel war leer. Ich sagte ihnen, daß ich versuchen wolle, etwas Eßbares für sie zu beschaffen, daß ich um 24 Uhr die Wache übernähme und sie sich in die Nähe der Tür legen sollten.

Gegen 19 Uhr ging ich zu dem nächstgelegenen Bauernhof. Alle Türen standen offen, die Abendkühle sollte die Wärme eines heißen Tages aus dem Haus drücken. Ich stand im Flur. Aus dem Wohnzimmer war durch die offene Tür im Radio deutlich zu hören: »Achtung, Achtung! An alle Wachmannschaften der Konzentrationslager. Wir warnen mit Nachdruck vor Übergriffen an Häftlingen. Strengste Bestrafung wird jeden SS-Angehörigen nach dem Kriege treffen, der ...«

Eine Frau um die Vierzig kam aus einem Nebenraum ins Wohnzimmer, sah mich auf der Schwelle stehen und erstarrte in Furcht. Zweifellos wußte sie, daß auf das Abhören eines Feindsenders die Todesstrafe stand. Und einer von der SS hatte sie überführt! Sie stürzte zum Volksempfänger und wollte ihn abschalten. Ich hielt sie zurück.

»Bitte, lassen Sie. Keine Angst, Sie haben von mir nichts zu befürchten. Glauben Sie mir, ich schwöre es. Ich möchte die Nachrichten gerne hören. Besser, Sie schließen die Tür nach draußen, im Ort ist noch mehr SS.«

Ohne ein Wort zu sagen, ging sie und verschloß die Außentüre.

»Haben Sie zufällig einen Atlas oder eine Landkarte?« fragte ich höflich und ausgesucht freundlich, denn sie war noch immer kreideweiß, die Angst schien noch nicht gewichen.

»Einen Schulatlas von unserem Jungen«, antwortete sie, und ihre Stimme bebte.

»Kann ich ihn kurz haben? Bitte, seien Sie so freundlich.«

Sie brachte mir den Atlas und legte ihn auf den Tisch. Eine Träne fiel darauf.

»Ist er gefallen?« fragte ich und merkte gleich, wie überflüssig diese Frage war.

Sie nickte. »Mein Mann auch. Der Junge war erst neunzehn.«

»Der verdammte Krieg«, sagte ich. Mehr fiel mir einfach nicht ein.

Sie nickte wiederum. »Die sind doch wahnsinnig, anders kann man das nicht sehen«, sagte sie, und ihre Stimme klang bitter, aber endlich hatte sie ihre Angst vor mir verloren. Sie bat mich, Platz zu nehmen.

Ich hörte den objektiven Radiobericht zur militärischen Lage und betrachtete die Karte. Es konnte nicht mehr lange dauern. Wie lange? Stunden waren in diesem Fall lang, ein Tag eine Ewigkeit. In einer Stunde starben unendlich viele Menschen, an einem Tag unendlich viele mehr.

Die Nachrichten waren zu Ende. Ich wandte mich zur Bäuerin, die mir am Tisch gegenübersaß. »Ja, Sie haben völlig recht, reiner Wahnsinn.« Dann erzählte ich ihr von dem Todesmarsch der Häftlinge aus Sachsenhausen. Leichen am Wegesrand. In diesem Zusammenhang konnte ich das furchtbare Erlebnis der fünf Mädchen gut unterbringen, auch die Tatsache, daß sie bis zum Abend des nächsten Tages ohne Nahrung auskommen mußten. Die Rot-Kreuz-Spende hatten sie aufgezehrt – seit zwei Tagen hatte ich keine Büchse mehr geöffnet.

Die Bäuerin war gleich bereit zu helfen. Plötzlich sprang sie vom Tisch auf und begann sich zu entschuldigen, daß sie an mich nicht gedacht habe, ich hätte ihr einfach einen zu großen Schrecken eingejagt. Ich lachte, auch sie lachte, gedämpft, soweit es ihr Kummer zuließ.

Gesättigt, nahm ich auf ihr Versprechen Bezug und fragte, ob sie wohl einen Eimer voll gekochter Kartoffeln entbehren könne, den ich beim Wachantritt den Mädchen übergeben könnte. Sie war gleich einverstanden und sagte, es träfe sich gut, denn unter dem Kessel in der Waschküche sei sicherlich noch Glut, dort habe sie heute Wäsche gekocht, und nach Säuberung des Kessels könne man einen oder zwei Eimer voll kochen. Sie ging und ließ mich allein. Zuvor sagte sie, ich könne mich gerne auf das Sofa legen und vorschlafen, da ich doch nachts wachen müsse. Sie versprach, mich zu wecken, ich sollte ihr die Zeit sagen. »Halb zwölf«, sagte ich, »und vielen Dank für Ihre Gastfreundschaft.«

Zur verabredeten Zeit weckte mich die Bäuerin. Sie sagte, die Kartoffeln stünden in zwei Eimern bereit. Ich solle die leeren Eimer ins Gebüsch neben der Scheune stellen, sie werde sie schon finden.

Ich trank noch ein Glas Milch, das sie mir anbot, dann gingen wir ins Waschhaus. Dort standen die Kartoffeln, sie dampften noch. Ich fiel ihr um den Hals und küßte sie auf die Wange. Sie weinte und klammerte sich krampfhaft an mich. Sie schluchzte laut. Wir wünschten uns gegenseitig Glück, und ich ging, in jeder Hand einen Eimer voll Pellkartoffeln.

Vor der Scheune mit den Häftlingen stellte ich die Kartoffeln in gemessenem Abstand im Gebüsch ab. Es war eine helle Mondnacht. Der Posten, den ich deutlich sehen konnte, döste. Ich holte mein Gewehr und löste ihn ab.

»Keine«, sagte er.

»Was keine?« fragte ich.

»Na, was soll denn schon hier passieren, keine Vorkommnisse, natürlich. Am besten, man legt sich rein und vernascht eine oder zwei. Gleich neben der Tür liegt eine, die ist verdammt appetitlich.«

»Altes Schwein, hau ab!«

»Liebend gerne«, grunzte er und wankte schlaftrunken zur anderen Scheune hin.

Nächtliche Stille. Ich öffnete die Türe, und fünf Köpfe reckten sich sogleich hoch, fünf bekannte Gesichter in gespannter Erwartung. Ich schloß die Türe, holte den ersten Eimer, öffnete wieder und schüttete die Kartoffeln neben die Mädchen. Ein leichtes Rumoren hinter der geschlossenen Türe.

Ich holte den zweiten Eimer, öffnete – und stand vor dem Unterscharführer, der mich zur Wache eingeteilt hatte. Hinter ihm ein Untersturmführer (Leutnant bei der Wehrmacht) mit gezogener Pistole. Sie traten heraus, sahen einen vollen und einen leeren Eimer und schienen zunächst sprachlos.

»Na, so was«, sagte der Unterscharführer und betrachtete die dampfenden Kartoffeln. »Das ist ja eine Überraschung!«

»Das Schwein wird erschossen!« sagte der Untersturmführer mit fliegendem Atem. »Rüber mit ihm!« Er zeigte auf eine alte Eiche, die unweit der Scheune stand.

Der Unterscharführer nahm mir das Gewehr ab und drückte mich in die Richtung des Baumes.

»Ich mache dem Hauptsturmführer (Hauptmann) Meldung«, sagte der Untersturmführer und ging zum Wohngebäude des Bauernhofes.

»Da hast du schöne Scheiße gebaut, Kleiner! Fütterst die Häftlinge – wozu?« fragte der lange, schlaksige Unterscharführer. Er duzte mich jetzt, denn ich hatte als SS-Angehöriger keinen Wert mehr, hatte mich der Untreue schuldig gemacht.

»Weil sie heute abend keine Kartoffeln bekommen haben. Ihr laßt sie Leichen einbuddeln und gebt ihnen nichts zu essen.«

»Ah, die schubsen wir doch sowieso alle ins Meer! Ob sie drei Kartoffeln mehr in den Ärschen haben, spielt doch keine Rolle!«

»Bitte, lassen Sie mich jetzt in Ruhe, ich möchte mich vom Leben verabschieden.«

»Ja, sprich dein Gebet, Kleiner, hast es bald überstanden«, sagte mein Gegenüber sarkastisch.

Ich war ruhig und schicksalsergeben. Der Grund hierzu mochte sein, daß ich viel gelitten hatte und nach den Erlebnissen im Konzentrationslager mein Leben ohnehin für begrenzt hielt, der Vergeltung anheimgestellt. Jetzt sah ich die Uhr nur etwas früher ablaufen.

Es war eine sehr helle Nacht und man konnte auf weite Entfernung alles genau erkennen. Aus dem Wohngebäude des Hofes kamen jetzt zwei Offiziere. Der Untersturmführer und ein anderer, den ich noch nie zu Gesicht bekommen hatte, vielleicht weil Janina meine ganze Aufmerksamkeit in Anspruch genommen hatte. Er war der Mann, in dessen Hand mein Leben gelegt wurde. Er würde entscheiden, der andere vollstrecken, das war mir klar.

Objektiv betrachtet war es nicht klar, denn ich wurde nie vereidigt und war somit nur SS-Uniformträger, aber kein SS-Mann. Die Vereidigung wurde immer nach der Ausbildung der Kompanie vollzogen, und zu diesem Zeitpunkt war ich in Mittweida gewesen, wo nicht vereidigt wurde. Das als Rechtfertigung vorzubringen, hielt ich aber für sinnlos, wußte ich doch nicht, ob die Vereidigung ins Soldbuch eingetragen wurde. Wenn nicht, stand ich nicht nur als ehrloser Treuebrecher – auf meinem Koppelschloß stand: »*Meine Ehre heißt Treue*« –, sondern auch als frecher Lügner vor meinem Richter.

Sie kamen näher. Meine Augen sahen ihnen prüfend entgegen. Der andere, Hauptsturmführer von Rang, war barhäuptig, blond und mit halbzugeknöpfter Uniformjacke. Ich wollte den Mann, der mein Leben auslöschen würde, genau betrachten, ihm in seine Augen sehen und sagen, daß er an mich denken sollte, wenn er selbst an der Reihe sein würde.

Eigenartigerweise fand ich sein Gesicht nicht grausam, er sah aus wie ein Lehrer. Vielleicht war er einer, und ist erst zur SS gekommen, nachdem der Schulbetrieb eingestellt wurde.

Als beide an die zwei Meter herangekommen waren, bohrte ich meine Augen in die des Hauptsturmführers. Er fixierte mich und zeigte sich überrascht. Der Untersturmführer holte seine Pistole aus dem Futteral, entsicherte und hielt sie in Brusthöhe. So stand ich in Erwartung des Unvermeidlichen meinem Richter gegenüber, der langsam seine rechte Hand hob, sie auf die Pistole des Untersturmführers legte und sie hinunterdrückte.

»Warten Sie! Nein, lassen Sie!« sagte er zum Untersturmführer. Er schien fieberhaft nachzudenken, und eine atemberaubende Spannung kam auf. Dann, zum Unterscharführer gewandt: »Der Mann wird abgelöst!«

»Jawohl!« erwiderte dieser.

Zu mir sagte er: »Sie melden sich morgen früh bei mir!«

»Jawohl, Hauptsturmführer!« antwortete ich.

Der Unterscharführer gab mir mein Gewehr zurück. Ich ging in die Scheune, warf mich oben auf der Tenne ins Stroh und lag lange wach. Meine Gedanken wirbelten durcheinander, ich konnte sie nicht ordnen. Dann schlief ich vor Übermüdung ein. Im Traum wurde ich erschossen. Im Sterben sah ich Janina im Meer ertrinken. Die SS trieb die Häftlinge mit Schüssen in die See hinein. Das Meerwasser war rot.

Eine Trillerpfeife riß mich aus dem Schlaf. »Aufstehen und auf dem Hof antreten! Heute gibt es was

Besonderes!« hörte ich einen Unterführer mit lauter Stimme unten in der Scheune verkünden.

»Hoch mit den Ärschen! Bißchen Trab! Wieder die ganze Nacht onaniert und jetzt in Ermattung!« rief ein zweiter, der daneben stand.

Wie ein Blitz durchzuckte ein Gedanke mein Hirn, der mich in Schrecken versetzte: »Das Schwein statuiert jetzt ein Exempel! Ja, der läßt mich hängen! Vor versammelter Mannschaft, vor den Häftlingen. Klarer Fall, mich zu erschießen war zu billig für den Frevel aus der Sicht der SS. Ich Idiot! Konnte ich mich nicht verdrücken?! Oh, wie bin ich blöd! «

In einer seltsamen Mischung aus Angst und Wut schlug ich die Strohreste aus der Uniform, griff nach dem Brotbeutel, dem Gewehr, dem Seitengewehr und dem Tornister und stürzte hinunter. Der Unterscharführer, der mich bei der Kartoffelspende erwischt hatte, stand breitbeinig neben einem anderen, grinste mich an, sagte aber kein Wort.

Auf dem Hof stand die Mannschaft in einer Reihe. Ich suchte nach einem Galgen, nach einem Strick irgendwo an einem Scheunentor, konnte aber keinen sehen.

Da begann ein Unterführer mit der Verteilung einer Sonderration, und mein Puls ging langsam in den normalen Bereich zurück – meine letzte Stunde hatte noch nicht geschlagen.

Ich steckte die Sonderration in den Brotbeutel und ging an den Brunnen in der Mitte des Hofes, um meine heiße Stirne zu kühlen.

Kaffee wurde ausgegeben und zum ersten Mal gefrühstückt. Ein Unterführer brüllte »Achtung!« und meldete dem Hauptsturmführer, der aus dem Wohnhaus gekommen war. Ich frühstückte zu Ende und ging, nicht ohne Beklemmung, zu jenem Mann, der mir das Leben geschenkt hatte.

Ich meldete mich.

Der Hauptsturmführer maß mich von oben bis unten, mit einem Gesichtsausdruck, den ich nicht deuten konnte. Dann holte er ein Notizbuch aus seiner Tasche, riß ein Blatt heraus, ließ sich mein Soldbuch zeigen und begann zu schreiben. Als er fertig war, faltete er das Blatt, übergab es mir und sagte: »Damit melden Sie sich beim nachrückenden Stab. Warten Sie draußen auf der Straße, er muß im Laufe des Vormittags hier vorbeikommen.«

»Jawohl. Bitte danken zu dürfen«, sage ich, wie es mir beigebracht worden war, mit Vorgesetzten zu sprechen.

»Ist schon gut«, sagte er, nickte, und über sein undefinierbares Gesicht huschte ein schwaches Lächeln.

Ich ging zum Hoftor hinaus. Auf die Straße und zurück bis zum ersten Haus und setzte mich hinter ein Gebüsch. Hier konnte ich von der Straße aus nicht gesehen werden, selbst aber das Tor, aus dem ich gekommen war, beobachten. Ich wollte Janina noch einmal sehen, ein letztes Mal.

Die Kolonne kam aus dem Tor. Sie schwenkte um neunzig Grad nach links, und man konnte jede Reihe

deutlich sehen. Janina ging wieder auf der Außen-
seite. Sie hatte den Kopf gesenkt. Tränen begannen
mir den Blick zu verschleiern.

Die Straße, auf der sich die Kolonne jetzt den fünften Tag dahinschleppte, machte eine Biegung, und
ich verlor die Häftlinge aus den Augen. »Leb' wohl,
Janina!« schluchzte ich. Ich fühlte, daß ich Janina
nie mehr sehen würde, daß meine erste große Liebe
an Verwicklungen gescheitert war, die ich nicht einmal richtig begreifen konnte: »Ich müßte tot sein
und lebe, Janina sollte leben und wird bald tot sein.
Wer soll das begreifen?«

Verzweifelt saß ich am Boden. Lange. Dann machte
den Gefühlen die Vernunft ein wenig Platz, und ich
holte das Blatt, das ich dem Stab übergeben sollte,
aus meinem Soldbuch. Ich las:

SS-Schütze Fitzel (der Name wurde eingedeutscht
und nicht laut Matrikel mit cz geschrieben) *hat sich
als Begleitmann für weibliche Häftlinge untauglich
erwiesen. Ich schlage vor, ihn für männliche Häftlinge zu verwenden.*

SS-H-stuf.
(Unterschrift)

Das war objektiv richtig, der Schreiber hatte
keine böse Absicht. Keine Frage, sonst lebte ich nicht
mehr. Dennoch! Auf alle Fälle forderte das Schreiben zur Frage heraus, welcher Art diese ›Untaug-
lichkeit‹ war, gab sie doch zu den verschiedensten

Vermutungen Anlaß. Zweifelsohne würde der Stab, und das waren gestandene Henker aus Sachsenhausen, fragen, und ich mußte Antwort stehen. Die Wahrheit – ich wußte keine Lüge, die mich hätte retten können. Und im Sinne der SS war ich untreu und ein Verräter – der Stab kannte da keine Gnade.

»Irgendwann muß auch jugendliche Naivität ein Ende haben«, meinte ich. Ich zerriß den Zettel in kleine Stückchen und warf sie weg. Ich war dem Tode entronnen, sollte ich jetzt auf ihn warten? Nein!

Ich ging der Kolonne hinterher. Das Risiko auf der Straße zu bleiben war groß, ich wußte es. Irgendwo konnten Kontrollen sein und ich hatte keinen Marschbefehl. Was dann? Dann würde ich sagen, daß ich mir den Fuß verstaucht hätte, zur Wachmannschaft aus Sachsenhausen gehörte und der Kolonne hinterherhumpele, die voranmarschiert.

Ich ging und ging. Meine Gefühle mischten sich beständig. Mit dem Leben beschenkt, des Glückes beraubt – in dieser Selbstbetrachtung nahm ich Kilometer um Kilometer der einsamen Straße, die von Wald gesäumt war. Die Straße gabelte sich. Wohin? Welche Abzweigung hatte die Kolonne genommen? Ich wußte es nicht, konnte niemanden fragen, ich nahm die linke.

Meine Gedanken waren bei Janina. In dieser Versunkenheit hielt ich den Kopf nach unten und bemerkte die zwei Kettenhunde[1] zu spät, die hinter

---

[1] Militärpolizei oder Feldgendarmerie. An einer Kette um den Hals hing ein Blechschild, das sie zur Kontrolle befugte.

einer Krümmung der Straße standen. Sie hatten mich gesehen, ehe ich sie ausgemacht hatte, zum Humpeln war es zu spät.

Ich näherte mich ihnen und sah zwei tote Wehrmachtsangehörige im Gras liegen. Blut floß aus den Schußwunden.

»Marschbefehl und Soldbuch!« befahl mir einer der beiden, dem eine Maschinenpistole quer über der Brust baumelte, was ich erst sah, als ich nahe genug herangekommen war. Ich holte mein Soldbuch aus dem Tornister. Der warmen Witterung wegen hatte ich die Drillichjacke an, eine Arbeitsjacke aus festem Leinen, ohne Taschen. Ich übergab das Soldbuch.

»Marschbefehl!«

»Ich habe keinen Marschbefehl. Ich gehöre zur Begleitmannschaft einer Häftlingskolonne aus Sachsenhausen. Habe mir den Knöchel verstaucht und mußte zurückbleiben.«

»Was denn, was denn, Sie können doch nicht ohne Marschbefehl in der Landschaft spazierengehen. Wo gibt's denn so was! Was für eine Häftlingskolonne? Hier ist keine vorbeigekommen. Verdrücken wollen Sie sich, Sie Scheißkerl!«

Der Feldgendarm blätterte in meinem Soldbuch und schüttelte den Kopf. Der zweite Kettenhund kam heran und beteiligte sich an der Kontrolle. Er sagte: »Mann, Sie können doch nicht allein umherspazieren. In diesem Fall muß Ihnen der vorgesetzte Offizier zumindest eine Bescheinigung gegeben haben. Sie erzählen uns doch hier ein Märchen. Und wir halten keine Märchenstunde!«

Ich sah mich verloren. Suchte nach Worten, nach Argumenten und fand keine. Hätte ich doch den Zettel aufgehoben, er würde mich retten. Für die Kettenhunde würde der Befehl, mich beim Stab zu melden, ausreichen! Ich wollte nicht naiv sein und war es doch. Aber woher den seherischen Blick nehmen, mit dem man in diese verworrene, vom Wahnsinn ergriffene Zukunft schauen konnte?‹

»Na, da wollen wir mal die Märchenstunde beenden!«, sagte der, der mein Soldbuch in den Händen hielt, übergab es seinem Gefährten und nahm die Maschinenpistole vom Hals.

In genau diesem Augenblick waren Motorengeräusche zu hören, und ein Konvoi schwarzer Limousinen kam angefahren. Auf jeder steckte vorne am rechten Kotflügel eine SS-Standarte. Den Kettenhunden stieg die Blässe in die Gesichter, sie erstarrten in Ehrfurcht.

»Schieben Sie ab, aber schnell!« sagte der eine und gab mir das Soldbuch zurück. Die Wagen hatten gehalten, und er eilte zur ersten Limousine. Er baute sich zur Säule auf und meldete dem Reichsführer der SS, der ausgestiegen war. Er trug einen Schnurrbart wie Hitler. Die Visage, die in jeder Schreibstube hing. Das alles sah ich flüchtig, mit halbem Auge, denn ich hatte nichts Eiligeres zu tun, als nach einer ruckartigen halben Drehung kräftig auszuschreiten.

Im Wald lief ich parallel zur Straße, in einem hinreichenden Abstand. Der SS-Konvoi fuhr vorüber.

Ich hastete weiter. Das Verhör hatte mir den Schweiß aus den Poren getrieben, meine Mütze lag wie ein kalter Umschlag auf dem Kopf. Ich warf sie weg. Ohne daran zu denken, hatte ich damit optisch die Zugehörigkeit zur SS verloren, die Drillichjacke war ohne Kragenspiegel.

* * *

Der frühe Morgen – ich hatte im Wald genächtigt – brachte eine Veränderung auf der Landstraße, die sich bis dahin einsam und verlassen dahinschlängelte. Jetzt wurde sie von Trecks Flüchtender aus dem Osten, Fahrzeugen der Wehrmacht, Troß, Train, bespannter Artillerie und weiß ich was noch befahren.

Ich ging auf die Straße zurück. Die Gefahr war vorüber, jetzt konnten die Kettenhunde keinen Einsatz mehr wagen. Dafür kam eine andere Gefahr: sowjetische Tiefflieger fegten heran, warfen kleine Bomben oder nahmen die zurückflutenden Armeeteile mit der Bordkanone unter Beschuß. Alle suchten im Wald Schutz. Neben mir zersplitterte ein Baum. Bordgeschosse schlugen in nächster Nähe ein. Keines traf mich, fast wie ein Wunder. Dann ging ich zurück auf die Straße. Pferde lagen auf dem Rücken mit aufgerissenen Bäuchen, zerbombte Autos neben sich.

Der Wald, der die Straße säumte, war zu Ende. Zu meiner Rechten befand sich eine große Wiese, dahinter ein Dorf. Dort wollte ich mir ein Nachtquartier suchen, sechs Tage Marsch und der vorausgegangene Schrecken hatten mich völlig zermürbt.

Ich war mitten auf der Wiese, als plötzlich eine MIG sehr langsam und tief über mich flog. Ich sah den Piloten, er sah zu mir herunter. Meine Güte! Komme ich doch noch zu Tode? Wird er zurückkehren und mich …?

Er flog weiter. »Guter Russki, guter Russki!« murmelte ich, vor Schrecken gelähmt.

Gleich im ersten Haus bat ich um Quartier, bekam es und wurde bewirtet. Der Frau waren zwei Söhne gefallen, der Mann war vermißt, sie war allein. Es ging ihr wie den meisten Frauen, sie dachte auch, daß das alles Wahnsinn war. In der Bodenkammer gab sie mir ein bequemes Nachtlager.

Am Morgen klopfte sie erregt an die Türe und stammelte, im Dorf sei ein amerikanischer Panzer.

»Der Krieg ist zu Ende!« sagte ich.

Ich kleidete mich an und ging nach unten. Tornister, Gewehr und Seitengewehr ließ ich zurück.

Dem Kriegsgefangenenlager entgangen

Die Bäuerin hatte mir ein Frühstück zubereitet, das für mich bereitstand. Ich aß mit Appetit. Als ich das zweite Spiegelei essen wollte, kam ein amerikanischer Soldat zur Türe herein, das Gewehr im Anschlag. Er deutete mit einer Kopfbewegung nach draußen und sagte: »Come with me!« (»*Kommen Sie mit!*«)

Ich hatte bei unserem alten Englischlehrer eine Menge gelernt, während meiner Erkrankung im Selbststudium weitergearbeitet und kam im Krankenrevier in Sachsenhausen neben einem von der Dolmetscherschule zu liegen. Das kam jetzt zum Tragen, als ich sagte: »Please, let me finish my breakfast.« (»*Bitte, lassen Sie mich zu Ende frühstücken.*«)

Das war für einen, der soeben in Gefangenschaft geraten war, ein provozierender Wunsch, aber die Tatsache, daß ich Englisch sprach, verwunderte ihn, und er kam zum Tisch und sagte: »I must say, you have a good appetite in this bad time.« (»*Ich muß sagen, Sie haben einen guten Appetit in dieser schlechten Zeit.*«)

»You've spoilt my appetite, to think to be your prisoner.« (»*Sie haben mir den Appetit verdorben, wenn ich daran denke, daß ich Ihr Gefangener bin.*«)

»It's high time to collect you crazy German, otherwise you don't find an end of the war.« (»*Es ist höchste Zeit euch verrückte Deutsche einzusammeln, sonst findet ihr kein Ende vom Krieg.*«)

»I'm tired of the war.« (»*Ich habe den Krieg satt.*«)
»Okay. Get a move on then. I can see you are longing for the camp and I can't waste my time.« (»*Gut. Dann beeilen Sie sich, ich sehe, daß Sie sich nach dem Lager sehnen und ich kann meine Zeit nicht vertrödeln.*«)

Ich schaute auf meine Armbanduhr, eine schöne Schweizer Doxa, Vaters Geschenk zu meinem sechzehnten Geburtstag. Der Ami, ein schmales Handtuch um die zwanzig mit verschmitztem Gesicht, hängte sich sein Gewehr über die Schulter und war ganz Auge. Er gab seiner Bewunderung Ausdruck: »You've got a nice watch. Let me have a look.« (»*Sie haben eine schöne Uhr. Lassen Sie mal sehen.*«)

»It's a present from my father«, (»*Es ist ein Geschenk von meinem Vater*«), sagte ich stolz.

»It's just what I'm looking for. Take it off!« (»*Es ist genau das, was ich suche. Nehmen Sie sie ab!*«)

»Why? Do you want to take it away?« (»*Warum? Wollen Sie sie mir wegnehmen?*«)

»I'm sure it'll hinder you in the camp to work with a watch. They'll tell you the time you have to start to work and to finish.« (»*Ich bin sicher, es wird Sie im Lager behindern, mit einer Uhr zu arbeiten. Man wird Ihnen die Zeit sagen, wann Sie anfangen und aufhören müssen zu arbeiten.*«)

Das klang ironisch, aber es steckte ernste Absicht dahinter, da sein linker Unterarm, den er jetzt freimachte, voller Armbanduhren war. Meine bekam den Platz nahe am Ellbogen. Vom Koppel, das Ösen hatte, verlief eine Schnur zur linken Hosentasche, auf ihr waren Goldringe aufgereiht – der Ami sammelte nicht nur Kriegsgefangene ein, er verband damit auch eine ganz private Leidenschaft. Er wollte wissen, ob es im Dorf hübsche Mädchen gäbe.

Um ihn bei Laune zu halten, sagte ich: »Eine Menge! Eine hübscher als die andere. Schlimm ist, daß die deutsche Manneskraft entweder gefallen ist oder in Camps gefangengehalten wird, und sie alle nach Liebe schmachten.«

Den Ami überkam die Erregung, und er trieb mich zur Eile an. Auf der Straße beschleunigte er seine Schritte und meine Gastgeberin, mit einer warmen Decke in den Händen, hatte Mühe, uns einzuholen. Ich bat sie, mein Gewehr, Seitengewehr und Tornister, die in der Mansarde lagen, zu vernichten.

Auf dem Marktplatz standen einhundert eingesammelte Soldaten in Dreierreihen, vorne ein Oberfeldwebel. Mein Begleiter ging zu einem Ami mit etlichen goldenen Winkeln auf den Oberarmen und unterhielt sich mit ihm eine Weile. Letzterer kam zu mir und sagte: »Who ist the man in front, the first one?« (»Wer ist der Mann vorne, der erste?«)

»I don't know. I've never met him before.« (»Ich weiß es nicht, bin ihm früher nie begegnet.«)

»What rank has he?« (»Was für einen Dienstgrad hat er?«)

»I don't know your ranks, so I can't tell you.« (»Ich kenne eure Dienstgrade nicht, kann es Ihnen also nicht sagen.«)

»Is he a sergeant?« *(»Ist er ein Sergeant?«)*

Ich dachte nach und glaubte, irgendwo gelesen zu haben, daß ein Sergeant ein Unteroffizier sei.

»More than that« *(»Mehr noch«)*, antwortete ich.

»Tell him to take the command, we can't accompany you. You go straight down through the forest. Behind it you'll find the road to Hagenow. There is your camp.« *(»Sagen Sie ihm, er soll das Kommando übernehmen, wir können euch nicht begleiten. Ihr geht geradeaus durch den Wald, dahinter ist die Straße nach Hagenow. Dort ist euer Lager.«)*

Ich ging nach vorne zum Oberfeldwebel und hob die rechte Hand an die Stirne. Es war mir ein Bedürfnis, so zu grüßen, mußte ich doch zwei Jahre lang den Arm nach oben ausstrecken. Der Oberfeldwebel konnte das nicht verstehen, grinste und sagte: »Na, komm', mach' nicht so fett, die Zeit ist vorbei.«

»Noch nicht ganz, Oberfeldwebel. Die Amis sagen, Sie sollen das Kommando übernehmen. Durch den Wald auf die Straße nach Hagenow, ins Lager.«

Dem Oberfeldwebel schien ein Bittergeschmack hochzukommen, er verzog sein Gesicht, spie auf den Boden und sagte zu mir: »Sag' ihnen, sie sollen mich am Arsch lecken. Ich habe genug kommandiert, jetzt ist Feierabend. Die sollen ihren Mist aus den Hosen schütteln, stinken bis hierher nach Scheiße. Wollen Soldaten sein und haben die Hosen vor Angst gestrichen voll.«

Aus dem Oberfeldwebel sprach der Soldatenstolz, den der Gram über den verlorenen Krieg arg verletzt hatte. Mir lag es sehr fern, eine korrekte Übersetzung zu liefern, und so kürzte ich, als ich bei den Amis wieder ankam, die ganze verspritzte Galle des Oberfeldwebels zu einem sinnvollen Okay zusammen. Die Amis sagten auch »okay«, und ich rief laut über die Reihe hinweg: »Wir sollen abhauen!«

Die Menge setzte sich sogleich in Bewegung. Ungeordnet und für meine Begriffe etwas zu eilig. Die Amis blieben zurück – und mit ihnen meine schöne Armbanduhr?

Es war mir gänzlich unerklärlich, warum es meine Mitgefangenen so eilig hatten. Sehnten sie sich nach der Gefangenschaft? Oder war es der alte Trott, den sie jahrlang gegangen waren? Alles ›alte Hasen‹ und ›Frontschweine‹, wie sie sich selbst nannten, die seinerzeit an die sechzig Kilometer pro Tag zurücklegten, wie die Zeitungen stolz berichteten. Tief nach Rußland hinein und dann zurück. Zurück waren sie wohl noch schneller. Da und dort versuchten sie, sich festzukrallen, aber der russische Boden, der im Vormarsch durch Artillerie aufgepflügt und zerbombt worden war, war locker, gab nach und sie rannten weiter um ihr Leben.

Auf der Landstraße schritten sie sehr rasch aus und ich blieb zurück. Sie hatten die längeren Beine, und ich verlor sie aus den Augen. Ich war noch nie ein guter Marschierer, war zum KZ-Wächter verdammt, zum Stehen und durch Krankheit zum Liegen. Dann waren da auch noch zwei Gründe, daß ich nicht schnellen Schrittes in die Gefangenschaft ging. Der erste war – ich wollte die Erleichterung, die ich nach zwei Jahren zum ersten Mal verspürte, auskosten; der zweite, daß ich einen slowakischen Paß hatte, da mein Soldbuch im Tornister zurückgeblieben war, und mich als zwangsrekrutierten Auslandsdeutschen legitimieren konnte, womit mir das Schicksal wieder einmal wohlgesonnen war. Ich hatte die SS-Zugehörigkeit sowohl äußerlich als auch dokumentarisch verloren.

Hinter mir hörte ich Pferdegetrappel. Es waren ausgespannte Pferde der schweren Artillerie, große, kräftige Tiere. Auf einem saß ein Reiter, jung und, wie es aussah, recht gut gelaunt. Offenbar tat ich ihm leid, denn er rief mir, als er mich eingeholt hatte, zu: »Willst du ein Pferd? Kannst doch reiten, brauchst nicht zu tippeln. Ich mach' dir eins los, willst du?«

»Ja, wenn's möglich ist, warum nicht?«

Er beugte sich vornüber, fummelte zwischen den sechs Pferdehälsen herum und band ein Pferd los. Ein prächtiges Tier, groß und mit breitem Rücken, das mich, der ich seit Tagen auf den Beinen war, anzog.

»Mach's gut, Kumpel. Sieh zu, wie du hochkommst!« rief mir der Reiter noch zu und ritt weiter.

»Danke, Kumpel! Ich schaff' das schon«, rief ich zurück und hatte auch schon eine Idee. Ich faßte das Pferd am Zügel und führte es an den nächsten Prellstein. Es folgte bereitwillig, wir waren auf Anhieb Freunde. Ich erklomm den breiten Rücken und saß dann wie auf einem Sofa. Mein Freund trabte los.

Das Aufsitzen war nicht ohne Schwierigkeiten verlaufen, so daß die anderen Pferde einen weiten Vorsprung gewonnen hatten. Die Straße war auf der rechten Seite von beschädigten, zum Teil gänzlich zerstörten Fahrzeugen flankiert. Neben umgeworfenen Lastautos lagen Lazarettwäsche, Fässer irgendwelchen Inhaltes und vieles mehr.

Inmitten dieser liegengelassenen Güter bewegte sich ein Mann. Als ich näher kam, sprach er mich an: »Wo willst du einsamer Reiter denn hin?« Im Tonfall lag Ironie und Freundlichkeit zugleich.

»Was für eine Frage! In die Gefangenschaft natürlich, wo soll unsereins denn schon hin«, antwortete ich verwundert und hielt an.

Er kam näher, und ich sah, daß er einen Stock hatte, auf den er sich stützte. Er begann ein Gespräch: »Na, endlich habt ihr Ruhe. Die Scheiße hat lang genug gedauert, viel zu lange. Mich hat sie mein rechtes Bein gekostet«, sagte er und klopfte mit dem Stock auf sein Holzbein. »Willst du wirklich in die Gefangenschaft? Meinst du, daß sie dich dort verwöhnen werden?« fragte er jetzt und verblüffte mich.

»Tja, verwöhnen auf keinen Fall. Der, der mich gefangengenommen hat, machte nicht den Eindruck.«

»Mann, dann mach' doch die Mücke! Machen doch viele. Zivil und weg vom Fenster!«

»Zivil? Wo soll ich denn Zivil herbekommen?«

»Von mir. Schätze, du hast meine Größe, ich finde für dich paar Klamotten. Die Gefangenen hocken in Hagenow im Freien, wenn es anfängt zu regnen, gehen sie baden.«

Er war höchstens ein oder zwei Jahre älter als ich.

»Offen gesagt, große Sehnsucht habe ich nicht nach Hagenow. Wenn du meinst, ich sage nicht nein«, antwortete ich zögernd, denn der Vorschlag kam unerwartet, so daß er mich ein wenig verwirrte.

»Nimm das Zeug hoch, ich gehe voran und du reitest hinterher.« Er gab mir ein Bündel mit Lazarettwäsche und humpelte auf einen Feldweg, der fast im rechten Winkel von der Straße wegführte. Ich ritt hinterher.

Wir kamen zu einem kleinen Häuschen. Mit einem längeren Strick, um den ich bat, band ich meinen vierbeinigen Freund an einem Baum fest und verschaffte ihm die Möglichkeit zu weiden. Dann gingen wir ins Haus.

Die Mutter meines Helfers war von seiner Absicht nicht sehr erbaut. Ich wollte gehen, aber er zog mich zurück und redete auf mich ein: »Heute morgen waren zwei Amis hier und haben ihr hart zugesetzt. Fanden die Knarre von meinem Bruder und machten eine Menge Rabatz. Er kam gestern Abend an, hatte nur sein Schätzchen im Kopf und weg war er. Klarer Fall für die Amis – da ist ein Gewehr, wo ist der Mann dazu? Mich mit meinem Holzbein wollten sie nicht akzeptieren.«

»Verstehe. Und wo ist dein Bruder jetzt?«

»In Hagenow. Haben ihn neben Schätzchen aus

dem Bett geholt. Seine Uniform lag daneben. Idiot! Ich fuhr mit seiner Braut gestern nach Hagenow. War nichts zu machen. Aber ich kenne jetzt den Rummel dort. Menschenmassen, die Amis haben keine Unterkünfte für sie.«

Ich bekam eine Jacke und eine Hose und war Zivilist. Die Mutter brachte Bratkartoffeln und Ziegenmilch. Sie hatte sich beruhigt – ich war von der Hilfe, die mir zuteil wurde und mich zuversichtlich in die Zukunft blicken ließ, innerlich überglücklich. Sollte mich das Schicksal zum Glücksritter machen wollen?

Ich verabschiedete mich am frühen Morgen, dankte mit Ergriffenheit. Mein Schicksalslenker winkte ab. Ein kräftiger Händedruck. Er drückte mehr aus, als Worte sagen konnten.

Zunächst ritt ich querfeldein, mit der Absicht, auf die Straße nach Magdeburg zu gelangen, zu der mir mein Helfer die Richtung gewiesen hatte. Ziel: Heimat. Der Weg war weit, aber auch ein weiter Weg ist einmal zu Ende. Nur Mut!

Ich kam auf die Straße. Sie war leer, schlängelte sich leblos dahin und erweckte den Eindruck, als hätte sie dem Exodus der deutschen Armee keine Marschgelegenheit geboten. Doch bald sah ich linksseitig an die zwanzig ausgespannte Pferde auf einer Wiese weiden. Daneben eine Menge Kriegsgerät, vornehmlich kleine Pferdewagen, und es sah aus, als hätte der Troß ausgespannt. Ich konnte mir jetzt ein leichteres Pferd holen. Aber ich dachte an den weiten

Weg, der noch vor mir lag, mit Bergen im Süden, dem Vlarapaß zur Slowakei hinüber, und hielt meinen starken Wallach für geeigneter.

Auf seinem breiten Rücken saß ich bequem. Als ich jedoch die kleinen, handlichen Wagen aus der Nähe besah, stellte ich mir vor, daß es sich auf einem Kutscherbock mit Lehne noch bequemer säße. So saß ich ab und spannte das Pferd vor einen stabilen Wagen.

Auf den meisten Ladeflächen der Wagen waren Munitionskisten. Eine war mit einer Plane zugedeckt, was mich neugierig machte, und ich wollte wissen, was dort verborgen sei. Ich schlug die Plane zurück und sah große Papiersäcke mit Proviant: getrocknete Kartoffelscheiben, zerkleinerte und getrocknete Karotten, in durchsichtigem Papier abgepackt, Rotkohl in gleicher Verpackung und – was mich schon sehr verwunderte – ein Sack voll in Papier eingewickelter Bonbons. Ich glaubte an eine wohlmeinende und vorhersehende Fügung, die mich für meine weite Reise versorgen, sie sogar versüßen wollte, und lud zwei Säcke Kartoffelscheiben, einen Sack Möhren, einen Sack Rotkohl und den Sack mit den Bonbons auf das Fuhrwerk, das ich mir ausgesucht hatte, deckte alles mit der Plane zu und machte mich auf meinen weiten Weg.

* * *

Ich näherte mich einem Dorf. Das erste Haus schien ein Gasthaus zu sein. Am Tor stand ein älterer Mann, hielt mich an und bat mich, ihn und seine Frau mitzunehmen. Sie waren von Ostpreußen mit Pferden und Wagen gekommen, hatten aber beides bei Tieffliegerangriffen verloren. Sie und drei Koffer seien übriggeblieben. Jetzt kam die Frau aus dem Haus. Sie weinte.

Natürlich nahm ich sie mit. Sie luden die Koffer auf den Wagen, stiegen auf den Kutscherbock, und ich fuhr weiter.

Meine Bereitschaft erwies sich bald als mein Vorteil. In der Mitte des Dorfes kontrollierte ein Ami die Ausweise. Der Ostpreuße reichte ihm seinen Ausweis, und nachdem der Ami den großen Stempel mit dem Adler, der ein umkränztes Hakenkreuz in den Krallen hielt, gesehen hatte, sagte er »Okay!«, hielt uns für eine Familie, und wir konnten weiterfahren. Aus einer Zufahrtsstraße von rechts kamen Trecks. Dann wälzte sich ein langer Konvoi von Pferdefuhrwerken über die Straße.

Abends wurde ausgespannt, das Pferd getränkt, ein Weideplatz gesucht. Die Frau durfte in einem Gehöft eine Suppe für uns kochen, in der Scheune wurde uns erlaubt die Nacht zu verbringen.

Ein Zigeunerleben hatte begonnen. Allein wäre mir die Reise zur Qual geworden, zu dritt ertrugen wir sie leichter – geteiltes Leid ist halbes Leid. Aber die Trennung stand bevor; meine Reisegefährten wollten nach Westfalen, mein Weg führte über tausend Kilometer weiter nach Süden.

* * *

Wir waren schon drei Wochen unterwegs, drei ewig
lange Wochen. Die Bauern hatten Mitleid mit uns.
Eine Bäuerin hatte uns eine Flasche Rapsöl geschenkt,
und Bratkartoffeln waren die Hauptmahlzeiten. Dazu
gab es Milch zum Frühstück. Gelegentlich konnte
ich auch etwas Hafer für das Pferd erstehen.

Das Pferd hatte keinen Namen, es hieß einfach
»Pferd«. Ich wollte ihm keinen Namen geben, kam
mir doch der Gedanke, daß ihm die Kanoniere der
schweren Artillerie sicherlich einen gegeben hatten
und ich es für unsinnig hielt, es umzuschulen.

Eines Abends hatte ich vergessen, meinen zug-
kräftigen Freund anzubinden, und am folgenden
Morgen war er verschwunden. Ein Gefühl der Angst
kroch mir den Rücken herauf, ohne Pferd waren wir
einer grausamen Ungewißheit ausgeliefert. »Pferd,
wo bist du?« rief ich, und meine Stimme klang kläg-
lich. Plötzlich wuchtete sich aus dem hohen Gras,
um dessen Wildwuchs sich in jener Zeit niemand
gekümmert hatte, ein mächtiger Pferdekörper hoch,
kam auf mich zu und blieb vor mir stehen. Ich
umarmte unseren Freund und küßte ihn. Dann lief
ich zum Wagen und holte eine Handvoll Bonbons
aus dem Papiersack – Bonbons waren für das Pferd
das Höchste! Ich wickelte sie aus und schob sie nacheinander in das Maul des Pferdes. Es zermalmte sie
und aus dem Geräusch, das es dabei verursachte,
glaubte ich zu hören: »Ich verlasse dich nicht, hab'

keine Angst!« Ich spannte ein und wir setzten unsere Reise fort.

* * *

In Boitzenburg, vor der Brücke über die Elbe, griff plötzlich ein amerikanischer Soldat in die Zügel meines Pferdes, rief: »Go back!« und zog das ganze Gefährt in die entgegengesetzte Richtung. Die anderen, die hinter uns kamen, mußten ebenfalls wenden und uns hinterherfahren.

»What's the matter?« *(»Was ist los?«)* wollte ich wissen.

»You can't cross the bridge before three or four days. We need it for our military transports« *(»Ihr könnt die Brücke nicht vor drei oder vier Tagen überqueren. Wir brauchen sie für unsere Militärtransporte«),* sagte der Ami, ohne das Pferd loszulassen.

»And where can we stay?« *(»Und wo können wir bleiben?«)*

»Oh, we've reserved for you a comfortable place where you can have your snooze.« *(»Oh, wir haben für euch einen gemütlichen Platz reserviert, wo ihr euer Schläfchen halten könnt.«)*

Der Ami führte das Pferd auf die Einfahrt einer großen Scheune. Hinter der Scheune war eine Wiese. Dort weideten schon etliche Pferde, die Wagen standen daneben. In der Scheune lagerten bereits Leute, ein Ami stolzierte davor auf und ab und überwachte alles.

Ich spannte aus, meine Freunde suchten einen geeigneten Lagerplatz im Stroh. Als wollten sie mich warnen, erzählten die Leute, die Amis hätten schon zweimal Kontrollen durchgeführt und alle Männer, die sich nicht als Zivilisten ausweisen konnten, mitgenommen. In dieser Hinsicht hatte ich aber nichts zu befürchten. Die Blutgruppe war mir nicht eintätowiert worden – meines Wissens wurde das nur bei der kämpfenden SS vorgenommen. Als Legitimation hatte ich den slowakischen Paß, der mir im Urlaub ausgestellt worden war und mich nur als slowakischen Staatsbürger, nicht als Soldat auswies.

Dennoch beunruhigte mich etwas, und ich versuchte herauszufinden, was es war. Es war ein Gefühl, das mir, abgesehen von der Androhung der Todesstrafe nach meiner Kartoffelspende, fremd war. Meine Mutter war eine sehr fromme Frau und hatte ihr unerschütterliches Gottvertrauen auf mich übertragen. Davon war ich auch während meines Kriegsdienstes erfüllt. Als jedoch der Untersturmführer mit entsicherter Pistole neben dem Hauptsturmführer auf mich zugekommen war, konnte ich mir nicht vorstellen, daß Gott dem Mordlüsternen die Pistole aus der Hand schlagen würde. So wie es dann kam, schämte ich mich später meiner Kleingläubigkeit, tröstete mich aber damit, daß selbst Christus am Kreuz, als die Qualen den Höhepunkt erreicht hatten, an seinem Vater zweifelte, als er ausrief: »Mein Gott, mein Gott, warum hast du mich verlassen?«

Drei Monate trennten mich noch von meinem 21. Lebensjahr, ein Zeitpunkt, wo man in meiner Heimat volljährig wurde. Von so einem, zum Manne geworden, verlangte man Weitsicht, mit der er in die Zukunft blickte. *Weitsicht!* Dieser Gedanke forderte mich jetzt heraus und – da ich in dieser verworrenen Zeit die Zukunft nicht vorhersehen konnte – begann ich, was mein Reiseziel anging, die politische Entwicklung jenes Landes zu betrachten.

Die alte Tschechoslowakische Republik, 1918 gegründet, hatte, mit Ausnahme des vierten Landesteiles, Karpathorußland, den Stalin zur UdSSR geschlagen hatte, die alte Form bekommen. Doktor Benesch, Nachfolger von T. G. Masaryk und zweiter Präsident der Republik, war nach London emigriert, als Hitler nach der »Heimführung der Sudetendeutschen ins Reich« den Teil von Böhmen und Mähren, wo Tschechen wohnten, besetzte. Jetzt war er zurückgekehrt und wieder Präsident.

Ich konnte mir vorstellen, daß er und die übrigen Tschechen den abtrünnigen Slowaken wenig Sympathie entgegenbrachten. Sie hatten doch, die sich stets von den Tschechen bevormundet fühlten, die Gelegenheit genutzt, mit Doktor Tiso an der Spitze bei Hitler eine Slowakische Republik zu erwirken. Die Slowaken nannten ihren Zwergstaat ›samostatný‹ (selbständig), waren jedoch bei weitem nicht selbständig. Die Hörigkeit der slowakischen Regierung zum Staatsschöpfer war augenfällig und von Nachahmung gekennzeichnet. In Anlehnung an die SS hatte sich die ›Hlinková Garda‹ etabliert, Männer in schwarzer Uniform, mit einer Armbinde mit dem slowakischen Doppelkreuz am linken Oberarm, die mit dem ›deutschen Gruß‹ grüßten. Die Hitlerjugend wurde mit der ›Hlinková Mládež‹ (*Hlinkajugend*) kopiert. Doktor Tiso unterschrieb als Präsident Verträge, nach denen einerseits alle wehrfähigen Deutsche der SS überstellt wurden, andererseits es Eichmann erlaubt war, die slowakischen Juden zu deportieren, ein Frevel, der dem katholischen Geistlichen den Tod am Galgen einbrachte.

So weit, so schlecht. Jetzt hatte ich eine Vision: Ich fahre mit meinem Wallach an die tschechische Grenze heran, steige ab und reiche einem der zwei Grenzer meinen slowakischen Paß. Dieser überfliegt ihn, beginnt zu grinsen und sich an seinen Gefährten wendend sagt er: »Deutscher aus der Slowakei, riecht nach SS.« Der Angesprochene nickt. Ich werde in Gewahrsam genommen, eine Rückfrage in die Slowakei bestätigt die Vermutung.

Für die Tschechen war es unmöglich, auseinanderzuklauben, welche von den SS-Angehörigen der Slowakei Freiwillige waren oder zwangsrekrutiert wurden. Tatsächlich waren in unserem Dorf, das durch das Bergwerk auf vierzehntausend Seelen angewachsen war, nicht wenige, die freiwillig zur SS gingen. Der Ortspfarrer, ein tiefgründiger Hasser des Bolschewismus, forderte von der Kanzel her junge Männer zum Waffengang gegen dieses, wie er sagte, »größte Übel der Menschheit« auf. Aber es waren nicht nur die mahnenden Worte des Pfarrers, sondern vielmehr die Abenteuerlust junger Heißsporne. Das Bergwerk stellte nur volljährige Arbeitskräfte ein, und so wußten sie nicht, wohin mit der Kraft, die sie in sich spürten.

Ein Gedanke riß mich aus meinen Betrachtungen, der liebe Gott hatte mich fünf Mal vor dem Tode bewahrt und es käme einer Gotteslästerung gleich, jetzt die Gefahr zu suchen.

Ich ging zu meinen Reisegefährten und erklärte ihnen, daß eine Weiterfahrt für mich keinen Sinn mache. Den wahren Grund sagte ich nicht. Sie wollten mich mitnehmen. Ich dankte, lehnte aber ab, sagte, daß ich von Landwirtschaft nichts verstünde und den Wunsch habe, nach Möglichkeit ein Studium aufzunehmen. Sie hatten Verständnis. Ich schenkte ihnen das Pferd und den Wagen mit dem Proviant, mit den Worten, daß dies für ihren Neubeginn ein guter Anfang, für mich ohne Bedeutung sei. Sie bekamen feuchte Augen und dankten mir von Herzen.

Ich ging, um mich von dem Pferd zu verabschieden. Es weidete, aber als es mich sah, kam es auf mich zu. Ich umarmte den Wallach, liebkoste ihn, küßte ihn, und meine Augen verschleierten sich.

Von Emotionen stark überwältigt, wollte ich dem Ort, der mir, wie ich fest glaubte, eine Offenbarung hatte zuteil kommen lassen, entfliehen. Ich nahm dem Ostpreußen das Versprechen ab, das Pferd gut zu behandeln und auch an den Sack mit Süßigkeiten zu denken. Er war als einer, der viel mit Pferden zu tun hatte, ein wenig beleidigt, begriff aber meine Erregung, versprach es und drückte seine breite Handfläche so fest in meine, daß es mich schmerzte und gab mir damit die Gewißheit: »Der Wallach ist in guten Händen.«

Aber meine Flucht erwies sich als problematisch. Der finster dreinblickende amerikanische Wächter hatte seine Augen überall. Vermutlich war er einer jener Ausbilder, dem Ordnung und Disziplin über alles ging. In einer Entfernung von etwa dreißig Metern von der Scheune war ein Heuschober, breit und an die drei Meter hoch. Hätte ich dahinter verschwinden können, wäre ich den Augen des Amerikaners entschwunden. Ich bewegte mich vorsichtig auf den Schober zu, aber da traf mich auch schon der strafende Blick des Bewachers und gebot mir Einhalt.

Abwarten? Wie lange würden wir hier festgehalten, sollte ich mich quälen müssen? Dieser Gedanke brachte mich zu dem Entschluß, den Heuschober im Laufschritt zu erreichen und ich rannte los.

Aber das wachsame Auge des Amerikaners entdeckte meine Absicht und als ich mich hinter dem Heuschober verkrümeln wollte, schickte er mir eine Kugel aus seinem Gewehr hinterher. Er traf nicht, wollte wahrscheinlich auch nicht treffen, ermahnte mich jedoch auf diese Weise sehr eindringlich, meinen Plan aufzugeben. Er war wütend, fluchte, rief mich zurück und ich mußte mich in seine unmittelbare Nähe stellen.

Es verging etwa eine Viertelstunde, dann kam ein anderer Ami, ein junges dunkelhaariges Bürschchen, der meinen wütenden Bewacher ablöste. Letzterer machte die Ablösung auf mich aufmerksam, riet, mich fest im Auge zu behalten. Dann ging er und ich stand wieder etwa eine Viertelstunde neben dem neuen Bewacher, der, wie ich herausgehört hatte, den Dienst mit größtem Widerwillen antrat.

Er mochte in meinem Alter gewesen sein und schien von dem Diensteifer dessen, der gegangen war, weit entfernt. So faßte ich Zutrauen und sagte: »Must be boring for you to stand here for hours.« (»Es muß für Sie langweilig sein, hier stundenlang herumzustehen.«)

Der Ami schaute mich erstaunt an. Als er das Staunen über meine Sprachkenntnisse überwunden hatte, lächelte er und sagte: »Well yes. The trouble is that I've a date with a pretty girl this evening.« (»Nun ja. Das Problem ist, daß ich heute abend mit einem hübschen Mädchen eine Verabredung habe.«)

»And she'll be waiting in vain. That's bad. You can't keep a young lady waiting. The German girls tend to change their mind in this case« (»Und sie wird vergebens warten. Das ist schlecht. Man kann eine junge Dame nicht warten lassen. Die deutschen Mädchen ändern in diesem Fall leicht ihre Meinung«), gab ich mit todernstem Gesicht zu bedenken.

Das schlug ein. Das Gesicht des Ami nahm einen sorgenvollen Ausdruck an.

Ich überließ ihn ein wenig seiner Qual, dann holte ich zum taktischen Zug aus:

»But I think I can help you. Just tell me her Christian name, the street and the house she lives in, and I'll go and give her a message of yours.« *(»Aber ich glaube, ich kann Ihnen helfen. Sagen Sie mir einfach ihren Vornamen, die Straße und das Haus, wo sie wohnt, und ich werde ihr eine Nachricht von Ihnen überbringen.«)*

Die Wirkung meines Vorschlages war deutlich sichtbar. Seine Augen bekamen Glanz, als er sagte: »Would you do me this favour?« *(»Würden Sie mir diesen Gefallen tun?«)*

»Of course. Why not?« *(»Natürlich, warum nicht?«)*

»Okay. Go straight down. Turn to the third street on the right. Then it's the last house on the left. She is called Hilde.« *(»Gut. Gehen Sie geradeaus. Nehmen Sie die dritte Straße rechts, dann ist es das letzte Haus auf der linken Seite. Sie heißt Hilde.«)*

»And what is she like?« *(»Und wie sieht sie aus?«)*

»Oh, a very pretty girl of eighteen years with blue eyes and fair curly hair. A beauty, indeed« *(»Oh, ein sehr hübsches Mädchen von achtzehn Jahren. Mit blauen Augen und lockigem, blondem Haar. Eine Schönheit, tatsächlich«),* beschrieb sie der Ami mit einer unverkennbaren Sehnsucht in seinem gequälten Herzen.

»Okay. I'll find her. What's your message?« *(»In Ordnung, ich werde sie finden. Und was soll ich ihr sagen?«)*

»Tell her I'm here on duty till ten o'clock. I'm very sorry but I couldn't get out of it. She can pass here and we can have a nice chat.« *(»Sagen Sie ihr, daß ich hier bis zehn Uhr Dienst habe. Tut mir sehr leid, aber ich kam nicht drum herum. Sie kann hier vorbeikommen und wir können uns nett unterhalten.«)*

»Okay, I'm off« *(»In Ordnung. Ich bin schon weg«)*, sagte ich und war auch schon auf der Straße.

Ich hielt mein Versprechen und fand Hilde, eine hübsches deutsches Mädchen, das noch frisch nach jenem ›Bund deutscher Mädchen‹ aussah, der dem ›Führer‹ deutsche Treue und viele germanische Nachkommen gelobt hatte. Sie hatte ihr demontiertes BDM-Blüschen an und gab sich ein wenig geniert, als ich ihr die Botschaft des nach Liebe dürstenden Amis überbrachte.

Auf dem Botenweg hatte ich wachen Auges ein bäuerliches Gehöft ausgemacht, das mich mit Zuversicht erfüllte. Jetzt ging ich hinein und bewarb mich als Arbeitskraft. Dem stand nichts im Wege. Die Bäuerin zeigte sich hocherfreut, da die zwei Franzosen, die als Kriegsgefangene zu ihren Diensten verpflichtet waren, sie verlassen hatten. Sogar mit einem Wehrmachtspersonenauto für Offiziere, das sie sich irgendwo hergeholt hatten, berichtete die Bäuerin mit einem Unterton, der Vermessenheit ausdrückte.

Ich bekam ein gutes Abendbrot und die Bodenkammer, in der die Franzosen logiert hatten. Dort fand ich eine Menge französischer Romane, solche, die unsere gesittete Französischlehrerin entrüstet hätten, nach den Bildern zu urteilen, mit denen sie illustriert waren.

Dann unterzog ich mich einer langersehnten Reinigung. Ich war zufrieden.

Freiheit und Arbeit

Ein großer Bauernhof und nur vier Hände, von denen zwei außerdem noch kochen und Wirtschaftliches erledigten mußten, bedeuteten für mich eine physische Überbeanspruchung. Ich ging die Dinge an, so gut ich konnte, und die Bäuerin war zufrieden.

Am dritten Tag arbeitete ich auf dem Feld, das auf einer Anhöhe lag und konnte das Flüchtlingslager sehen, aus dem mich der Liebeskummer eines jungen Amerikaners befreit hatte. Ich sah, daß dort alles in Bewegung war, die Trecks auf die Straße hinausfuhren und den Weg fortsetzten, der mir vor drei Tagen abgeschnitten worden war. Ich erkannte mein Pferd, den Wagen und meine ehemaligen Reisegefährten. Wehmut machte mir das Herz schwer. Ich setzte mich auf den Boden, und beobachtete mit feuchten Augen die Karawane, verfolgte meinen vierbeinigen Freund, bis ich ihn aus den Augen verlor. Dann aber wich bei dem Gedanken, einem ostpreußischen Bauernehepaar ein nützliches Geschenk für den Neubeginn gemacht zu haben, meine Traurigkeit.

Am Abend sagte ich der Bäuerin, daß ich keine deutschen Papiere habe und Gefahr laufe, von den Amerikanern geholt zu werden. Das wollte sie auf keinen Fall, denn ich war ihre einzige Arbeitskraft und gab mir Mühe. Sie sagte, daß der Bürgermeister ein Verwandter von ihr sei und sie das Problem lösen wolle. Bei dem Gespräch, das sich ergeben hatte, fiel mir ihre Unkenntnis in der Geographie und Völkerkunde auf; sie war nicht davon zu überzeugen, daß in der Slowakei auch Deutsche als Minderheit lebten. Für sie war und blieb ich ein Slowake. Ich schrieb ihr meine Daten auf einen Zettel.

Am nächsten Morgen begab sie sich in meiner Angelegenheit zum Bürgermeister. Ich ging in die Scheune, um Häcksel zu schneiden. Ich hatte bereits zum zehnten Mal die Häckselmaschine gespeist und begann wieder das große Rad kraftvoll zu drehen, als ein junger Mann zum Scheunentor hereinplatzte und mich auf Tschechisch fragte, ob ich meinen Verstand ganz verloren hätte.

Ich bat ihn, reichlich verblüfft, mir das näher zu erklären.

Er sagte, daß er beim Bürgermeister zu tun hatte und da sei eine Frau hereingekommen und habe um einen Personalausweis für einen Slowaken, der bei ihr arbeite, nachgesucht. Er habe sie gleich gefragt, wo er den Slowaken finden könnte, die Adresse bekommen, und da sei er jetzt, um mir ins Gewissen zu reden.

Ich wollte ihm den Sachverhalt darlegen, aber er war derart in Fahrt, daß er mich nicht zu Wort kommen ließ. Er sagte, daß Bürger der wiedererstandenen Tschechoslowakei auch dahin gehörten und mit amerikanischen Lastautos mit Sitzgelegenheit demnächst dorthin gebracht würden. Und daß es verwerflich sei, für Deutsche, die den Tschechen so viel Leid zugefügt hätten, zu arbeiten. Ich solle also, bitte schön, alles stehen und liegen lassen und mit ihm ins Ausländerlager gehen.

236

Die Perspektive, auf schnellstem Weg nach Hause zu kommen, entzückte mich. Der Tscheche hieß Karel, war höchstens zwei Jahre älter als ich, und steckte voller Pathos und Patriotismus, und ließ nicht locker. Man hatte ihn vor drei Jahren nach Deutschland dienstverpflichtet, es sei ihm als gelernter Koch nicht allzu schlecht ergangen, aber jetzt wolle er wieder nach Hause.

Ich wollte auch nach Hause, so liebend gerne wie er, und diese Gemeinsamkeit machte uns auf Anhieb zu Freunden.

Wir gingen beide zur Bäuerin, die mir freudestrahlend eine Bescheinigung des Bürgermeisters überreichte, das freudige Lächeln jedoch verlor, als ihr mein neuer Freund in recht gutem Deutsch mitteilte, daß er mich ins Ausländerlager mitnehmen würde. Schließlich sah sie es ein, »Heimat«, sagte sie, »bleibt Heimat.«

* * *

Im Zwiespalt von Heimweh und Furcht folgte ich Karel, die Freundlichkeit des Tschechen hatte meine Bedenken zerstreut.

In der Schule des Ortes waren die Ausländer einquartiert, wurden von den Amerikanern verpflegt, mit Zigaretten beschenkt, und waren voll des Lobes. Karel stellte mich vor und rückte eine Bettstelle neben sein Nachtlager.

Nach drei Tagen brachten uns amerikanische Lastkraftwagen nach Wittenburg.

Das ehemalige Arbeitsdienstlager bestand aus mehreren Baracken, auf jeder wehte eine Nationalflagge. Tschechoslowaken waren nur schwach vertreten und teilten sich mit den Jugoslawen eine Baracke, auf der zwei Fahnen steckten. Die Stimmung war ausgezeichnet – die Freude auf das baldige Wiedersehen mit der Heimat hob jedes Gemüt. Musik, Tanz, herrliche Volkslieder der Jugoslawen, Trinksprüche auf Marschall Tito.

* * *

Es war ein Sonntagmorgen, ich ging irgendeine Straße entlang und vernahm aus einem Backsteingebäude, das die Form einer großen Kapelle hatte, Orgelmusik und Kirchengesang. Ich hörte genauer hin, und erkannte ein Lied, das in der katholischen Kirche gesungen wird. Als ich näher kam, sah ich durch die offenstehende Türe, daß die Messe zelebriert wurde. Ich trat ein. Über zwei Jahre waren vergangen, seit ich zum letzten Mal ein Gotteshaus betreten hatte.

Im Vorraum reckten etliche Mädchen ihre Hälse nach mir. Sie lächelten mir zu, stießen andere, die mich noch nicht bemerkt hatten, an und tuschelten etwas. Ich nahm den jungen Damen ihr Benehmen an diesem Ort übel, würdigte sie keines Blickes und ging weiter nach vorne.

Am Gottesdienst erbaute ich mich, und betete um eine baldige und glückliche Heimkehr. Ich betete inständig. Dann sprach der alte Pfarrer seinen Abschiedssegen und verkündete lateinisch das Ende der Messe.

Ich war überrascht, als vor der Kirche die Mädchen, deren Verhaltensweisen mir beim Eintritt in die Kirche recht merkwürdig vorkam, auf mich zu warten schienen. Sie sprachen mich in dem Dialekt meiner Heimat, einem verfärbten Sächsisch aus der Freiberger Gegend, von wo die Vorfahren einst gekommen waren, an und waren außer sich vor Freude.

Es erwies sich, daß die jungen Damen aus dem Nachbarort waren und, damals etwa vierzehnjährig, gerne ins Kino gegangen waren, das als einziges weit und breit in unserem Dorf, mit dem größten Kohlenbergwerk der Slowakei, war. Auf diesem Weg mußten sie an unserem Haus vorbeigehen und ich war ihnen zur bekannten Erscheinung geworden. Sie sahen mich oft, ich sah sie nie – wer kümmert sich schon um vierzehnjährige Gören?

Und so sahen wir uns wieder! Aus den unscheinbaren Schulmädchen von damals waren mittlerweile hübsche Siebzehnjährige geworden. Aber wie hatte es sie nach Wittenburg, wohin mich der Zufall geweht hatte, verschlagen? Ich drang mit Fragen in sie und sie berichteten.

Es war in ihrem Fall kein Zufall, sondern die traurige Tatsache, daß der karge Boden unserer Heimat nicht alle Menschen, die auf ihm lebten, ernähren konnte. So suchten sich seit Urgroßmutters Zeiten diejenigen, die nicht im Bergwerk Arbeit finden konnten, anderswo Verdienstmöglichkeiten. Junge Frauen und Mädchen verdingten sich als Landarbeiterinnen. Vor dem ersten Weltkrieg gingen sie nach Ungarn und arbeiteten auf den Gütern ungarischer Grafen und Barone. Nach Hitlers Machtübernahme gingen sie ins ›Reich‹, wie man zu sagen pflegte. Die Sache war organisiert: Ein sogenannter Harnak, ein Wort, das aus dem Ungarischen kommt und mit ›Aufseher‹ übersetzt werden kann, schloß mit dem Gutsbesitzer einen Vertrag, mit einer Gruppe junger weiblicher Arbeitskräfte, die er auswählte, die Feldarbeit auf dem Gut zu übernehmen. Das Gut bot Unterkunft und Verpflegung.

Die Gruppe kam im Frühjahr angereist, arbeitete bis zum Spätherbst, dann fuhr sie zurück nach Hause. Der Gutsbesitzer zahlte an den Aufseher in Naturalien und Geld, der Aufseher seinerseits an die Leute.

So kam seit Jahren auf das Gut Dodow bei Wittenburg, mit einer der größten Obstplantagen Deutschlands, alljährlich eine Gruppe weiblicher Landarbeiter aus meiner Heimat. Die diesjährige Gruppe stand vor mir. Und wie es zu Hause Brauch war, gingen sie auch hier sonntags zur Messe, nach Wittenburg, in die einzige katholische Kirche weit und breit.

So wurde ich von ihnen eingeladen und mußte mit auf das Gut. Es war ein schöner Sonntag, und ich war voller Freude. Ich war zu Hause und doch an die tausend Kilometer von daheim entfernt. Indes, die Freude verringerte sich erheblich, als sie mir mitteilten, daß die zurückweichenden deutschen Truppen ihre Landsleute aus der Slowakei nach Böhmen, in das Sudetenland, evakuierten. Die aus unserer Gegend kamen nach Kaaden und Umgebung. Dann wußten sie zu berichten, daß alle Deutschen der Tschechoslowakei nach Deutschland ausgesiedelt werden würden, etliche auch schon herausgekommen seien. Als sie von meinem Plan erfuhren, rieten sie mir davon ab und begannen, mich zu überreden, zu ihnen auf das Gut zu kommen.

Sie wohnten in einer Holzbaracke, ohne den geringsten Komfort, lediglich der Aufseher, ein fülliger älterer Mann, war im Gutshaus untergebracht. Die Baracke bestand aus einem großen Raum, in dem sie alle zusammen auf Stroh schliefen. Die Nachtlager waren an der hinteren Wand ohne Fenster und nahmen die Hälfte des langen Raumes ein. Vor den Fenstern stand ein langer Tisch mit zwei Bänken, daneben ein Herd.

Ich wollte die Gelegenheit, mit amerikanischen Lastkraftwagen nach Prag zu fahren, nicht vertun, andererseits gab mir die Behauptung über die Aussiedlung der Deutschen zu denken. Sollte es wahr sein?

Am folgenden Tag ging ich zum Stadtkommandanten und bat ihn um eine klare Information betreffs der Deutschen in der ČSR. Er bestätigte die Aussage der Mädchen – damit war die Entscheidung gefallen, ich hatte kein Problem mehr und war erleichtert.

Der Gutsbesitzer in Dodow stellte mich ein, männliche Arbeitskräfte waren rar. Als Unterkunft wies er mir die Baracke der Mädchen an, dabei lachte er.

Ich hatte nichts zu lachen. Als Hahn im Korb war es nicht einfach. Ich durfte keine bevorzugen, keine zurücksetzen, wachsame Augen beobachteten mich. Kein Kompliment der einen machen und die anderen vergessen! So durfte ich mich für keine entscheiden und blieb in der Neutralität. Ich hatte einfach kein Glück bei dem weiblichen Geschlecht, und diese Variante war wahrlich die kurioseste ihrer Art. Ich lag zwischen Angela und Julia – auf dem Rücken –, wo eine Drehung auf die eine Seite auf der anderen eine nervöse Reaktion hervorrief. Erst als der Schlaf kam, konnte ich nach meinem Wunsch zum Liegen kommen.

Tagelang zogen wir Rüben. Ich war mehr Unterhalter als Arbeiter. Ich hatte nur eine Reihe, die andere, die mir noch zugeteilt war, wurde von den Mädchen übernommen. Aber auch in der einen hackte man mir mal von links, mal von rechts herum – ich mußte erzählen, erzählen. Sie dürsteten nach Unterhaltung. Ich hatte mich mit Witzen, die ich im Gedächtnis hatte, verausgabt, suchte nach Quellen und ging zur Nacherzählung von Literatur über. Über Stunden hinweg war es nicht ohne Anstrengung, aber wer konnte schon dem schmeichelnden Flehen der Mädchen widerstehen – ich konnte es nicht.

Der Aufseher stand daneben und sagte kein Wort. Nur manchmal, wenn sie im Amüsement allzu sehr quiekten, lächelte er müde mit. Er war nicht mehr das, was er einmal war, sagten die Mädchen. Aus dem einträglichen Geschäft hatte er zu Hause ein kleines Vermögen aus unbeweglichem Inventar angehäuft. Das war nun weg und mit ihm schien auch sein Frohsinn geschwunden zu sein.

Die Amerikaner hatten den Engländern Platz gemacht und nun hieß es, daß auch sie abziehen und die Russen kommen würden. Das Gerücht schien zur Gewißheit zu werden, wenn man die Niedergeschlagenheit des Gutsbesitzers beobachtete.

* * *

Eines Tages war es dann soweit. Der Gutsbesitzer riß die kostbaren Gemälde von den Wänden des Gutshauses, verlud diese und andere Kostbarkeiten auf alle möglichen Vehikel, bei den Lkws angefangen bis zum Leiterwagen mit vorgespanntem Traktor. Die Zurückgebliebenen beobachteten seine Flucht mit gemischten Gefühlen. Dann schwang sich auch der Aufseher auf die Ladefläche eines Lkw. Darauf setzte der Gutsbesitzer seine Familie in das Prunkstück von einem Maybach, sich selbst hinter das Steuer und fuhr einer Karawane mit wertvollem Gut hinterher. Nach Hamburg, wo er, wie es hieß, ein zweites Gut hatte. »So wird es unseren Eltern gegangen sein«, sagte Julia, und die ersten Tränen rollten über ihre Wangen. Ihre Betrachtung steckte die Gemüter der anderen Mädchen an und bald weinten alle.

Der Rest des Tages und der nächste Tag verliefen in Angst. Auf dem Gut arbeiteten auch Frauen und Mädchen aus Ostpreußen und Schlesien, die vor Monaten von der Roten Armee überrollt worden waren. Fünf von ihnen waren schwanger und trugen die Frucht mit Niedergeschlagenheit in ihrem Leib. Andere hatten weniger Schaden an Leib und Seele genommen und erzählten in den langen Pausen, die ohne Aufsicht waren, ihre Erlebnisse. Eine geistig zurückgebliebene Frau erzählte mit erstaunlicher Heiterkeit:

»Ich war gänzlich durchgefroren und hatte mir ein heißes Fußbad gemacht. Da kommt doch ein junger Russe zur Türe hereingeschneit, fuchtelte mir mit seiner Kugelspritze vor dem Gesicht herum und befahl mir mit Gesten, mich auf das Sofa zu legen, auf dem ich saß. Ich begriff gleich, daß eine Weigerung keinen Sinn hatte, denn er zitterte vor Geilheit. So griff ich nach dem Handtuch und wollte mir die Füße abtrocknen. Aber der Russe wollte nicht warten, drückte mich auf das Sofa, riß mir die Schlüpfer vom Bauch und rammelte los. »Junge, mach' doch langsam! Wenn du schon was machst, mach' es anständig, wie es sich gehört!« sagte ich. Doch der Russe fing an zu keuchen und schoß mir sein ganzes Magazin in den Unterleib. Dann grinste er mich an, nahm die Hose hoch und verschwand so schnell, wie er gekommen war. Konnte denn der Saukerl nicht warten, bis ich meine Füße abgetrocknet hatte?!«

Allgemeines Gelächter. Es gab eine Ausnahme, die der Bericht nicht erheitern konnte. Sie war mir mit ihrer Verschlossenheit seit langem aufgefallen. »Warum lachst du nicht?« fragte sie Lieschen, unsere Jüngste und Frechste, die neben ihr saß und bei dem originellen Vortrag vor Vergnügen in die Hände geklatscht hatte.

»Mir ist nicht zum Lachen«, antwortete die traurige Nachbarin. »Aber das verstehst du noch nicht«, sagte sie dann mit einem müden Lächeln und strich der Fünfzehnjährigen mit der Hand liebevoll über das Haar.

Ich erteilte Lieschen einen Verweis, was ich schon öfter tun mußte, wenn sie über die Stränge schlug und wandte mich an ihre Nachbarin: »Sie scheinen Schlimmes durchgemacht zu haben.«

»Schlimmer als schlimm«, gab sie zurück, und ihre Augen wurden feucht.

»Versuchen Sie darüber hinwegzukommen«, bemühte ich mich sie zu trösten und erzählte ihr Abschnitte aus meinem Leben, die sie stark beeindruckten. Dann, als wollte sie sich nach langer Zeit, in der sie ihren Schmerz in sich vergraben hatte, offenbaren, begann sie:

»Ich war Lehrerin in einem Dorf in der Nähe von Königsberg. Obgleich der Schulbetrieb seit geraumer Zeit ausgefallen war, zog es mich oft in die Schule, in meine Klasse, wo ich vorne am Tisch lange verharrte. So auch an jenem Tag, an dem die Russen überraschend und schneller als erwartet anrückten. Der ungewöhnliche Lärm auf der Straße, der am Schulgebäude vorbeiführte, ließ mich zu einem

Fenster eilen – das war mein Verderben. Die vorbeimarschierende Einheit sah mich und besetzte sogleich die Schule.

Die Eindringlinge grinsten mich an und begannen mit mir Katz und Maus zu spielen. Immer wieder kam einer auf mich zu, drängte mich in die Ecke, streckte mit einem wilden Schrei die Hand nach mir aus und wich wieder zurück. Schallendes Gelächter, als sie mich am ganzen Leib zittern sahen. Mehrfache Wiederholungen – meine unbeschreibliche Angst amüsierte sie enorm. Schließlich griff einer in mein Dekolleté und riß das Kleid bis unten durch. Ein zweiter riß mir die Unterwäsche vom Leib. Aus seinen Augenschlitzen sprühten lüstern zwei dunkle Augen und ergötzten sich an meiner Nacktheit. Alle gruppierten sich vor mir in einem Halbkreis, an die vierzig Augenpaare durchbohrten mich. Sie schienen sich zu beratschlagen und rauchten dabei genüßlich ihre Zigaretten. Dann zog einer eine Leine aus seinem Gepäck und begann sie in Stücke zu schneiden. Man legte mich auf den langen Lehrertisch und band mir Hände und Füße an den Tischbeinen fest. In einer Art Ritual umkreisten sie den Tisch und drückten ihre Zigaretten auf meinen Brüsten aus. Ich schrie vor Schmerzen. Die Schreie schienen sie aufzureizen und meine Brüste waren bald eine einzige Wunde. Der erste Vergewaltiger warf sich auf mich und verbiß sich in meiner rechten Brust. Bei der vierten Vergewaltigung verlor ich das Bewußtsein ...«

»Konnte Sie niemand retten?« fragte ich und fand meine Frage, sofort nachdem ich sie ausgesprochen hatte, reichlich naiv.

»Wer sollte mich retten? Ich fand das Bewußtsein in einem Bett wieder, an dessen Rand die Frau des alten Schuldieners saß. Sie sagte mir, daß sie mein Schreien gehört habe und ihr Mann lief zur Schule. Er wurde zu Boden geschlagen und mit Fußtritten zur Türe hinausgestoßen. Die Mongolen verließen lärmend die Schule und das alte Ehepaar band mich los und trug mich in ihr Schlafzimmer.«

Beklommenes Schweigen. Es hielt an, als wir schon lange wieder Rüben zogen. Jedes der Mädchen schien der Erlebnisbericht in Angst versetzt zu haben. Die Folge war, daß sich abends auf dem Stroh Julia rechts und Angela links eng an mich schmiegten und mich in arge Bedrängnis brachten. Aus Angst fanden die Mädchen keinen Schlaf, zumindest keinen tiefen. Mich peinigte der Stachel des Fleisches – es war eine schreckliche Nacht. Ihr folgten noch zwei, und ich schlich als ermatteter Hahn umher, dem kein wackerer Schrei mehr gelingen konnte.

Tagsüber – an Arbeit war nicht zu denken – saßen die Mädchen hinter verriegelter Tür und verhangenen Fenstern ängstlich im Stroh.

* * *

Ich weiß nicht, mit welcher militärischen Macht die Rote Armee in die Kreisstadt Wittenburg einrückte, nach Dodow kamen drei Panjewagen mit je vier Russen, die keineswegs einen kriegerischen Eindruck machten. Als sie an unserer Baracke vorbeifuhren, hinunter zum Gutshof und die Mädchen beim Aufhängen der Wäsche erblickten, gerieten sie vor Freude außer sich, winkten und riefen ihnen russische Worte zu, die sich wie Grußadressen anhörten. Die Mädchen indes reagierten auf die Grußbotschaft sehr verängstigt, rissen die feuchte Wäsche von der Leine, verschwanden in die Baracke und verriegelten sorgfältig die Türe.

»Zu spät«, wollte ich sagen, aber das zweite Wort erstarb mir auf den Lippen, als ich daran dachte, was ich damit anrichten würde. Der Gedanke an die kommende Nacht machte mich krank, kränker als ich schon war, gänzlich krank.

Und es kam, wie ich es mir vorgestellt hatte. An jenem Abend fand ich mich in der denkbar engsten Umklammerung meiner beiden Schlafgefährtinnen, umschlungen von vier samtweichen Armen. Liebe Worte wurden mir bald in das eine, bald in das andere Ohr getuschelt, die mich Tantalusqualen erleiden ließen.

Von meinen zarten Fesseln befreite mich ein Schuß vor der Baracke, der mich auf die Beine riß. Die Mädchen begannen zu wimmern. Ich versuchte sie zu beruhigen, wußte jedoch, daß der Versuch keine Früchte tragen konnte und ging zur Türe.

»Nicht aufmachen«, flüsterten die Mädchen, die alle aufrecht im Stroh saßen.

»Unsinn, bleibt ruhig!« antwortete ich gebieterisch, wissend, daß eine Tür einer alten Holzbaracke der bewaffneten Sowjetmacht nicht standhalten konnte, schob den Riegel zurück und öffnete.

Vor mir standen zwei Russen. Ich redete sogleich slowakisch auf sie ein, was sie zu verblüffen schien, denn immerhin hörten sie eine slawische Sprache und, wie ich später feststellen konnte, hatten sie den Sinngehalt meiner Begrüßung verstanden. Ich hatte ihnen gesagt, daß es sich hier um Bürgerinnen der Slowakei handle. Um beweiskräftig zu sein, verlangte ich von den Mädchen einen slowakischen Paß, den ich den Russen vor die erstaunten Gesichter hielt.

Es war eine helle Mondnacht, und die Russen, die neben dem Paßfoto einen riesigen Stempel mit dem slowakischen Doppelkreuz sahen, mußten einräumen, daß es sich hier um ein ordentliches Dokument handelte. Sie kamen zu der glücksverheißenden Überlegung, daß ein persönlicher Einsatz in ihrem Sinne bei Ausländerinnen Folgen haben könnte. Zu dieser Erkenntnis kamen sie russisch überein, was ich zwar nicht verstand, doch in der Annahme bestärkt wurde, als der eine, der seine Kalaschnikow im Anschlag hielt, diese arglos über die Schulter hängte. Der andere sprach einen Satz, in dem das Wort ›pitj‹ vorkam, was slowakisch ›trinken‹ bedeutete, zog gleichzeitig eine Flasche aus der Tasche, öffnete sie und reichte sie mir.

Ich nahm einen Schluck, der mir für einen Moment die Luft abschnürte, mir aber, dem Ermatteten, letzten Endes gut tat. Ich dankte und gab die Flasche zurück. »Drugie tosche«, sagte er und zeigte mit der linken Hand in das Innere der Baracke. Der andere nickte zustimmend, und es war klar, daß die beiden aus ihrer bösen Absicht einen Anstandsbesuch machen wollten.

Ich verständigte kurz die Mädchen, verbot ihnen eine Ablehnung und knipste das Licht an. Die Russen traten ein. Mit ihnen gelangten zwei Flaschen Wodka – der andere holte auch eine Flasche aus der Tasche – in das Schlafgemach, die jetzt die Runde machten. Die Mädchen nahmen der Reihe nach einen Schluck aus der einen Flasche, husteten, nahmen einen zweiten aus der anderen und husteten noch einmal, was die Russen sehr belustigte. Mit der Reihe zu Ende gekommen, setzte jeder seine Flasche an und demonstrierte, wie so etwas gemacht wird. Dann sagten sie »spokojnoj notschi«, drehten sich um und verschwanden im Dunkeln.

»Das ist überstanden. Keine Angst, jetzt kommt keiner mehr. Das spricht sich rum. Wir können beruhigt schlafen«, sagte ich und suchte mein Nachtlager auf. Der Wodka tat seine Wirkung, nach drei Minuten schliefen alle meine Schützlinge, und ich konnte mich dem Schlaf des Gerechten mit Wonne hingeben.

Am folgenden Vormittag sahen wir einen hochgewachsenen Russen auf unsere Baracke zukommen, nach der Uniform zu urteilen, des besseren Tuches wegen, mit einer Schirmmütze und Achselstücken, auf denen drei Sterne blinkten, auf Anhieb als Offizier ausgemacht werden konnte.

Ich stand in der geöffneten Tür, auf die er mit schwungvollen Schritten zueilte. Angekommen, nahm er mechanisch seine Rechte an den Mützenschirm und stellte sich als Kapitan Schurin vor. ›Kapitan‹ war mir von der slowakischen Armee her als Dienstgrad bekannt, entsprach in der deutschen Wehrmacht dem Hauptmann, bei der SS dem Hauptsturmführer. »Ja Komendant«, sagte er und schlug mit der rechten Hand einen weiten Bogen, was bedeutete, daß er Kommandant vom Ganzen sei. ›Das Ganze‹ war viel, eine riesige Obstplantage, Felder, Wiesen, auf denen achtzig erstklassige Milchkühe weideten. Mit einem Wort, was das Auge aufnehmen konnte, gehörte zu dem Gut.

Er trat in die Baracke, und nachdem sich seine Augen, aus der prallen Sonne kommend, an die Dunkelheit des Raumes, der durch kleine Fenster nur schwach ausgeleuchtet wurde, gewöhnt hatten, zog er die Augenbrauen hoch und brach in eine Schimpfkanonade aus. Man hörte wiederholt die Worte ›Kapitalist‹ und ›Swinstwo‹ – letzteres glich dem Slowakischen und bedeutete Schweinerei. Nachdem er die Anzahl der Mädchen festgestellt hatte, schüttelte er den Kopf, verließ die Baracke, spie draußen auf die Erde und entfernte sich mit raschen Schritten, vor sich herfluchend.

Nach einer halben Stunde kamen die beiden Russen, deren Bekanntschaft wir gemacht hatten, mit einem eisernen Bettgestell und Matratzen auf die Baracke zu. Ihnen folgten zwei andere mit der gleichen Last. Die Russen setzten die Betten vor der Baracke ab und entfernten sich eiligst. Nach einer Weile kamen sie mit zwei weiteren Betten. Ihre Arbeit wiederholte sich solange, bis so viele Betten vor der Baracke standen wie Mädchen in ihr wohnten. Dann gingen die Russen in die Baracke, rafften das Stroh zusammen und trugen es in einem gemessenen Abstand zur Baracke auf einen Haufen zusammen.

In der Ecke des Raumes hatten sie einen Besen entdeckt, mit dem einer den Boden zu fegen begann, danach wurde er feucht gewischt. Als das geschehen war, trugen sie die Betten in den Raum und stellten sie in Abständen voneinander auf.

Ein brennendes Streichholz wurde in den Strohhaufen geworfen, der sogleich Feuer fing. Das Feuer begeisterte die Russen, die drum herum zu tanzen begannen, die Mädchen in den Freudentanz einbezogen, die, nach einer anfänglichen Beklemmung, die Beine ausgelassen hochwarfen. Mit dem Erlöschen des Feuers waren die Vorurteile der russischen Gutsherren verbrannt und eine distanzierte Freundschaft nahm ihren Anfang.

Zwei Stunden später kam der Kommandant und beäugte kritisch die Leistung seiner Untergebenen. Er nickte. Dann kam er auf mich zu und stellte mir eine Frage, die ich nicht verstand. »Ne rozumiem« (»*Ich verstehe nicht*«), sagte ich slowakisch, das er seinerseits sehr gut verstand, denn er nannte jetzt einige russische Namen, und ich begriff, daß er meinen Vornamen wissen wollte. »Mihál«, sagte ich, das er gleich zu »Michail« umwandelte. Er redete auf mich ein, und dank der Gemeinsamkeit der slawischen Sprachen hörte ich heraus, daß ich Russisch lernen solle, um ihm als Dolmetscher zur Verfügung zu stehen. Er hielt mich mit meinen Slowakischkenntnissen, von denen er eigenartigerweise eine Menge verstand, was mir erst später, als ich Slawistik studierte, verständlich wurde, dafür geeignet.

Diese Aufgabe begann mich zu reizen. Ich stellte mir vor, daß mir im Vergleich des Russischen mit dem Slowakischen ein Erfolg beschieden sein könnte. Er bat mich, mitzukommen und unterwegs sagte ich ihm, daß ich für ein Selbststudium, zu dem ich mich verpflichtete, Bücher bräuchte, vor allem ein russisch-deutsches Wörterbuch, dazu russische Literatur.

Im Gutshaus angekommen, führte er mich in ein kleines, aber behagliches Zimmer, das fortan meine Unterkunft sein sollte. Er ging, kam aber bald wieder, mit drei Büchern unter dem Arm, die er auf den Tisch meines Zimmers fallen ließ. Mir fiel ein umfangreiches Wörterbuch aus Wehrmachtsbeständen ins Auge, mit den beiden anderen Büchern konnte ich zunächst, der kyrillischen Schrift wegen, nichts anfangen.

Ich nahm das Wörterbuch in die Hand und blätterte darin. Wie es Wörterbüchern eigen ist, stand auf einer der ersten Seiten das russische Alphabet, in Groß- und Kleinbuchstaben und daneben die deutsche Umschrift. Dann folgte eine kurzgefaßte Grammatik. Ich nickte zustimmend und der Kapitan hieb mir auf die Schulter, daß sie schmerzte. Mit Gesten und etlichen verständlichen Brocken befreite er mich von der Arbeit – ich sollte mich einzig und allein dem Studium der russischen Sprache widmen.

* * *

Ich lebte unter Russen, wurde von ihnen verköstigt, sprach mit ihnen und nach einigen Wochen nannten sie mich einen »svoi«, einen von ihnen. Der Kapitan sagte Mischa zu mir, die Frauen, die Köchin und die anderen, die die Kühe molken und die Milch verwerteten, nannten mich, meiner bescheidenen Größe wegen, Mischutka und fütterten mich mit Bortsch, Schtschi, Milch und Kascha.

Was das Selbststudium anging, schonte ich mich nicht, bis ich ganz blaß war, dies fiel dem Kapitan auf und er warnte vor Übertreibung. Dann hatte er eine Idee: Ich solle, sagte er, die Kühe übernehmen, sie hüten, was mir eine Zerstreuung einbringen würde, andererseits aber hinreichend Zeit ließ, Russisch zu lernen. Wörtlich sagte er: »Der, der es jetzt macht, ist ein alter Mann über siebzig und ist der Aufgabe nicht mehr gewachsen. Ich habe ihn schon mehrfach schlafend angetroffen, als die Kühe weideten.«

»Ich verstehe nichts von Kühen«, erwiderte ich betroffen.

»Was ist da zu verstehen? Du hast einen Hund, läßt die Kühe morgens aus dem Verschlag, legst dich auf eine Decke, lernst Russisch – und wenn die Kühe streunen, schickst du den Hund, der sie zusammentreibt. So einfach ist das!«

Und wenn es regnet? Aber ich wagte nicht, die Frage zu stellen, und vertraute auf irgendeinen Unterstand.

»Hol' dir eine Decke und deine Bücher, wir fahren zu den Kühen.«

Wir waren am Ziel, sahen die Kühe in der Ferne weiden. Wir suchten den Hirt lange vergebens, dann fanden wir ihn schlafend im Schatten eines Gebüsches. Ich weckte ihn. Er schlug die Augen auf, sah den Offizier und begann in panischer Angst zu flehen: »Nicht schießen, nicht schießen, bitte nicht schießen!«

Der Kapitan lachte. Der alte Mann sprang auf und beeilte sich, schnell wegzukommen.

Ich machte mich mit dem Hund, einer undefinierbaren Promenadenmischung, bekannt und übernahm die »Aufgabe«, wie es der Kapitan nannte. Die Herde war groß – etwa achtzig Kühe.

* * *

Fünf Wochen lang verging ein Tag wie der andere. Ich ließ die Kühe morgens aus der Koppel. Sie suchten sich die Weideflächen nach ihrem Geschmack, das Areal war riesengroß. Ich legte mich in der Nähe der Kühe auf die Decke und las die »Mutter« von Maxim Gorki. Daneben saß der Hund und beobachtete die Kühe. Streunten sie zu weit auseinander, begann er zu knurren. Dann ein kurzer Pfiff und das zottelige kleine Biest fegte wie ein Blitz um die Kühe herum und trieb sie zu einem Knäuel zusammen. Er kniff die eine oder andere Kuh in ein Hinterbein, die daraufhin ausschlug, aber ins Leere traf. Dann kam er zurück, wurde gelobt und wartete sehnsüchtig, aufgeregt hechelnd, auf die nächste Gelegenheit.

Dann kam das Unglück. Es kam über Nacht, mit einem starken Regen, der bis in den frühen Morgen andauerte und alles durchnäßt hatte. Als ich aus dem Haus ging, hatte sich ein heftiger Wind aufgemacht. Noch war ich zuversichtlich, daß er bald alles trocknen würde. Wie immer ging ich mit den Kühen zu der Weidefläche, die sie bevorzugten. Seit Tagen war es frischer Luzernerklee. Auch jetzt strebten sie jenem Acker zu, auf dem er zu finden war. Neben ihm war Sumpf, der an diesem Morgen zu meinem Verhängnis wurde.

Die Kühe fraßen gierig den nassen Klee. Der Wind blies ihnen entgegen und schien ihren Appetit zu steigern. Sie blieben zusammen, der Hund knurrte nicht und ich vertiefte mich in die Literatur, mit dem gleichem Heißhunger, wie die Kühe die Luzerne fraßen. So hatten beide Teile, Kühe und Kuhhirt, eine Zeitlang ihr Vergnügen, aber bald begannen einige der Kühe merkwürdig zu stöhnen, und als ich aufmerk-

sam hinsah, hatten sie außergewöhnlich aufgebläh-
te Bäuche, die immer dicker zu werden schienen.

Diese Wahrnehmung jagte mir den Schrecken in
die Glieder und riß mich sofort auf die Beine. Ich
trieb die Kühe vom Klee. Zu spät. Eine Kuh hatte
einen enormen Umfang erreicht und trampelte aus
Verzweiflung in den Sumpf, um Kühlung zu suchen.
Die Angst packte mich. Ich rannte los. Hilfe!

Ich rannte zum früheren Melker. Seines Postens
enthoben, begann er schadenfroh zu lachen. Doch
nicht lange. Aus Tierliebe – oder aus Angst vor der
Strafe von sowjetischer Seite – besann er sich rasch
und rannte zu einer Kommode in seiner gute Stube,
entnahm Besteck und ein langes Messer und lief, so
schnell er nur konnte, zu den Kühen hinaus. Ich hinterher. Bei weitem nicht so schnell, wie es der Melker
zuwege brachte, ich hatte mich auf dem Herweg
gänzlich ausgepumpt.

Als ich erschöpft ankam, war der Melker schon
bei der rettenden Arbeit. Er stieß einer Kuh nach der
anderen ein Besteck in die Flanke und ließ das Gas
entweichen. Es mußte sehr schnell gehen, der Schweiß
rann ihm von der Stirne. Die Kuh im Sumpf war
nicht mehr zu retten. Sie hatte einen Umfang angenommen, mit dem sie zu platzen drohte. Der Melker ging in den Sumpf und schlachtete sie. Mir war
es, als stieße er auch mir das Messer in den Leib –
ich hatte von dem sowjetischen Kommandanten das
Schlimmste zu befürchten.

Der Melker blieb bei den Kühen, und ich machte mich auf einen Weg, von dem ich überzeugt war, daß es der letzte in dieser mir liebgewordenen Gegend sein würde. »Sibirien!« dachte ich, »Der Kapitan schickt mich dorthin. Eine hochwertige Milchkuh – Sibirien, klarer Fall.«

Mit wankenden Knien schleppte ich mich in das Dienstzimmer des Kapitan. Er saß hinter dem Schreibtisch und telefonierte. Nach einer Weile legte er auf, sah mich erschrocken an und fragte:

»Was ist mit dir? Du bist schrecklich blaß. Bist du krank?«

»Nein, ich bin nicht krank.«

»Angenehme Nachricht. Die Folgen wären nicht auszudenken, wenn du anfangen würdest zu kränkeln. Worum geht es?«

»Nun, diese dummen Kühe!«

»Dumm? Das ist aber was! Weißt du nicht, daß du von Kühen nicht viel Intelligenz erwarten kannst? Dafür sind es Kühe.«

»Nun, jedes Tier weiß, was es fressen soll, aber die Kühe wissen es nicht.«

Der Kapitan begann zu lachen, ich begann mich zu ärgern. Mein naiver Vorspann brachte ihn zum Lachen. Er schüttelte amüsiert den Kopf. »Mach' keine Witze. Und jetzt willst du ihnen beibringen, was sie fressen sollen?«

»Zu spät. Ich habe es versäumt. Heute morgen weideten die Kühe auf frischen Luzernen und nach einiger Zeit sah ich mit Schrecken, daß eine nach der anderen anfängt zu stöhnen und sie immer dicker werden.«

»Ernste Sache. Und was hast du gemacht?«

»Ich trieb sie aus den Luzernen. Eine jedoch hatte sich in einen Sumpf begeben.«

Der Kapitän hatte das Lachen verloren, die Augenbrauen hochgezogen und heftete gespannt seine Augen auf meinen Mund. Beunruhigt fragte er: »Und was weiter?«

»Ich lief zum früheren Melker und bat ihn zu helfen.«

»Hat er geholfen?«

»Ja. Er holte irgendwelche Geräte und lief sogleich zu den Kühen.«

»Und war er in der Lage zu helfen?«

»Ja, es zeigte sich, daß er eine Menge von dieser Sache versteht. Nur … Hier versagte mir die Stimme, und ich begann zu würgen, verzagt und voller Angst.

Der Kapitän bohrte seine Augen wißbegierig in die meinen. Voller Ungeduld fragte er: »Was denn? Warum brichst du ab? Mach' eine anständige Meldung, wie es sich gehört!«

»Die, die in den Sumpf gegangen war, konnte der Melker nicht retten.«

»Ist sie verreckt?« fragte der Kapitän und riß die Augen erschrocken auf. Ganz plötzlich stand er hinter dem Schreibtisch, aufgeregt.

Ich spürte eine entsetzliche Schwäche in den Beinen. »Nein, der Melker hat sie geschlachtet.«

Der Kapitan schien zufrieden aufzuatmen. Das aber konnte täuschen. Ich konnte mich in diesen Augenblicken auf meine Sinneswahrnehmungen nicht verlassen, zu sehr war ich schon in Gedanken in Sibirien. Ich fragte ängstlich: »Und jetzt komme ich nach Sibirien, nicht wahr?«

Der Kapitan antwortete nicht. Er machte den Eindruck, angestrengt nachzudenken und schien meine Frage überhört zu haben. Plötzlich schaute er mich erstaunt an und fragte:

»Was willst du in Sibirien? Im Winter erfrierst du dort.«

»Als Strafe, dachte ich.«

»Ach du! Du hast wunderbar Russisch gelernt, aber trotzdem denkst du wie ein echter Deutscher! Den Alten soll ich erschießen und dich nach Sibirien schicken … Sonderbares Volk.«

Er lief im Zimmer hin und her und überlegte. Dann sagte er: »Offen gestanden, ich bin nicht ganz ohne Schuld. Du hast mir gesagt, daß du von Kühen nichts verstehst. In diesem Fall war es nötig, dich vor der Übernahme der Aufgabe einzuweisen, dich mit dem Melker zusammenzubringen, der dir seine Erfahrungen mitgeteilt hätte.«

Bei dieser inneren Auseinandersetzung fuchtelte er mit den Händen herum, als Ausdruck einer Selbstkritik, bei der er sich nicht schonte. Dann machte er eine Handbewegung, als wolle er das Problem aus der Welt schaffen, kam auf mich zu und sagte:

»Jetzt dürfen wir keine Zeit verlieren. Geh' und suche Saschka. Der Teufel weiß, wo er wieder hingegangen ist. Er ist Fleischer und wird die Kuh zerlegen. Erkläre ihm, was geschehen ist. Ich gehe und suche ein Seil, um die Kuh aus dem Sumpf zu ziehen. Wir fahren mit dem Jeep.«

Saschka hatte seine Ausrüstung geholt, der Kapitan ein Seil gefunden, und wir brausten los. Die Kuh wurde angeseilt und vom Jeep aus dem Sumpf gezogen. Saschka ging fachmännisch ans Werk, der Melker half ihm. Ich wollte mich wieder den Kühen zuwenden, aber der Kapitan hielt mich zurück.

»Sag' dem Melker, daß ich ihm für seine Hilfe danke und daß er ein ordentliches Stück Fleisch bekommen wird.«

Als ich gegen achtzehn Uhr die Kühe in die Koppel trieb, lagen von der toten Kuh eine Menge Abfälle für den Hund bereit. Ein Tag der mir großen Schrecken gebracht hatte, ging zu Ende.

Es war Anfang August und ich hörte vom Pastor des Dorfes, daß der Schulbetrieb im September aufgenommen werden würde. Und ich wollte dabei sein, wenn sich die Gelegenheit bot, das Abitur nachzuholen.

Ich fand es richtig, den Kapitan von meiner Absicht in Kenntnis zu setzen, ihn von meiner Kündigung per zwanzigsten August zu unterrichten. Er stand mir nicht im Wege. Er beglückwünschte mich zu meinem Entschluß. Es träfe sich sogar gut, sagte er, die Kühe müßten demnächst als Reparation in die Sowjetunion geschafft werden, und damit würde meine Tätigkeit ohnehin ein Ende finden. Er bat mich, beim Transport der Kühe an die polnische Grenze mitzuhelfen. Der Schienenverkehr sei noch nicht hergestellt und man müsse die Kühe auf wenig befahrenen Straßen zur Grenze treiben, wo dann Viehwaggons für sie bereitstünden. Weideflächen und Trinkwasser müßten unterwegs beschafft werden und ohne Dolmetscher könnten sich Probleme ergeben. Ich war damit einverstanden.

Am 10. August, frühmorgens begannen wir mit dem Transport. ›Wir‹, das waren: Starschina *(Feldwebel)* Saschka, Sergeant Iwan, fünf russische Frauen und ich. Ein großer Wagen, dem zwei kräftige Pferde vorgespannt waren, wurde mit Proviant beladen und Sitzgelegenheiten für die Frauen geschaffen. Die männliche Begleitung bekam Reitpferde, jene, mit denen der Gutsbesitzer und seine Verwalter einst über die Felder galoppiert waren.

Saschka ritt voran. Der Sergeant und ich blieben hinter den Kühen. Im Abstand kam der Wagen mit den Frauen. Ich fand das Unterfangen zunächst recht amüsant. Zunächst. Das waren zwanzig Kilometer, wo wir auf geteerter Landstraße dahinzogen. Dann nahm das Amüsement ein Ende. Laut Karte, die Saschka mit sich führte, ging es auf unbefestigten Nebenstraßen und die 79 Kühe wirbelten einen Staub auf, daß das Hinterher reiten kein Vergnügen mehr war. Abends wurde Weidefläche beschlagnahmt, die Kühe wurden getränkt und von den Frauen gemolken.

Wir drei Treiber übernahmen nachts abwechselnd die Wache. Es ging zügig voran und nach fünf Tagen waren wir an der polnischen Grenze. Saschka und Iwan trieben die Kühe über die Grenze. Für die Frauen und mich war der Auftrag erledigt und wir fuhren mit dem Wagen nach Dodow zurück. Mein Pferd band ich hinten am Wagen fest.

Jetzt galt es für mich von Dodow Abschied zu nehmen. Es mußte sein, große Pläne gestatten keinen Aufschub. Ich ging zum Kapitan und meldete ihm die ordnungsgemäße Durchführung des Viehtransportes bis zur Grenze. Er war zufrieden. Aus einem Schubfach des Schreibtisches entnahm er ein Bündel Geldscheine, Deutsche Reichsmark, und gab sie mir. Wir verabschiedeten uns.

Ich ging in die Küche und ließ mir von der Köchin einen Brotbeutel mit Reiseproviant vollstopfen.

Darüber band ich eine Decke, die, wie ich aus Erfahrung wußte, für einen Reisenden jener Tage immer nützlich sein konnte.

Ich war reisefertig. Mein Reiseziel war Hertefeld bei Berlin, wo Leute aus unserem Dorf auf einem Gut arbeiteten. Von Hagenow, sagte man, führen Züge nach Berlin.

Bevor ich mich auf den Weg nach Hagenow begab, von dem mich vor vier Monaten ein gütiges Geschick abbrachte, verabschiedete ich mich von den Mädchen, mit der Gewißheit, daß mir ein Drama bevorstand. Ich hatte sie von meiner Absicht unterrichtet – mit dem Resultat, daß keine mehr ein Wort mit mir sprach.

Als ich in die Baracke trat, sie hatten mich durch die Fenster kommen sehen, sah ich in verheulte Gesichter. Ich versuchte ihnen alles zu erklären, redete wie ein Buch – sie verstanden nichts. Woher sollten sie auch, sie hatten keine Ambitionen, lebten ein traditionsgebundenes Leben. Sie waren jung, hübsch, voller Lebensfreude und Hoffnung. Eines Tages würde ein junger Mann kommen, für die eine wie für die andere, sie würden heiraten, Kinder haben. Wie es bei ihrer Mutter, der Großmutter und der Urgroßmuter war. So ist das Leben, und anders konnte es nach ihrer Meinung nicht sein. Wir waren Kameraden geworden, in guten wie in schlechten Zeiten. Die Angst vor den Russen hatte uns zu einer Familie zusammengeschweißt. Und jetzt konnten sie nicht verstehen, daß ich nicht eine von ihnen heiratete und eine Familie gründete, wie es Brauch ist.

Dieser Vorwurf kam ausgerechnet von Julia, der hübschesten von allen. Ihre Wangen waren naß, ihre großen, blauen Augen mit Tränen gefüllt, als sie es offen aussprach. Sie mochte mich schon immer sehr und schrieb meine Zurückhaltung ihrer Jugend zu. Nun war sie schon zwei Wochen lang sechzehn Jahre alt und sah jetzt ihre Hoffnungen mit einem Mal dahinschwinden.

Sie kam auf mich zu. Zwei Augen funkelten mich an, die mit ihrer Helligkeit die Tränen durchbrachen und sich in mich hineinbohrten. Je näher sie kam, desto mehr wankte mein Entschluß. Ich hielt mich für verloren, war drauf und dran, mich aufzugeben.

»Nein!« schrie ich in mich hinein. Die Hebelwirkung meiner kurzen Arme ist für körperliche Arbeit zu gering, zu klein bin ich für einen Landarbeiter geblieben! Hingegen habe ich Russisch in kurzer Zeit erlernt – was mir einen großen Vorteil bot. Ein gnädiges Schicksal verpflichtet mich, meine Fähigkeiten auszubauen, der Wunsch meiner Eltern, daß ich es einmal leichter haben sollte, muß Erfüllung finden!«

Ich redete auf die Mädchen ein: »Kinder, seid doch vernünftig, laßt mich mein Glück versuchen. Ich werde es vielleicht nicht finden und komme wieder zu euch zurück. Dann gebe ich auf, komme zurück und werde Ochsenkutscher oder übernehme eine andere leichte Arbeit. Bitte!«

Ich umarmte Julia. Sie drückte mir ihr nasses Gesicht an die Wangen. Dann küßte sie mich, zart und schüchtern, ihre Lippen bebten. Mit dem Schmerz des Zweifels im Gesicht fragte sie: »Du kommst wieder, nicht wahr?« Und ohne eine Antwort abzuwarten, würgte sie hervor: »Ich hab' dich doch so lieb.«

»Es wird sicherlich so sein, daß ich wiederkomme«, hauchte ich, am Ende meiner Kräfte und strich ihr mit kraftloser Hand über ihr blondes, dichtes Haar.

»Weg!« dachte ich. »Noch eine Minute und ich finde mich heute Abend in ihrem Bett wieder, vergessen wäre mein Plan, meine Zukunft, und morgen bin ich Ochsenkutscher und hole den täglichen Bedarf an Grünfutter. Nein! Nein! Das kann nicht sein!«

Ich riß mich los – innerlich. Nach außen hin behutsam, Julia schonend. Ich ging zu den anderen Mädchen. Jede drückte ihr nasses Gesicht an meines, jede küßte mich zum Abschied.

* * *

Der aufkommende Wind trocknete rasch mein feuchtes Gesicht. Es begann zu dämmern und ich schritt kräftig aus. Gegen Mitternacht erreichte ich den Bahnhof in Hagenow. Im Wartesaal war trübes Licht, und an die zwanzig Menschen saßen oder lagen auf den Bänken. Am frühen Morgen sollte ein Zug fahren. Auf einer Bank fand ich ausreichend Platz, meine Decke auszubreiten und mich hinzulegen. Das Vorausgegangene war eine enorme psychische Belastung gewesen und hatte mich ermüdet.

Ich lag noch nicht richtig, als mein Gegenüber zu schnarchen begann. Der Bursche, etwa in meinem Alter, lag auf dem Rücken. Das Licht leuchtete sein rundes Gesicht an, in dem sich die vollen Lippen rhythmisch öffneten und schlossen und schreckliche Schnarchgeräusche hören ließen. »Verdammt, so komme ich nicht zu meiner ersehnten Ruhe.«

Ich war drauf und dran hinüberzugehen, hatte auch schon ein Bein am Boden, zog es wieder zurück. »Was kann er dafür, daß er schnarcht, er schnarcht eben. So einen läßt man in Ruhe. Nächstenliebe! Kein Tadel dem, der es nicht verdient. So muß die Nachkriegszeit verlaufen!« Und ich blieb auf meiner Bank und zwang mich, das Geräusch als nicht störend zu empfinden, suggerierte es mir als wohltuend und ließ mich von dem Rhythmus in den Schlaf lullen. Es dauerte nicht lange und ich schlief. Ich träumte von einem Vollmond, der am Himmel stand, seinen Mund öffnete und schloß und schnarchte.

Jemand rüttelte mich an den Schultern. Ich schlug die Augen auf und sah in das Vollmondgesicht des nächtlichen Schnarchers. Seine vollen Lippen öffneten sich und sagten: »Kumpel, willst' nicht mitfahren? Komm', mach' los, der Zug muß gleich kommen.«

»Danke dir, Kumpel, ich hätte sicher verschlafen.«

»Dann mußt du 24 Stunden warten. Es fährt nur ein Zug am Tag.«

Ich riß mich hoch, schnappte die Decke, den Brotbeutel und ging dem Kumpel hinterher. Aus der Ferne keuchte bereits der Zug heran.

»Ich komme aus der Gefangenschaft. Habe Wasser in rauhen Mengen im Leib, Scheiße. Will nach Berlin, mal sehen, ob meine Ollen noch da sind«, erklärte das Vollmondgesicht.

Der Zug fuhr ein. Auf den Dächern saßen Leute, auf den Trittbrettern hingen Trauben von Menschen.

»Komm' hinterher, Kumpel, mir nach!« sagte das Vollmondgesicht und zwängte seinen umfangreichen Leib auf ein Trittbrett. Damit war die letzte Lücke ausgefüllt und ich stand ratlos vor dem Zug. Ein Kumpel griff nach mir, zog mich auf das Geländer des Trittbrettes und drückte mich dann auf das Dach. Dort breitete ich meine Decke aus und legte mich, als wollte ich ein Sonnenbad nahmen, in die Mitte des Daches. »Nicht schlecht hier oben«, sagte einer, der zwei Meter entfernt lag, »nur eine Decke müßte man haben!«

Der Zug fuhr an, fuhr und fuhr. Ich lag erst auf dem Bauch, dann legte ich mich auf den Rücken. Das Risiko schien gering. Der Nachbar sagte, daß es bis Berlin keinen Tunnel gäbe, was mich von meiner Sorge befreite. Die Sonne kam heraus und wärmte mich. Es war herrlich.

Als ich in Berlin vom Dach des Waggons kletterte, hatte ich das sichere Gefühl, die schönste Bahnfahrt meines Lebens hinter mich gebracht zu haben. Ich nahm die S-Bahn nach Hertefeld.

Hier arbeiteten dreißig weibliche Arbeitskräfte von daheim. Ein älterer, verhärmter Mann spielte noch den Aufseher, die Zeit schien stehengeblieben zu sein.

»Haben die Russen den Aufseher noch nicht zum Teufel gejagt?« fragte ich. Ich sah in verständnislose Gesichter und begriff, daß meine Frage hier noch so brandneu war, daß sie einfach nicht verstanden werden konnte.

»Der ist kein Mensch mehr«, sagte eine ältere Frau, »hat Angst, daß man ihn abholt.«

»Na ja, so nicht. Warum denn gleich abholen? Arbeiten muß er, wie jede von euch und nicht zusehen, wie andere arbeiten. Unser Aufseher in Dodow wußte, was auf ihn zukommt und hat sich mit dem Gutsbesitzer zusammen abgesetzt.«

Die Frau legte den Zeigefinger auf die Lippen, um ein Geheimnis anzudeuten. Sie verpflichtete mich zu schweigen und begann mit gedämpfter Stimme zu erzählen: »Die Russen waren im Anmarsch und der Aufseher meinte, man müsse eine weiße Fahne hinaushängen, damit sie sehen, daß hier kein Widerstand geleistet wird und sie uns in Ruhe lassen. Er gab einem der drei Polen, die immer mit uns gearbeitet haben, den Auftrag, eine Fahne zu basteln und sie am Tor zu befestigen. Der Pole tat, wie ihm geheißen. Die weiße Fahne hing noch keine halbe Stunde, als eine SS-Einheit vorbeikam, die Fahne sah und sogleich haltmachte. Wir mußten alle im Hof antreten und das Verhör begann. Sie gingen den Aufseher als den Verantwortlichen an. Er aber sagte, daß es ein Pole getan habe, sozusagen ohne sein Wissen. Der Pole konnte zu wenig Deutsch, um sich zu verteidigen. Die SS erschoß ihn vor unseren Augen, riß die Fahne vom Tor, schwang sich auf ihre Autos und weg war sie. Die zwei anderen Polen schworen dem Aufseher Rache und verließen das Gut«, beendete sie ihre Erzählung.

Ich bekam Essen und ein Nachtlager in einem Zimmer, das bescheiden, aber ordentlich eingerichtet war. Ein schönes Bett, frisch bezogen, das mich mit magischer Kraft anzog – richtig ausschlafen wollte ich.

Meine Sehnsucht nach Schlaf wurde nicht gestillt. Kaum war ich eingeschlafen, verspürte ich einen starken Juckreiz und begann zu kratzen. Es wurde immer schlimmer. Ich machte Licht und sah drei linsengroße, rotbraune Insekten die Flucht ergreifen. Eines konnte ich erschlagen. Es hatte sich mit Blut vollgesogen und gab einen großen Blutfleck. Ich wußte jetzt, daß ich die Bekanntschaft mit Wanzen gemacht hatte. Es waren viele und sie hatten einen zügellosen Appetit. Sie bissen mich am ganzen Körper, der in Dodow im Ringen mit mir selbst geschwächt worden war und jetzt sehr unter dieser Plage litt.

Ein tiefer Seufzer entrang sich meiner Brust, als der Morgen dämmerte und die Blutsauger in ihre Verstecke krochen. Viele waren auf der Strecke geblieben und verschafften mir die Peinlichkeit, mich bei meinen Gastgebern zu entschuldigen, die ihrerseits die Entschuldigung mit einer gewissen Verschämtheit entgegennahmen.

In Hertefeld erfuhr ich, daß mein Cousin mit seiner Frau in der Nähe von Bernburg, in Altenburg, auf einem Saatzuchtbetrieb arbeite. Ich fuhr nach Berlin zurück und weiter nach Bernburg an der Saale.

* * *

Mein Cousin lebte in bescheidenen Verhältnissen, eine Tochter war vor vier Monaten zur Welt gekommen. Er und seine Frau freuten sich aufrichtig, mich wiederzusehen, sie hatten mich schon aufgegeben gehabt. Ich erzählte ihnen von meinem Plan, das Abitur nachzuholen; sie waren davon angetan und versprachen, mir nach Möglichkeit zu helfen. Als erstes wurde mir ein gutaussehendes Jackett zum Geschenk gemacht, das mir, abgesehen von den Ärmeln, sehr gut paßte. Die Ärmel wurden noch am Abend umgenäht, dann gingen wir zu Bett.

Ich hatte auf einer Liege in der Küche ausgezeichnet geschlafen und war zu Kräften gekommen, die mich wieder beflügelten. Nach dem Frühstück wollte ich mein Glück in Bernburg versuchen. Ich machte mich auf den Weg und war schon am großen Tor des Gutes angekommen, als mein Cousin mich rief und sein Fahrrad brachte.

Die Oberschule für Jungen lag oben im Schloß. Ich stellte das Fahrrad verschlossen vor dem Eingang ab und erkomm eine Treppenflucht zur ersten Etage. Dann ging ich zum Direktor, mit einer Mischung aus Hoffnung und der Angst, um eine Illusion ärmer zu werden.

Direktor Dr. K., ein älterer, gutaussehender Mann, ein wenig eingefallen im Gesicht, hörte sich mein Anliegen an. Meine Stimme klang belegt, meine Augen prüften sein Gesicht, suchten nach Anzeichen, die meine Befürchtung zerstreuen könnten. Ich sah gütige Augen, hatte ein Gefühl, daß er sich für mein Problem interessiere und wurde mehr und mehr zuversichtlich.

Als ich geendet hatte, nickte er und sagte, daß ihm mein Anliegen wohlbekannt sei, es einen größeren Kreis junger Menschen beträfe und aus diesem Grunde habe er im Zusammenwirken mit dem Schulrat einen Lehrgang ins Leben gerufen, der das Niveau der sechsten Klasse Oberschule voraussetzte, in einem Vierteljahr den Stoff der siebenten Klasse komprimiert vermittle, in einem weiteren Vierteljahr den Stoff der achten und schließlich im letzten Drittel die Materie der neunten Klasse. Am Ende, nach einem Dreivierteljahr, stehe das Abitur.

Das Programm, das mir der Direktor da offenbarte, war schwindelerregend und ein neues Gefühl, eine gewisse Benommenheit, ergriff Besitz von mir. Der gigantische Plan ließ in mir einen Augenblick lang den Zweifel der Erfüllbarkeit aufkommen, reizte mich jedoch andererseits, das schier Unmögliche zu bewältigen und mobilisierte eine unbändige Willenskraft.

Ich sagte dem Direktor, daß ich über meinen Schulabbruch keine Unterlagen beschaffen könne und nicht wüßte, wo meine Eltern zurzeit seien. Er machte eine Handbewegung, die mir bedeutete, daß er Unterlagen wenig Wert beimesse. Er sagte, sie seien nicht die Voraussetzung für das Gelingen, zumal die schulischen Verhältnisse in den letzten Kriegsjahren recht verworren gewesen seien, mit Niveauunterschieden, die man nicht zum Ausgang nehmen könne. Die einzige gute Voraussetzung sei eine absolute Bereitschaft, das Kommende mit sehr viel Fleiß und Energieaufwand anzugehen.

Er schrieb sich meine Personalien aus meinem slowakischen Paß ab und damit war ich aufgenommen. Dann ging er ins Nebenzimmer und ließ mir von der Sekretärin eine Bescheinigung zum Empfang der Lebensmittelkarte ausstellen. Es war Mittwoch und am Montag der nächsten Woche begann der Unterricht.

Benommen ging ich die Treppe hinunter, ohne auch nur eine einzige Stufe zu sehen, verließ das Gebäude und ging zu meinem Fahrrad – aber es war verschwunden! Ich rannte um das ganze Gebäude herum, nichts. Der Diebstahl erfüllte mich mit Schrekken. Ein Fahrrad war in jener Zeit ein Vermögen, war einer der nützlichsten Gegenstände, da an öffentliche Verkehrsmittel noch lange nicht zu denken war. Und es war nicht mein Eigentum! Bei dem Gedanken, den Verlust meinem Cousin gestehen zu müssen, lief es mir kalt über den Rücken.

Ich gab die Suche auf und machte mich auf den Rückweg. Meinem Cousin verschlug die Nachricht die Sprache. Ich hatte einen Wutanfall erwartet, aber der blieb aus. Ich hing an seinem Gesicht mit gespannter Erwartung, mit einem unbeschreiblich miserablen Gefühl. Nachdem er sich von dem Schock erholt hatte, sagte er etwas sehr Kluges, nämlich daß es keinen Sinn mache, über etwas Verlorenes und Unwiederbringliches zu schimpfen. Leichten Herzens erzählte ich ihm darauf von meinem Erfolg in Bernberg. Er freute sich für mich. Aufrichtig – und deshalb fing er jetzt an, den Verlust des Fahrrades tatsächlich sehr zu bedauern: Er meinte, es wäre für mich bei der Entfernung doch von erheblichem Nutzen gewesen.

* * *

Der Unterricht begann ohne Umschweife, nach einer kurzen Einführung des Direktors und einem Vergleich der Teilnehmer mit der Anwesenheitsliste. Er wünschte alles Gute. Mit dem Direktor war der Lateinlehrer gekommen, hatte an die dreißig Exemplare von Caesars »Gallischem Krieg« mitgebracht, verteilte sie an uns und ging sogleich »in medias res«.

Es folgte Mathematik. Ein weißhaariger Lehrer gab uns die Stunde. Die Bernburger kannten ihn. »Dr. B.«, flüsterte mir mein Nachbar zu. »Kapazität, war früher an der Uni.« Er begrüßte uns kurz, gab sich wortkarg und verteilte Logarithmentabellen. Dann schrieb er Formeln an die Tafel und erläuterte diese am Beispiel. Die Tafel war fast voll, als er einen Schwächeanfall bekam, den er mit viel Energie zu verbergen suchte. Nach seiner Überwindung brummte er einige Schimpfworte über den verdammten Krieg und die Lebensmittelknappheit als Folge, dann fuhr er in der Trigonometrie fort.

In der vierten Stunde kam wieder ein betagter Mann in die Klasse, der sich als Oberstudiendirektor in Ruhe N. vorstellte. Aus Mangel an Lehrerkräften – jüngere Lehrer seien noch weitgehend in der Gefangenschaft, sagte er, habe er den Auftrag übernommen, uns Geographie zu unterrichten. Er gab gleich eingangs seinem Verdruß Ausdruck, daß sich die Geographie in Europa recht merkwürdig verändert habe, einschlägige Unterlagen noch nicht verfügbar seien und er deshalb keine klare Orientierung habe. Der Unterton, mit dem er die geographischen Veränderungen zutiefst bedauerte, ließ den alten Nazi auf Anhieb erkennen. Desorientiert, hatte er die Absicht, die Stunde zu verplaudern, und kehrte sich der jüngsten Geschichte zu, dem Krieg, den er, wie er sagte, nicht mehr aktiv erleben konnte, doch mit sehr viel Interesse verfolgt habe. Jetzt, Kriegsteilnehmern gegenüberstehend, wolle er gerne Gelegenheit nehmen, im Detail Erkenntnisse zu sammeln.

Eine Erregung ging durch die Klasse, die meisten fühlten sich angesprochen, innerlich angerührt. Da gab es viel zu berichten, wahrhaftig. Monatelang konnte man den alten Herrn verköstigen.

Bevor die Sache zum Tragen kam, wollte der Oberstudiendirektor i. R. wissen, mit welchen Dienstgraden er es zu tun habe und begann die Befragung der Reihe nach. Es war damals Brauch, daß sich der vom Lehrer Aufgerufene vom Platz erhob und im Stehen antwortete. Der Geographielehrer deutete mit der Hand auf den ersten der ersten Reihe der linken Hälfte. Ein junger Mann in dunkelblauem Anzug, der die zivilisierte Marineuniform eindeutig erkennen ließ, sprang auf, nahm Haltung und sagte feierlich: »Leutnant zur See.« Der Pauker nickte anerkennend. Der nächste: »Fähnrich der Artillerie.« Weiter: »Fähnrich der Infanterie.«

In der linken Hälfte hing noch ein Leutnant der Flugabwehr, die anderen waren Fähnriche der Infanterie. Der Fortgang in der rechten Hälfte zeigte mit einer Ausnahme fast das gleiche Ergebnis.

Die ›Ausnahme‹ war ich. »Schütze«, sagte ich in einem Tonfall großer innerer Befriedigung, der jedoch von der Zuhörerschaft nicht wahrgenommen wurde. Er konnte auch nicht wahrgenommen werden. Auf den Gesichtern der vorher Aufgerufenen lag noch die Muskelspannung der feierlichen Verkündigung einstiger Ambitionen, der Stolz über das Vollbrachte, wenngleich es nicht zum Endsieg gereicht hatte. Und der Pauker hatte stets beifällig genickt, gelegentlich war ihm ein Wort der Verzückung über so reife Früchte einstiger Nazipädagogik, an der er zweifelsohne nach besten Kräften Anteil genommen hatte, über die Lippen gekommen.

In diese erbauliche Betrachtung nazistischer Lehrergebnisse fiel das Wort ›Schütze‹ – ein Wort ohne

Rang und Gewicht, weil es einen Mann verkörperte, der militärisch im Singular nur soviel Bedeutung hatte, daß er schoß oder erschossen wurde – wie ein kalter Platzregen, der die erhitzten Gemütern gänzlich unerwartet übergoß und unangenehm, ja schokkierend, empfunden wurde.

»Nur Schütze?« fragte der Oberstudiendirektor reichlich verblüfft. Sein Gesicht, das in der Nachkriegszeit an Masse verloren hatte und tiefhängende Säcke unter den wasserblauen, kalten Augen zeigte, drückte Enttäuschung aus. »Na, dann doch Scharfschütze?« fragte er, in der Hoffnung, die peinliche Situation aufzubessern.

»Nein, nur Schütze. Bedaure, Herrn Oberstudiendirektor enttäuschen zu müssen«, gab ich zurück und bohrte meine Augen in jene wasserblauen, aus denen der Schein der Verzückung gewichen war. Er hatte mein Innerstes angerührt, jenes Gefühl, mit dem ich das Töten zutiefst verabscheute, verletzt, und ich akzentuierte den letzten Satz mit besonderer Schärfe, als wollte ich dem unverbesserlichen Mann seinen Frevel ins Gesicht schreien.

Der alte Nazi riß die Augen auf, so, als sei er aus einem Traum in die Wirklichkeit zurückgekehrt, die ganz anderer Natur war als der Traum und sah erschrocken aus. Er suchte nach Worten und fand keine. Ein betretenes Hüsteln, mehr nicht.

Diese peinliche Situation dauerte eine geraume Zeit und eine allgemeine Beklemmung war aufgekommen. Sie schien unerträglich zu werden, da rief einer aus der linken letzten Reihe: »Das ist Schütze Knie, der trifft nie!, Herr Oberstudiendirektor.«

Das schlug ein. Eine Lachsalve erschütterte die Klasse. »Schütze Knie!« wiederholte fast jeder im brüllenden Gelächter, und einige schlugen sich auf die Schenkel vor Vergnügen.

Ich lachte mit. Ja, ich lachte, denn ich hatte gut lachen, hatte ich doch tatsächlich niemanden getroffen, genauer gesagt, niemanden treffen müssen. Ein gütiges Geschick hatte es so gefügt, daß mir ein Befehl zum Töten nicht erteilt wurde, was durchaus der Fall hätte sein können und das war anderen Kompanieangehörigen auch widerfahren. Einen solchen Befehl zu verweigern, war eine zwiefache Paradoxie: Einerseits wurde, bis ein anderer an die Stelle des Verweigerers trat, die Todesangst des Delinquenten verlängert, andererseits machte sich der Verweigerer selbst zum Todeskandidat.

Wie hätte ich leben sollen, hätte ich die Todesangst und die brechenden Augen eines oder mehrerer Delinquenten sehen müssen? Mit der Sensibilität, die meine überstandene Neurasthenie zurückgelassen hatte?

Dafür hatten meine Klassengefährten kein Verständnis. Sie waren Frontsoldaten, mußten schießen und mußten auch treffen, denn ihnen stand ein Gegner gegenüber, der die gleichen Tötungsmittel besaß, und nur der Schnellere konnte überleben. Einem KZ-Wächter stand bei der Exekution ein Mensch gegenüber, der sich nicht verteidigen konnte.

Von Stunde an war ich ›Schütze Knie‹, hatte jenen Spitznamen, den man in der Infanterie dem Kompanietrottel gab. Ich nahm ihn an, ohne den geringsten Protest.

* * *

Auch für den Gedemütigten kommt irgendwann die Stunde, die seinen wahren Wert nach oben kehrt und die Schmäher in ein betretenes Schweigen versetzt. Für ›Schütze Knie‹ kam sie mit dem russischen Kommandanturdolmetscher, der beauftragt worden war, uns, dem Abiturzug, Russischunterricht zu erteilen.

Ein jüngerer Mann trat in die Klasse. Er gab sich zunächst arrogant, seines Wertes bewußt, wurde jedoch zugänglich, als er in ängstliche, Schlimmes befürchtende Gesichter gesehen hatte. Sein Gesicht umrahmte ein Vollbart, wie ihn früher Männer von Geist für sich in Anspruch nahmen und der unserem neuen Lehrer etwas Durchgeistigtes verlieh.

Er verstand sich auf eine gute Kontaktaufnahme, indem er allerlei Interessantes zu erzählen begann. Von seiner Entwicklung als Jüngling in unserem Alter, wo er seinen Vater, einen Weinhändler, ins Ausland begleitete, dabei mit Fremdsprachen in Berührung kam, an ihnen Gefallen fand und einige erlernte. Er zögerte nicht, einige Kostproben anzubieten, die, so es osteuropäische Sprachen waren, bei meinen Gefährten ein starkes Unbehagen hervorriefen. Sie verdrehten die Augen und gaben der Gewißheit Ausdruck, daß es sich für ihren Geschmack um sehr unbekömmliche Kost handle und ihnen Russisch eine Menge Kopfzerbrechen bereiten würde.

Als Mann der Praxis hielt der Dolmetscher nicht viel davon, das Alphabet zu erläutern, sondern schrieb einen leichten russischen Satz in Druckbuchstaben an die Tafel. Darunter die Lautschrift und die Übersetzung.

Ich amüsierte mich über das mühevolle Abmalen der kyrillischen Buchstaben, mit dem meine Klassenkameraden eifrig und gewissenhaft beschäftigt waren und frohlockte insgeheim. Mein Auge glitt vom Seemann zum Artilleristen, zum Leutnant der Flugabwehr und wäre ich zur Genugtuung der mir widerfahrenen Schmähung jede Reihe durchgegangen, hätte mich nicht die strafende Frage des Dolmetschers: »Wollen Sie nicht mitschreiben?« von meiner ergötzlichen Betrachtung abgehalten. Ich beeilte mich sogleich, so zu tun und der Dolmetscher wandte seinen kritischen Blick von mir ab.

Es ging ans Lesen. Der Dolmetscher las dreimal vor, dann ließ er der Reihe nach nachsprechen. Der Gesichtsausdruck des Dolmetschers verriet dabei den Schmerz, der ihm von der Klasse zugefügt wurde. Er schien der Verzweiflung nahe. Die Reihe kam an mich und sein bekümmertes Gesicht hellte sich auf. Er traute seinen Ohren nicht. Es stand für ihn fest, daß ich die Bekanntschaft mit Russisch gemacht hatte, und er wollte wissen: Wann, wo, wie?

Mein Bericht war kurz, erregte das Interesse der Klasse und noch mehr das des Dolmetschers, der, nachdem ich geendet hatte, zu einer Vermutung gelangte, die er in Russisch ausdrückte: »Das heißt, Sie sprechen russisch?«

Ich bejahte auf Russisch, und ein zwangloses Gespräch begann, das die Klasse in ein fast lähmendes Staunen versetzte. Insofern ich um den Ausdruck nicht zu ringen brauchte und mühelos antwortete, konnte ich die Reaktion meiner Mitschüler beobachten und sah ihre Gesichter so fassungslos, wie sie vorher auf die kyrillische Schrift gestarrt hatten.

Das Pausenzeichen machte dem russischen Gespräch ein Ende. Der Dolmetscher ging und ich sah mich von meinen Gefährten umringt, mit Blicken der Bewunderung. Der Fähnrich, der mich ›Schütze Knie‹ getauft hatte, stürmte aus der letzten Bank herbei und sagte: »Mann, du bist ja …!« Er brach ab, und es hatte den Anschein, als fände er keinen geeigneten Superlativ, mit dem er mich würdigen konnte.

Fortan nannte man mich beim Vornamen. Ich war in die Klassengemeinschaft integriert und glücklich. Das Erfolgserlebnis gab mir einen enormen Auftrieb und ich kämpfte zäh und verbissen.

Ende Juni des folgenden Jahres begannen die schriftlichen Prüfungen. Am 6. Juli 1946 war das Mündliche.

Als einziger und erster dieser Schule wurde ich in Russisch geprüft. Ich war stolz. So auch der Direktor, als er mir mein Abiturzeugnis feierlich überreichte.

Vergangenheit und Zukunft

Nach bestandenem Abitur drängte sich mir der Wunsch auf, eine Reise in die Vergangenheit zu machen. Ich wollte an jener alten Eiche, wo ich dem sicheren Tod so nahe war, Gott, für die von mir unerwartete Fügung danken.

Ich fuhr mit der Bahn nach Wittstock, eine Stadt an der wir damals vorbeimarschiert waren, das Eingangsschild blieb mir deutlich in Erinnerung. Ich fand den weiteren Weg und nach langem Fußmarsch stand ich neben der Eiche, zu der ich entwaffnet gedrängt wurde, sah auf die Scheunentür, die ich hilfereichend mit dem Gefühl der Wohltätigkeit geöffnet hatte, die Kartoffeln ablieferte und, als ich zur Wiederholung schritt, vor meinem irdischen Richter stand.

Ich dankte Gott und ging dann zu dem Bauernhof, in dem die mutige Bäuerin von damals wohnte. Es war so warm wie in jenen Tagen und auch jetzt war die Eingangstüre weit geöffnet, doch heute stand ich als Zivilist auf der Schwelle.

Die Bäuerin erkannte mich sogleich, umarmte mich und Tränen benetzten mein Gesicht.

Sie bat mich hinein. Sie war nicht allein, ihre Schwester, die weiter nördlich lebte, war zu Besuch. Ich wurde ihr vorgestellt, indem sie ihr von unserer traurigen Bekanntschaft berichtete. Als die Schwester den Bericht vernommen hatte, riß sie die Augen auf und fragte: »Und Sie sind noch am Leben?« Die Frage war keine Frage, sondern ein maßloses Staunen. »Da hatten Sie aber einen besonderen Schutzengel! Die Kolonnen kamen bei uns vorbei. Ich sah aus dem Fenster. Erst die Männer und als die Frauen kamen, waren die Amerikaner zur Stelle, aber auch männliche Häftlinge der vorausgehenden Kolonnen. Sie rissen den SS-Bewachern die Gewehre von den Schultern und drängten sie mit Kolbenschlägen ins Abseits. Dort erschossen sie sie mit ihren eigenen Gewehren. Auffällig war ein großer blonder Offizier, den sie vorher arg zurichteten.«

* * *

Nach meiner Rückkehr brachte mir der Postbote eines Morgens einen Brief. Er war von meinem Vater und in Thüringen, im Kreis Suhl, abgeschickt worden. Was ich befürchtet hatte, war eingetreten – meine Angehörigen waren aus der wiedererstandenen Tschechoslowakei ausgesiedelt worden.

Es dämmerte bereits, als ich in Rohr, zwischen Suhl und Meiningen, aus dem Zug stieg. Kühndorf, wo ich meine Angehörigen finden sollte, hatte keine Bahnstation, und ich hatte, wir mir Ansässige im Zug sagten, einen langen Fußweg vor mir.

Als ich Kühndorf erreichte, war es stockdunkel. Vater hatte von Baracken am Dorfrand geschrieben, in denen sie untergebracht waren. Einwohner, die ich traf und fragte, nannten sie Schafhof, wiesen mir wortkarg den Weg am Schloß vorbei, hinaus ins freie Feld und gingen schnell weiter.

Ich fand die Baracken. Sie waren dunkel, als wäre keine Menschenseele darin. Ich klopfte an eine Tür. Ein zweites Mal. Ein schwacher Lichtschimmer drang endlich aus einem der kleinen Fenster und gab mir Hoffnung. Die Türe wurde geöffnet, und eine schmächtige Frau stand mit einem Talglicht auf der Schwelle. Im Kerzenlicht erkannte ich meine Mutter. Sie hielt das Talglicht zur Seite und wir lagen uns in den Armen, tief bewegt. Wir sprachen kein Wort – wir weinten.

Von Emotionen gänzlich überwältigt, kam in der kleinen Küche, in die ich eingetreten war, kein Gespräch im üblichen Sinne zustande. Für den Augenblick war auch nicht viel zu sagen, es zählte die Tatsache, daß wir lebten, überlebt hatten. Der Tod von zigtausend Jugendlichen, von dem sie wußte, war ihre große Sorge gewesen, die sie schmal hatte werden lassen. Die hübsche Frau, die ich mit einem Hang zur Fülle in Erinnerung hatte, nahm sich in der halbdunklen Küche wie ein Schulmädchen aus.

Wir flüsterten, denn im Nebengemach, nur durch eine Bretterwand getrennt, schliefen sechs Personen. Auf dem Boden, auf Stroh. Zwei Familien drängten sich auf engstem Raum. Vater schlief wie immer sehr fest und hatte mein Kommen nicht gehört. Auch meine Schwester nicht, da sie ja taub war.

Das Tageslicht ließ Mutter noch bekümmerter erscheinen, als sie mir bei Kerzenschein vorgekommen war – die Ungewißheit über mein Schicksal hatte an ihr gezehrt. In Vaters Stirne hatten sich ein, zwei Falten mehr eingegraben, sonst war er guter Dinge, von der Freude überwältigt, die Familie vollständig zu sehen. Er erzählte mir:

»Die Wehrmacht wollte die deutsche Bevölkerung der Slowakei vor der heranrückenden Roten Armee in Sicherheit bringen und hat sie weitgehend in das Sudetenland evakuiert. Leider nicht nach Deutschland. Wir kamen nach Kaaden, was heute, nachdem die Sudeten der wiedererstandenen ČSR einverleibt wurden, Kadaň heißt.

Die Deutschen mußten weiße Armbinden mit einem ›N‹ (nemec = Deutsche[r]) darauf tragen, durften nicht die Bürgersteige benutzen, wenn sie es trotzdem taten, wurden sie von Tschechen auf die Straße gestoßen. Man wollte die Deutschen demütigen wie seinerzeit die Juden gedemütigt worden waren. Der Wunsch nach Rache, nach Vergeltung hatte einen Teil der tschechischen Bevölkerung erfaßt.

Deine Mutter hat jeden Tag auf den Knien gelegen und für dich gebetet. Sie hatte Angst, daß du in die ČSR kommst und für die SS gab es kein Pardon. Jeden Sonntagvormittag mußte ich sie ohnmächtig nach Hause tragen – die Deutschen mußten sich nämlich auf dem Markplatz versammeln und Todesurteile, vornehmlich an SS-Angehörigen, wurden vollstreckt. Einige waren in Uniform, andere in Zivil. Die meisten in deinem Alter. Ein Maschinengewehr mähte sie nieder.«

Mutter brach in Tränen aus: »Einer war so jung wie du, sie haben ihn nicht richtig getroffen, und er sprang schreiend umher, bis ihn eine Kugel zu Boden warf. Mir wurde es schwarz vor Augen.«

Schweigen. Mutter fuhr mir mit der Hand zärtlich über die Haare und küßte mich auf die Stirne.

»Gott hat dein Gebet erhört, Mama«, sagte ich und fiel ihr um den Hals. »Das Heimweh hat mich überkommen und ich war tatsächlich auf dem Weg nach Prag. Aber mein Weg wurde zu einer kleinen katholischen Kirche in Mecklenburg umgeleitet, wo ich Mädchen aus dem Nachbardorf trat, die Information über die Ausweisung der Deutschen aus der ÇSR hatten und mich überredeten zu bleiben. Welche Fügung!«

* * *

Ich ging zum Bürgermeister, um mich umzumelden. Hinter einem Schreibtisch saß ein schlohweißer Mann mit einem martialischen Schnurrbart. Ich brachte ihm mein Anliegen vor, und sein Gesicht verfinsterte sich. Dann sagte er: »Wir nehmen keine Flüchtlinge mehr auf, wir sind überbelegt.«

»Aber es handelt sich um eine Familienzusammenführung«, gab ich ihm zu bedenken.

»Spielt keine Rolle, über das Alter, wo du die Mutterbrust brauchst, bist du hinaus. In den Industriegebieten werden Arbeiter für die Demontage gesucht, wir haben hier nur Landwirtschaft und die ist gesichert.«

»Aber ...«

»Kein aber, ich nehme niemanden mehr auf!«

Es machte keinen Sinn, die Sturheit des alten Mannes aufzuweichen zu versuchen und ich ging. Als ich die Tür ins Schloß gedrückt hatte, schickte ich ihm in Gedanken einen Fluch hinterher: ›Altes Nazigewächs, vermutlich haben die Nazis dich als Ortsbauerführer konserviert, du hast kein Verständnis für die entstandene Not und das Elend anderer.‹

Ich hatte den Fluch noch nicht ganz zu Ende gedacht, da hatte ich eine Idee.

Am folgenden Morgen fuhr ich in die Kreisstadt, nach Suhl. Dort fragte ich nach dem russischen Stadtkommandanten, der, wie ich meinte, auch für das Kreisgebiet zuständig sein mußte. Man verwies mich an den Stadtrand, wo vor einer Villa ein russischer Wachposten stehe. Die Richtung wurde mir gezeigt, und ich ging, mit der Hoffnung, daß mein Russisch mir helfen könne.

Ich fand, was ich suchte und sagte dem Posten, daß ich den Kommandanten in einer wichtigen Angelegenheit sprechen möchte. Die Tatsache, daß ich russisch sprach und »wichtig« stark akzentuiert hatte, ließ ihn eine Zurückweisung bedenken. Er ging ins Haus. Nach einer Weile kam er heraus, winkte mich heran und sagte: »Prinimajet *(Er empfängt.)*.« Er ging voran und öffnete mir die Tür zu einem Zimmer.

Der Kommandant saß hinter einem großen und, wie es aussah, wertvollen Schreibtisch. Er hatte den Rang eines Oberst, sah gepflegt aus, wirkte sympathisch. Er hieß mich Platz nehmen.

Ich dankte ihm, mich empfangen zu haben. Er winkte ab. »Sie sprechen gut russisch, sind aber Deutscher, nicht wahr?«

»Ja, aus der ČSR, von dort ausgesiedelt.« Dann berichtete ich ihm von der Schwierigkeit mit dem Bürgermeister in Kühndorf. Er sagte, daß er nicht verstehe, warum ein Sohn nicht zu seinen Eltern ziehen solle, wenn er keinen zusätzlichen Wohnraum beanspruche, aber das werde er mit einem Telefonanruf regeln. Von Bedeutung sei aber, daß der Russischunterricht eingeführt werde und wenig Lehrer, dieser Sprache mächtig, verfügbar seien. Und es träfe sich gut, daß vor ihm ein Mann säße, den er in der Oberschule in Suhl einsetzen könne.

»Oberschule? Da komme ich gerade her, habe vor vier Monaten das Abitur bestanden. Das heißt, ich habe keine pädagogische Ausbildung und bin dieser Aufgabe nicht gewachsen. Zudem sind die Schüler der Abiturklasse drei, vier Jahre jünger als ich. Der Krieg, in dem der Schulunterricht in letzter Zeit eingestellt war, hat sie alt werden lassen. Sie würden mich nicht ernst nehmen, ich bitte Sie, das zu bedenken.«

»Nun gut, aber in den Landschulen, wo die Schüler bis zur achten Klasse geführt werden, können sie unterrichten.« Er ging zu einer großen Landkarte, die an der Wand hing. »Ich denke da an Kühndorf, wo, wie Sie sagen, Ihre Eltern wohnen und an Schwarza, nicht weit von Kühndorf.«

Bei der Nennung von Kühndorf kam mir ein Rachegelüst auf, als ich mir vorstellte, welche Überraschung dem Bürgermeister zuteil würde.

»Gut, ich danke Ihnen. Das Übereinkommen müßten wir jetzt begießen, aber ich habe eine dringende Verabredung, die Versorgung der Bevölkerung macht große Schwierigkeiten. Auch muß ich den Schulrat über Dolmetscher anrufen und Ihre Einstellung verfügen. Bitte schreiben Sie mir Ihre Personalien mit kyrillischen Buchstaben auf dieses Papier.«

Während ich schrieb ging er zu einem der Schränke im Raum, kam mit einer Flasche Wodka zurück, die er mir mit den Worten überreichte: »In diesem Fall trinken Sie allein auf unsere Vereinbarung.«

* * *

Von meiner Reise zurückgekehrt, saß ich am Nachmittag auf der Bank, die mein Vater gezimmert hatte, als der Bürgermeister langsam auf mich zukam, mit dem Gesicht eines Boxers, den man vor Stunden k.o. geschlagen hatte. Er reichte mir die Hand, aber es war unverkennbar, daß er sie mir aus einem Zwang heraus entgegenstreckte.

»Der Schulrat in Suhl hat mich angerufen und mir mitgeteilt, daß dich der sowjetische Kommandant als Russischlehrer engagiert hat.« Er sprach den örtlichen Dialekt, und aus »Lehrer« wurde »Lahrer«.

»Ich habe mich nicht danach gedrängt. Mein Interesse lag nur daran, dass ich bei meinen Eltern bleiben kann.«

»Hier in der Baracke kannst du nicht bleiben. Ich habe schon über eine Wohnung für euch alle nachgedacht. In dem Neubau dort drüben, den der Hauptlehrer vor ein paar Jahren baute, ist das Obergeschoß frei. Er sträubte sich mit Händen und Füßen gegen eine Aufnahme von Flüchtlingen. Dich wird er als Berufskollege akzeptieren, wenn nicht, mache ich Druck. Suhl würde mir hart zusetzen, wenn ich den Russischlehrer in dieser alten Baracke wohnen lasse.«

»Ich bleibe hier. Nicht aus Trotz wegen deiner schroffen Ablehnung gestern. Als Russischlehrer kann ich mir keine Extras leisten. Thüringen war die Hochburg der Nazis, Hitler Abgeordneter des Landes, und ich kann mir vorstellen, daß nicht alle umgedacht haben. Wie hieß es doch beim Kommiß? Ja nicht auffallen!«

Der Bürgermeister wurde nachdenklich, und einige Sorgenfalten hatten sich auf seiner Stirne bemerkbar gemacht.

Ich fuhr fort, meine Ansicht zu untermauern: »Beim Hauptlehrer ist uns erlaubt, Wasser zu holen. Gestern holte ich mit meiner Schwester Wasser. Der Hauptlehrer entdeckte mich als Neuzugang und begann mit mir ein Gespräch. Was da über seine Lippen kam, war das Bekenntnis eines eingefleischten Nazis, was ich ihm nicht einmal übelnehmen konnte, so war eben die Zeit. – Mein Vater als gelernter Zimmermann hat eine neue Toilette gebaut, zwei Räume für uns abgeschlagen, das heißt, eine Trennwand zwischen uns und der anderen Familie, mit der wir zusammenlebten, gesetzt. Wir sind zufrieden.«

»Gut, einverstanden. Aber ich kann mich auf deinen Entschluß verlassen, wenn Suhl …?«

»Ja, gebe ich dir schriftlich, wenn nötig. Aber jetzt was anderes, was gibst du mir für eine Flasche Wodka, die mir der sowjetische Kommandant schenkte? Vater und ich sind Antialkoholiker.«

Der Bürgermeister riß die Augen auf, und neue Lebensgeister schienen den verhärmten alten Mann zu beleben.

»Eine Bratwurst und eine Blutwurst.«

Ich überlegte und ergänzte: »Und einen halben Laib Bauernbrot!«

»Abgemacht!«

Ich holte die Flasche, und die Augen des Bürgermeisters begannen zu glänzen wie der Wodka in der Flasche, auf den die Nachmittagssonne fiel. Er versteckte sie in der Innentasche seiner Jacke und sagte: »Morgen nachmittag bringe ich dir alles her.«

»Abgemacht«, erwiderte ich, und er drückte mir die Hand, so kraftvoll, daß es fast wehtat. Dann ging er mit schwungvollen Schritten, als ob ihn die Sehnsucht nach dem verborgenen Schatz fortrisse.

* * *

Wieweit der Bürgermeister in Kühndorf für mich eine Lanze gebrochen hatte, weiß ich nicht. Jedenfalls traf ich im Gegensatz zu meinen Befürchtungen auf freundliche Menschen, die, wenn es sich traf, ein

Stück des Weges mit mir zusammen gingen und mich wegen meiner ausgefallenen Sprachkenntnis bewunderten.

Der Russischunterricht in Kühndorf war jedoch von vornherein zur Erfolglosigkeit verurteilt. Die Kinder wurden zur Arbeit in der Landwirtschaft herangezogen und hatten keine Zeit für ihre Hausaufgaben, obwohl sie die kyrillischen Buchstaben neugierig machten. Einige kamen mit Schuhen, an denen noch der Kuhmist klebte, zum Unterricht, wurden müde und waren einfach überfordert. Ich sprach mit der Schulleiterin darüber, diese mit dem Schulrat und es wurde beschlossen, den Unterricht abzusetzen, ohne den sowjetischen Kommandanten zu informieren.

In Schwarza hingegen, einer Kleinstadt mit Industrie, die sogar mit einem Friseursalon aufwarten konnte, lagen die Dinge anders. Die Schüler waren erfüllt von Neugier, es amüsierte sie, die kyrillischen Buchstaben abzumalen.

Aber dann kam der Eklat. Als ich eines Morgens die Hausaufgaben in der sechsten Klasse kontrollierte, lag vor dem Jungen des Schornsteinfegers ein Heft mit zwei leeren Seiten.

»Hast du keine Hausaufgaben gemacht?«

»Nein.«

»Warum?«

»Die Russen waren und sind unsere Feinde, ich mache keine Hausaufgaben mehr.«

»Woher weißt du das, hast du gegen sie gekämpft?«

Schallendes Gelächter in der Klasse. Der Schornsteinfegerjunge lief rot an, schämte sich.

»Sei nicht albern, der Krieg ist vorbei und damit auch die Feindschaft. Du bist nicht dumm, also lerne weiter, vielleicht brauchst du noch Russisch.«

Am folgenden Morgen stand vor dem Eingang des Schulgebäudes ein Mann, der auf mich zu warten schien. Er kam auf mich zu und sagte: »Du bist der Russischlehrer, ich kenne dich vom sehen. Ich bin der Bürgermeister von Schwarza. Wir hatten noch keine Gelegenheit, uns kennenzulernen, jetzt ist es dringend notwendig. Es handelt sich um den Schornsteinfegerjungen, was er gesagt hat, ist mir zu Ohren gekommen. Hier scheint Unkraut heranzuwachsen, das mit der Wurzel ausgerottet werden muß. Du fährst zum sowjetische Kommandanten nach Suhl und unterrichtest ihn über den Vorfall.«

Vom Bürgermeister wußte ich, daß er als Opfer des Faschismus im KZ gefangengehalten wurde, voller Haß gegen die Nazis war und auch deshalb jetzt allergisch auf das ihm Zugetragene reagierte.

»Warum zum sowjetischen Kommandanten fahren? Er erzählte mir von enormen Problemen, die er mit der Versorgung der Bevölkerung habe, und wird sich auf das Geplapper eines Kindes nicht einlassen. Er wird dir den Auftrag erteilen, den Vorfall zu bereinigen und einen Bericht von dir verlangen. Und dann hast du deine Not. Von wem hat der Junge die Eingebung? Von seinen Eltern? Ist das sicher? Kannst du es beweisen? Kinder schnappen auch woanders

Dummheiten auf. Für einen Bericht brauchst du aber eine exakte Beweisführung.«

Der Mann, der mit politischem Eifer auf mich zugekommen war, hatte diesen verloren, verfiel ins Nachdenken und nickte, ohne es so recht zu wollen.

»Ich mache dir einen Vorschlag«, sagte ich, nachdem ich die Unsicherheit des Bürgermeisters bemerkt hatte, »wir rufen eine Elternversammlung ein und ich halte die erste Rede meines Lebens, mit dem Ziel, eine dringende Vernunft für die Zeitumstände einzubringen.«

»Gut, einverstanden. Ich spreche mit der Schulleiterin, wir vereinbaren eine Elternversammlung. Und dann rede, Russischlehrer, aber rede gut!«

Am nächsten Tag verteilte die Schulleiterin an die Kinder Einladungen für die Eltern zur Elternversammlung.

* * *

Zwei Tage später betrat ich nach der Schulleiterin den großen Klassenraum der Schule. Er war übervoll, viele mußten stehen.

Die Schulleiterin begrüßte die Eltern, dankte für das zahlreiche Erscheinen und sagte, daß die Versammlung auf Wunsch des Bürgermeisters anberaumt worden sei. Der Grund sei eine antisowjetische Äußerung in der sechsten Klasse, über die zu befinden sei. Der Bürgermeister nickte. Dann stellte sie mich als den vom sowjetischen Kommandanten eingesetzten Russischlehrer vor und übergab mir das Wort.

»Liebe Eltern«, begann ich mit Lampenfieber, das sich meiner bemächtigte, aber sogleich nachließ, als ich an die mir gestellte Aufgabe dachte. »Am 9. Mai 1945 ging der zweite Weltkrieg zu Ende. 45 Millionen Menschen fanden dabei den Tod, davon Millionen deutsche Soldaten. Wenn diese aus den Gräbern auferstehen könnten, würden sie in einem heiligen Zorn hinausschreien: ›Wofür, *wofür* mußten wir sterben?‹ Und somit haben wir, die wir uns in diesem Raum versammelt haben, Grund, einem gütigen Schicksal dankbar zu sein.

Ich schäme mich nicht zu gestehen, daß ich in jenen Tagen, als sich der Endsieg als illusorische Täuschung erwies, zu Gott um Erbarmen für die vom Führer verführten Deutschen gebetet habe. Sicherlich war ich nicht der einzige in jener Zeit, wo die Angst vor Vergeltung Platz gegriffen hatte.

Und es sah für uns nach dem Zusammenbruch nicht gut aus. Als General Eisenhower die Konzentrationslager gesehen hatte, sagte er: ›Man müsse den Deutschen das Wasser verbieten!‹

Der amerikanische Jude, Henry Morgenthau, hatte einen Racheplan ausgearbeitet, dessen Inhalt nicht nur die Entmilitarisierung, sondern auch eine Reduzierung auf den Status eines Agrarlandes durch die Zerschlagung Deutschlands vorsah. Morgenthau war damals Finanzminister der USA.

Dieser Plan wurde fallen gelassen, da die US-Regierung Kenntnis hatte, daß der Kreml sein okkupiertes Deutschland nicht aufgeben und eine selbständige DDR von Moskau kontrolliert, behalten wollte. Dies kam dem ursprüngliche Morgenthau-Plan so nahe, daß die USA dem Kremel nur halbherzig drohten.

* * *

Man kann nicht umhin, auch wenn man von mystischen Deutungen nichts hält, zu bekennen, daß die Gebete von Gott erhört wurden, insofern den Deutschen ein Schutzengel in der Person des Werner Freiherr von Braun geschickt wurde, der als Raketentechniker und Forscher auf dem Gebiet der Weltraumfahrt eine neue technische Epoche einzuläuten begonnen hatte.

Die Entwicklung der V2 war zukunftsträchtig, was sowohl die Amerikaner als auch die Russen erkannten und die Rachgelüste gegenüber den Deutschen erstickte. Stalin entschloß sich zu Plakaten, die in der sowjetisch besetzten Zone überall aufgehängt wurden und mir, als ich das erste las, die Kinnlade nach unten fallen ließ. Auf ihnen stand in fetten Lettern:

›Die Hitler kommen und gehen, das deutsche Volk bleibt bestehen. J. W. Stalin.‹

In der Konsequenz wurden die sowjetischen Soldaten kaserniert, Ausgang hatten nur Offiziere, mit der strengen Order, Kontakte mit den Deutschen zu vermeiden. Ich meine, wir können mit dieser Lösung sehr zufrieden sein.

Die sowjetische Militärbehörde geht daran, Kriegs-
verbrecher, die auf dem Gebiet der DDR leben, zu
bestrafen. Mir wurde bekannt, daß man den Säge-
werksbesitzer, der zwei russische Kriegsgefangene,
die ihm als Arbeiter zugeteilt waren, der Gestapo als
Faulenzer meldete und sie damit zum Tode verur-
teilte, verhaftete und ihn in eines der vakanten KZs
brachte. Ebenso sammelte man die geistig völlig ver-
wirrten Hitlerjungen, die als ›Wehrwölfe‹ gewisser-
maßen einen Privatkrieg nach dem Zusammenbruch
gegen die Sowjetarmee führen wollten, ein.

Es ist nicht auszumachen, woher der elfjährige Junge seine Betrachtung hat, er kann aber auf Grund
seines Alters nicht ernst genommen werden. Ebenso wenig, daß von dem friedlichen Schwarza eine
Bedrohung für die Sowjetarmee ausgehe. Dennoch
bitte ich Sie, liebe Eltern, mit euren Kindern zu sprechen, ihnen zu sagen, daß solche Plappereien in der
heutigen Zeit nicht ungefährlich sind. Lassen Sie uns
die Vergangenheit Vergangenheit sein und hoffnungs-
voll in die Zukunft blicken. Ich danke Ihnen für Ihre
Aufmerksamkeit!«

Riesiger Applaus. Ich fühlte, wie mir eine Welle
der Sympathie entgegenschlug. Ich war glücklich.

Am folgenden Tag hatte ich in der letzten Stunde
in der sechsten Klasse Unterricht. Es war anders als
sonst. Die Schüler himmelten mich an, so daß ich
ein wenig verlegen wurde. Der Schornsteinfegerjunge hatte die Hausaufgabe sorgfältig gemacht. Ich
fuhr ihm über das Haar und sagte: »Na, sieht du,

mein Junge, irren ist menschlich, man muß nur den Irrtum einsehen.« Er nickte. Als ich die Eintragung in das Klassenbuch gemacht hatte und auf den Hof hinaustrat, wartete eine Anzahl meiner Schüler auf mich, sie wollten mit mir gemeinsam nach Hause gehen. Wir gingen, und da und dort legte sich eine kleine Hand zum Abschied in meine, darunter auch die des Schornsteinfegerjungen, indem er sagte: »Entschuldigen Sie, bitte.«

»Vergessen, Wolfgang, so heißt du doch?«

»Ja«, sage er, und die blauen Augen strahlten in dem hübschen Jungengesicht.

Der letzte Begleiter war ein Flüchtlingsjunge, der am Ende der Häuser in eine Holzbaracke ging – so wie ich einer zustrebte, oben am Berg, am Fuße des Dolmar.

* * *

Ich war zufrieden. Zufrieden waren auch etliche Mäuse, die herausgefunden hatten, daß sie von mir, der, nachdem Eltern und Schwester zu Bett gegangen waren, in der Küche seine Unterrichtsvorbereitungen machte, nichts zu befürchten hatten. Sie waren so furchtlos geworden, daß sie oft stehenblieben und mich neugierig ansahen.

Ich tolerierte ihr Verhalten, bis ich eines Tages feststellte, daß in meinem alten Sekretär in einem Fach eine Menge rosaroter kleiner Mäuse untergebracht waren. Darüber hinaus hatte die Mäusemutter meine

Bücher angenagt und damit den Russischunterricht zu sabotieren begonnen. Ich nahm das Fach mit dem Mäusenest heraus und setzte es in eine Ecke der Küche.

Am nächsten Tag holte ich mir eine Katze aus dem Dorf. Sie war weiblich, sehr hübsch, benötigte keine Muttermilch mehr und war stubenrein. Obwohl sie das Jagen noch nicht voll beherrschte, brachte sie den Mäusen einen gewissen Respekt bei, der sich von Tag zu Tag mehrte. Ich taufte sie Minka.

Meine Schwester, entwickelte sich zu einer tüchtigen Näherin und als diese Tatsache im Dorf bekannt wurde erhielt sie eine Menge Arbeit. Sie wurde mit Naturalien bezahlt und mischte Minka täglich einen Brei, der ihr gut schmeckte und sie prächtig gedeihen ließ.

Nach sechs Wochen lagen morgens in der Mitte der Küche vier Mäuseleichen, schön aufgereiht und zur Betrachtung freigegeben. Minka wurde gelobt und gestreichelt, mit dem Erfolg, daß am nächsten Morgen zwei Mäusekadaver mehr in der Küche lagen. Und dann war die Mäuseplage gebannt und meine Bücher waren gerettet.

Minka liebte mich, wie ich sie liebte. Jedesmal, wenn ich mich nach dem Unterricht auf mein mit einer Decke abgedecktes Bett legte, legte sie sich neben mich und wir schliefen beide glücklich vereint.

Die Zeit verging, und als ich eines Mittags dem ersehnten Bett entgegeneilte, saß Minka am linken Fußende und unter ihr bewegten sich Junge.

»Minka, was hat du denn da vollbracht?« fragte ich und meine Stimme klang sorgenvoll. Minka sah mit geweiteten Kulleraugen gespannt zu mir auf, als wollte sie sagen: »Was hast du denn nur, das ist doch normal!«

Ich überlegte und brummte: »Ja, du hast recht, du folgst dem dir von der Natur vorgegebenen Gesetz, wir Menschen machen uns die Gesetze – und …?«

Ich streichelte Minka und ihre vier Jungen, was sie sehr zufrieden machte, denn als ich mich auf das Bett gelegt hatte, kroch sie zu mir hoch, leckte mich ab, begann zu schnurren und schlief dann ein. Als ich aufgestanden war, hob ich die Türe, die das Schlafzimmer von der Küche trennte, aus den Angeln, um Minka den Zutritt zu ihrer Familie immer zu ermöglichen.

Die jungen Katzen gediehen prächtig und entwickelten bald einen spielerischen Übermut, der uns sehr amüsierte. Manchmal vergaßen sie die Mahlzeiten, dann packte sie Minka nacheinander und beförderte sie ins Nest.

Als sie keine Muttermilch mehr brauchten, fragte ich im Dorf nach Leuten, die eine Jungkatze haben wollten. So hübsch wie sie waren, fanden sie bald eine neue Heimat. Minka suchte sie, sah mich fragend an, und ich streichelte sie. Nach vielen Streicheleinheiten, die ich ihr zukommen ließ, schien sie ihren Kummer zu vergessen, wandte sich wieder verstärkt der Mäusejagd zu und meine Schwester mußte jeden Morgen etliche Mäuseleichen mit der Kehrschaufel nach draußen befördern.

* * *

Im Herbst 1947 wurde ich zum Studium an der
Martin-Luther-Universität in Halle zugelassen. Als
mir der Universitätsangestellte ein Studienbuch und
dazu einen Studienausweis ausgehändigt hatte, überkam mich ein unbeschreibliches Glücksgefühl, das
mit keiner Empfindung über ein freudiges Ereignis,
die mir in meinem Leben sowieso nur selten zuteil
geworden waren, verglichen werden konnte. Ich studierte im Hauptfach Slawistik, im ersten Nebenfach
Romanistik, im zweiten Osteuropäische Geschichte.

Die Versuchung

Diese lange Wegstrecke meines Lebens habe ich in jener Nacht, nachdem ich fast ertrunken wäre, im Zeitraffer noch einmal durchlebt und die Morgendämmerung kündigte schon einen neuen Tag an, als ich in Schlaf sank.

Gegen Mittag erwachte ich, ging zur Mensa und löffele apathisch den Eintopf. Ich fand mich in einer psychischen Ermattung und die neu angebrochene Woche stand unter einem schlechten Vorzeichen.

Trotzdem hielt ich Wort und läutete zu der üblichen Zeit bei meiner Russisch-Schülerin, wie am Anfang des Buches erwähnt. Sie öffnete mir und umarmte mich. Das Wiedersehen schien sie diesmal besonders zu freuen.

Gemeinsam nahmen wir das Abendbrot. Dann wurden die Kinder zu Bett gebracht und mein Lebensretter rüstete sich für die Nachtschicht. Er erzählte mir von der Gefährlichkeit der Anlagen in Buna, die durch die Bombardements schwer beschädigt waren. Er verabschiedete sich von mir und ging von seiner Frau begleitet zur Türe hinaus.

Der Unterricht nahm einen eigenartigen Verlauf. Meine Schülerin machte einen emotional veränderten Eindruck. Ganz gegen ihre Gewohnheit erzählte sie mir jetzt aus ihrem Leben. Schon als Kind wurde sie dem Ballett zugeführt, dem sie sich mit Leib und Seele verschrieb. Sie war überzeugt, daß ihr eine Karriere offengestanden hätte, wenn sie nicht ihren

Mann kennengelernt hätte, der sie schwängerte, heiratete und wieder schwängerte. »Ich war allen anderen überlegen«, sagte sie verträumt, »und meine Beine wurden überall bestaunt. Ja, meine Beine! Aber sehen Sie doch selbst!«

Als sie das gesagt hatte, stand sie auf und hob den Rock hoch.

»Sehen Sie doch diese Muskulatur!« fuhr sie fort und zog den Rock bis zur Gürtellinie hoch.

Ich saß vor den schönsten Frauenbeinen, die ich je gesehen hatte.

»Diese Muskulatur!« wiederholte sie, »fühlen Sie doch, fühlen Sie!« Indem sie mit der rechten Hand den Rock festhielt, griff ihre Linke nach meiner Rechten und führte sie an ihren linken Oberschenkel.

Ich fühlte den Schweiß aus meinen Poren treten. Benommen flüsterte ich mit belegter Stimme: »Ja, ich fühle es«, und wollte meine Hand zurücknehmen.

Aber sie hielt sie fest und führte sie weiter nach oben.

Ich sah meine Widerstandskraft, die ich auf der moralischen Verpflichtung gegenüber meinem Lebensretter aufgebaut hatte, dahinschwinden. »Bitte machen Sie mich nicht zum Schwein, bitte, Ihr Mann hat mir das Leben gerettet«, flehte ich zu ihr hoch.

Ihre Augen weiteten sich in sichtlichem Staunen. Sie ließ meine Hand los und sagte: »Dann eben später, wenn Sie sich von dem Erlebnis weiter entfernt haben.«

Es gab kein »später«, durfte es nicht geben. Wissend, daß ich einer solchen Anfechtung kein zweites Mal widerstehen könnte, blieb ich künftig dem Unterricht fern.

* * *

Schlußwort

Bei Kriegsbeginn bestand die Waffen-SS aus der kämpfenden SS und der Lager-SS (Wachpersonal der KZs). Erstere hatte den »Drill« abgeschafft und durch sportliche Ertüchtigung ersetzt. Kameradschaftsgeist verband Mannschaft und Offiziere.

Ausbilder der Lager-SS, besonders wenn sie in den Häftlingslagern »Dienst« taten und abkommandiert wurden, konnten sich von ihren Gewohnheiten nicht entfernen und schikanierten die Rekruten bis zur physischen Erschöpfung, pervertierte Hirne dachten sich ein Martyrium aus, das meinen Freund Bartosch in den Freitod trieb.

Die kämpfende SS war nicht bereit, obgleich sie die gleiche Uniform trugen, sich mit der Lager-SS auf eine Stufe zu stellen. Sie empfanden sich als wackere Krieger, die nach Stalingrad weitere Einkesselungen mit hohem Blutzoll verhinderten und sahen in der Lager-SS fettgewordene Etappenhengste, die ihre Kraft nicht auf dem Felde, sondern in den Betten liebeshungriger Weiber vergeudeten. So sind etliche Fälle gesichert, wo nach dem Zusammenbruch in den Gefangenenlagern die Kämpfer die Wächter verprügelten. Letzteren wurde nicht die Blutgruppe eintätowiert – sie hatten keinen wehrhaften Gegner und eine Verwundung war bei ihnen ausgeschlossen. Ohne dieses Signum der SS versuchten sich viele KZ-Mörder in die Reihen der Wehrmachtsgefangenen einzugruppieren.

Von der enormen Anzahl deutscher Konzentrationslager (1944 waren es 28 Hauptlager und 2000 Nebenlager) waren sechs Vernichtungslager, die übrigen Arbeitslager. In den Vernichtungslagern wurden täglich Menschen systematisch umgebracht, in den Arbeitslagern wurden sie langfristig, durch Arbeit und Nahrungsentzug, vernichtet. Vorübergehend wurden in Stutthof und Sachsenhausen sowjetische Kriegsgefangene in Genickschußanlagen ermordet. Diese beiden Arbeitslager habe ich kennengelernt und als Historiker und einer der letzten Zeitzeugen (geboren 1924) sehe ich mich in die Pflicht genommen, über sie zu berichten.

Bei der Schilderung dieser Stätten des Verbrechens steht ganz oben die Frage nach den Mördern, die Hand anlegten. In erster Linie waren es die sogenannten Kapos, Kriminelle, die die SS aus Zuchthäusern geholt hatte, sie zu Aufsehern der Arbeitskommandos machte, mit dem Auftrag, gänzlich entkräftete Arbeiter zu beseitigen. Sie waren alle in einem guten Ernährungszustand, denn sie fraßen den Untergebenen das Nahrhafte der kargen Verpflegung weg. So geschah es, als ich im Herbst 1944 dem Wachkommando Ziegelei zugeteilt wurde: Den Posten wurde kein bestimmter Standort zugewiesen, die Bewachung war rein formal, denn kein Häftling war so dumm, daß er vor der Roten Armee, der Befreiung, davongelaufen wäre. So ging ich dahin und dorthin, und beobachtete mit Interesse den Verlauf der Ziegelherstellung.

306

Um zehn Uhr war Pause und jeder Häftling bekam eine Scheibe Brot, belegt mit einer breiten Scheibe Wurst.

Ich ging auf die Rückseite des Fabrikgebäudes. Dort arbeiteten Häftlinge an der Ausbesserung des Bahngleises. Auch sie hatten Frühstückspause. Auf zwei Bahnschwellen saß der Kapo, ein breitschultriger, fülliger Mann und verzehrte genüßlich seine Scheibe Brot, die mit drei Scheiben Wurst belegt war. Die Arbeiter saßen in einer gewissen Distanz auf der Erde.

Der Kapo war mit seiner Mahlzeit zu Ende gekommen und wischte sich mit dem rechen Handrücken sein fettes Maul ab. Dann stand er auf, zeigte auf einen der sitzenden Häftlinge und sagte: »Du hast dich beschwert, daß du keine Wurst bekommen hast. Komm' her, ich gebe dir deine Wurst!«

Der Aufgerufene zögerte, wissend, was ihm bevorstand, wagte aber nicht, den Befehl zu verweigern.

»So, hier hast du Wurst!« schrie der Kapo und schlug ihm die Faust voller Wucht in die Magengegend. Der Getroffene knickte nach vorne ein, fiel zu Boden und erbrach das gegessene Brot. Der Kapo nahm ihn hoch und hieb ihn nach hinten um ... Als ich ging, hörte ich noch einen weiteren Schlag.

Als bewaffnete Mörder traten die mit General Wlassow übergelaufenen Ukrainer in Erscheinung. In Stutthof haben sie bei der Ermordung russischer Kriegsgefangener tatkräftig mitgewirkt, dafür wurden sie mit einem Bordell belohnt. In der deutschen Fernsehserie ›Die Nazis (5)‹ wird mitgeteilt, daß in Treblinka Ukrainer die zur Vernichtung bestimmten Häftlinge mit Gewehrkolben in die Gaskammern stießen. Und Simon Wiesental behauptet, daß 1939 in Lemberg angeblich 6000 Juden von ukrainischen Hilfswilligen ermordet wurden.

Sie entgingen der Strafe nicht. Nach Kriegsende flüchteten sie sich in die britische Besatzungszone. Stalin forderte ihre Auslieferung und die Briten lieferten sie aus. Wer von Stalins Wirken Kenntnis hat, weiß, daß sie keinen langsamen Tod gestorben sind.

Gemordet haben mit Sicherheit auch die Angehörigen der Stabskompanien, die in den Häftlingslagern tätig waren. Mein Bericht über Böhm und Marzan bestätigen dies. Ein Jude, der Auschwitz überlebt hatte, erinnert sich, daß beim Morgenappell ein Rottenführer jedesmal an die zehn Juden auswählte und niederschoß. Das Tagwerk, mit soviel Elan begonnen, wird er es sicherlich bei dieser Anzahl an Opfern nicht belassen haben.

Für das große, ranglose Heer zwangsrekrutierter Auslandsdeutscher im Osten, zu denen auch ich gehörte, würde ich gerne eine Lanze brechen. Im Hinblick auf ihre Herkunft, mit den traditionellen christlichen Lebensformen, hatten sie nicht die psychologische Ausstattung zu morden. Auch war in der Regel keine Gelegenheit dazu. Sie standen Postenkette oder eskortierten Arbeitskommandos. Übergriffe waren wegen der Infektionsgefahr untersagt und in den Häftlingslagern grassierten Epidemien.

Der prophylaktische Schutz dagegen war unzureichend, denn obwohl ich nur Selterwasser trank und mir damit auch die Zähne putzte, bekam ich die Ruhr. Vermutlich steckte ich mich an jenem Tag an, als mich der Kompaniechef wieder einmal holen ließ, um ihn, die Aktentasche tragend, zur Baubaracke zu begleiten. Dieses Mal war er bester Laune, denn er hatte, wie er mir sagte, zum Frühstück ein halbes Pfund Gehacktes verzehrt, was er über alles liebte. So ging er an den Leichen, die am Wegesrand lagen, uninteressiert vorbei und auch am Bordell der Ukrainer. Den Polen, der uns die Türe zur Baubaracke geöffnet hatte, ließ er entgegen seiner sonstigen Gewohnheit in Ruhe, den kommunistischen Bauleiter, der auf der Schwelle seines Büros strammstand, beleidigte er nicht. Als ich ihm die Aktentasche übergab, fixierte er mich kurz und sagte: »Ich rate dir, zum Friseur zu gehen, deine Haare sind über das preußische Maß hinausgewachsen.«

An jenem frühen Morgen war ich der einzige Kunde in der Coiffeurstube. Die beiden Friseure hießen mich höflich Platz nehmen. Ich sagte ihnen, was mein Kompaniechef bemängelt hatte. Dabei hörten sie heraus, daß meine Wiege nicht auf reichsdeutschem Boden gestanden hatte, mein Akzent, der mir damals noch anhing, verriet mich. Dieser Umstand machte die Friseure freundlich und ein vertrauliches Gespräch kam in Gang. Sie sprachen fließend deutsch. Da sie aus der Slowakei kamen, wußten sie, daß ich nicht freiwillig nach Stutthof gekommen war.

Sie waren Beamte der polnischen Regierung und hatten das Friseurhandwerk aus der Not heraus autodidaktisch erlernt. Dann konnte ich aus ihren Gesprächen heraushören, daß sie Politiker waren denn sie begannen, mich über den wahren Frontverlauf aufzuklären. Ich war verblüfft, da die Angaben von Feindsendern zu stammen schienen und sie ein großes Risiko eingingen. Andererseits war ich angetan von dem Vertrauen, das sie mir entgegenbrachten und daß sie innerhalb der SS zu differenzieren wußten. Mein Glücksgefühl nahm leider ein abruptes Ende, als ein Unterscharführer eintrat und das Gespräch verstummte.

Heute neige ich zu der Überzeugung, daß meine so gewonnenen Freunde, politisch aktiv, einer Widerstandsgruppe angehörten, im Häftlingslager mit vielen Häftlingen Kontakt hatten und den Ruhrbazillus auf mich, den geschwächten Neurastheniker, übertragen hatten. In der dritten Kompanie infizierte sich ein Ungarndeutscher mit Flecktyphus und verlor das Gehör. In der Entlassungsstelle in Mittweida traf ich einen stocktauben Stubengefährten, dem das gleiche Schicksal widerfahren war.

Reddig, Böhm, Marzan und andere der Stabkompanie wurden im Stutthofprozeß zum Tode durch den Strang verurteilt. Reddig zog sich Häftlingskleidung an und mischte sich unter die evakuierten

Häftlinge, doch der Häftlingslagerführer erkannte ihn und führte ihn der gerechten Strafe zu.

Im gleichen Prozeß wurde auch die blonde Aufseherin, die das Einrücken der Frauenkolonne mit Peitschenhieben demonstriert hatte, zum Tode verurteilt. In diesem Zusammenhang widerfuhr mir ein unvergeßliches Erlebnis.

Nach sechs Semestern in Halle hatte ich mein Studium in Marburg fortgesetzt und wohnte in der Weidenhäuser Straße. Dort stand in einer Gaststätte für die Gäste ein Fernsehapparat zur Verfügung, was damals, Anfang der fünfziger Jahre, noch selten war und entsprechendes Interesse weckte.

An einem Sonntagnachmittag trank ich dort ein Bier und sah fern. Es kamen Nachrichten über den Stutthofprozeß und da – ich traute meinen Augen nicht! – wurden Aufseherinnen zum Galgen geführt, unter ihnen die große Blondine aus Stutthof. Diese Teufelin lachte in die Kamera, ein diabolisches Lachen – aber es war ihr letztes Lachen.

Ich habe meine Autobiographie all jenen gewidmet, denen ich nicht beistehen konnte und die ihr Leben verloren, in der Hoffnung, daß der liebe Gott, die armen Seelen auch mit ihren Fehlern im Leben aufnehmen wird. Auch meine Gebete sandte ich mit Dank und Freude zum geliebten Vater, daß ich nie zu einem solchen Verbrechen gezwungen wurde und mein Schutzengel mir in all dieser schweren Zeit beigestanden hat.

Meine tiefreligiöse Mutter hatte mir schon als Kind ein Morgen- und Abendgebet beigebracht. Und dann, wenn ich mich zum Frühstück an den Tisch setzte, fragte sie in unserem stark verfärbten deutschen Dialekt: »Hoscho gpät?« (»*Hast du schon gebetet?*«) Ich hatte, und wenn nicht, beeilte ich mich, es nachzuholen.

Abends, vor dem Schlafengehen, küßte sie mich und sagte: »Wgäss net zu päten!« (»*Vergiß nicht zu beten!*«)

Ich blieb ihrem Wunsch, später aus innerer Überzeugung, treu. Selbst bei der SS. Ich empfahl mich zweimal täglich dem göttlichen Schutz und Segen und war ohne Angst, in einer Zeit, in der keiner wußte, wann er an die Front geschickt wurde, wo man nicht in jedem Fall auf einen schnellen Tod durch gezielten Kopfschuß hoffen durfte; Fronturlauber erzählten von zerfetzten Leibern, die um Erlösung flehten. Stubenkameraden in Stutthof hörten nachts das Rollen der näherkommenden Artillerie und fanden keinen Schlaf – ich hörte nichts, ich schlief tief und fest.

Damit will ich nicht behaupten, daß jeder, der zu Gott betet, vor dem vorzeitigen Tod gefeit ist. Aber aus Erfahrung kann ich sagen, daß im Fall einer Gottergebenheit der Tod leicht angenommen wird. An Ruhr erkrankt, war ich im Sterbezimmer des Marienkrankenhauses in Danzig bereit, der Abberufung meines Schöpfers zu folgen, ohne mit dem Schicksal zu hadern. Auch an der alten Eiche stehend und den sicheren Tod erwartend, zitterte ich nicht vor Angst, bettelte ich nicht um mein Leben.

Seit dem 11. September 2001 geht eine allgemeine Angst um, die sich angesichts warnender Nachrichten vergrößert. Der Beginn des dritten Jahrtausends hat den Menschen eine Prüfung auferlegt, die sie nur im Vertrauen auf Gott bestehen können. In unserer profitheischenden Zeit, mit Fernsehdarbietungen ohne die geringsten moralischen Skrupel und anderen Faktoren, haben sich viele junge Menschen von Gott abgekehrt. Mögen sie zu ihm zurückfinden und furchtlos sein, wie ich es war und bin.

Obgleich ich mehrfach tödlichen Gefahren ausgesetzt war, habe ich den Krieg ohne eine einzige Schramme überlebt. Zufall! Nein. Wenn es Zufälle waren, waren es auf jeden Fall sehr merkwürdige, die wundersam ineinandergriffen. Einer brachte mich dem Tode nahe, der folgende vereitelte ihn, schuf die Voraussetzung für ein weiteres Todesurteil, und der nachfolgende wieder eine Begnadigung. Selbst bei nüchterner Betrachtung mutet das Geschehen mysteriös an, als eine von höherer Gewalt gesteuerte Komposition.

Auch die Logik kann in einem Fall in Betracht gezogen werden, wo der Hauptsturmführer mehr Verstand hatte als der Untersturmführer und es nicht darauf ankommen ließ, die Nachbarschaft mit einem gellenden Schuß um Mitternacht zu erschrecken.

Indes die Tatsache, daß es den Gatten meiner Schülerin in einer Distanz von etwa vierzig Metern plötzlich hochriß und er mir, dem Ertrinkenden, zu Hilfe eilte, kann mit Zufall oder Logik nicht erklärt werden. In der Turbulenz der kreischenden Jugendlichen im Becken wäre ich unbemerkt ertrunken.

* * *

Dienstgrade der Waffen-SS im Vergleich zur Wehrmacht (Heer)

Rottenführer – Obergefreiter
Unterscharführer – Unteroffizier
Oberscharführer – Feldwebel
Untersturmführer – Leutnant
Obersturmführer – Oberleutnant
Hauptsturmführer – Hauptmann
Sturmbannführer – Major
Obersturmbannführer – Oberstleutnant
Standartenführer – Oberst

Der Autor:

Michael Ficzel wurde 1924 in einer der drei deutschen Sprachinseln der Slowakei geboren. Das Dorf hieß damals Krickerhau und wurde von Heinrich Krüger zu Kricker umgeformt. Das Suffix –hau nimmt Bezug auf das größte Kohlebergwerk der Slowakei.

Nach der Zerschlagung der Tschechoslowakei 1939 wurde die Slowakei, deren dritter Landesteils sie war, von Hitler zu einem selbständigen Staat proklamiert. Selbständig jedoch war sie nicht. Eingedenk ihrer Existenz war sie Hitler hörig und kooperierte, zumindest auf Regierungsebene, mit Deutschland und imitierte weitgehend den Nationalsozialismus.

Der Aderlaß der deutschen Wehrmacht in Stalingrad bewog die deutsche Kriegsführung, den Verlust mit Kontingenten der Auslandsdeutschen auszugleichen.

In der Wehrmacht konnten nur Reichsdeutsche dienen, jedoch in der SS, die aus Freiwilligen bestand und Freiwillige aus ganz Europa in ihre Reihen aufnahm.

Unter dem Vorwand der *Freiwilligkeit* wurden, mit Zustimmung der Regierungen der Oststaaten, auch Unfreiwillige zwangsrekrutiert. Bei der Musterung wurden die Kräftigen der kämpfenden SS, die Schwächlicheren den Konzentrationslagern als Wachleute zugeteilt.

Der Autor dieses Buches, gerade 18 Jahre alt geworden und an einer Nervenerschöpfung erkrankt, kam in das KZ Stutthof zur Ausbildung. Dort erlebte er Grausamkeiten, die nur pervertierten Hirnen entspringen konnten, und mußte hilflos das Martyrium und den Freitod seines Freundes mit ansehen, den unmenschliche Ausbilder so lange gequält hatten, bis er keinen anderen Ausweg mehr sah.

Kurz vor Kriegsende mußte Michael Ficzel, der später an den Universitäten in Halle und Marburg Slawistik und Romanistik studierte und später in Innsbruck zum Dr. promovierte, den Todesmarsch der Häftlinge aus dem KZ Sachsenhausen begleiten. Mehrfach den Tod vor Augen, überlebte er durch seltsame Fügungen, entging der Kriegsgefangenschaft und arbeitete auf einem Gut in Mecklenburg, das die Rote Armee beschlagnahmt hatte. Dort lernte er Russisch und wurde in Thüringen als Russischlehrer eingesetzt.

Überleben braucht Mut ...

Zeugen der Geschichte berichten.

Lena Wittich, BASCHKIR
Geb. mit Schutzumschlag I 228 Seiten I € 15,50 / Fr 24,80
ISBN 3-905248-10-7

In den Kriegswirren verliebt sich Lena Witich in
das Reitpferd Baschkir, einen wunderschönen
Hannoveraner. Immer wieder besteht die Gefahr,
ihn zu verlieren. Mit spannenden Worten erzählt
sie von ihrem Kampf um Baschkir, der schließlich
in einer Flucht mit dem geliebten Pferd endet.
Wird sie Baschkir behalten können?